聪明孩子
都在玩的**脑筋急转弯**

逻辑思维游戏

记忆高手

思考力

记忆力 时间岛图书研发中心◎编著

创新力

想象力

观察判断力

北京时代华文书局

逻辑思维，开启智慧之门的金钥匙。

　　曾获得八次世界记忆大赛冠军的多米尼克·奥布莱恩，可以用38秒记住一副扑克牌的顺序，用30分钟记住2385个随机产生的数字，用1个小时记住元素周期表上110种元素的原子序数、元素符号、元素类别和精确到4位小数的原子量……他因为记性太好而被各国的赌场拒之门外，现在英国所有的赌场都不欢迎他，法国、捷克、美国等国的赌场也都注意上了他，不让他入场。

　　小时候学东西时，我们会很自然地去模仿大人，会讲述自己的所见所闻，因此，背诵、重复的学习方法是从很小的时候自然而然建立起来的。由于这个方法是我们最容易掌握的，也是在成长过程中十分好用的，因此大部分人太过于依赖这种方法。很多人把背诵描述成死记硬背，这种负面的描述致使"背诵"成为一个不好的工具。其实不然，它唯一的缺点就是被过多地运用或者滥用。换句话说，很多的学习并不适合用背诵的方法，所以只依赖背诵的人因为达不到好的学习效果，就会不满意自己的学习方法和成效。

　　学习和记忆是互为因果、相辅相成的，记忆是学习的一环，也是学识进步的基石。像多米尼克·奥布莱恩那样的记忆力是我们都希望拥有的，但是大多数人在面对数字、电话号码或历史年代这些本来就不容易记忆的资料时，可能要背诵很多遍，却不见得能达到很好的效果。大多数背完就忘，忘了再背，在这种情况下就成了死记硬背式的恶性循环。

现在，检讨一下过去的学习方法和习惯，在了解自己还有无限可提高的空间后，寻找更好、更有效的学习方法，这才是关键所在。学习只有在记忆下才有意义，在记忆和理解下，才有学然后知不足之感。

你一定知道，拥有好的记忆力，能够改善学习效果，从而提高学习成绩、工作效率。为了这个梦寐以求的愿望，现在你要利用零散的时间认真做完这本书中每一个思维训练游戏，这都是为了那个愿望而精心选编的，旨在提高记忆的效率，改善记忆力。

还等什么呢？一起来做吧！

目 录

MU LU

PART ONE　　图像记忆法

PART TWO　　观察记忆法

PART THREE　联想记忆法

PART FOUR   谐音记忆法

PART FIVE   歌诀记忆法

PART SIX   比较记忆法

PART SEVEN   归纳记忆法

PART EIGHT　　　推导记忆法

PART NINE　理解记忆法

PART TEN　参考答案

图像记忆法

测测记忆力(1)

难度等级　★☆☆☆☆

利用5秒钟记住下图，然后翻至下一页。

前页有的打"√"，没有的打"×"。

测测记忆力(2)

难度等级 ★☆☆☆☆

利用5秒钟记住下图，然后翻至下一页。

前页有的打"√"，没有的打"×"。

旋转的物体

难度等级 ★★☆☆☆

这是一个三维物体水平旋转的不同角度的视图，但是它们的顺序被打乱了，你能否将它们按照原来的顺序排列成一行？

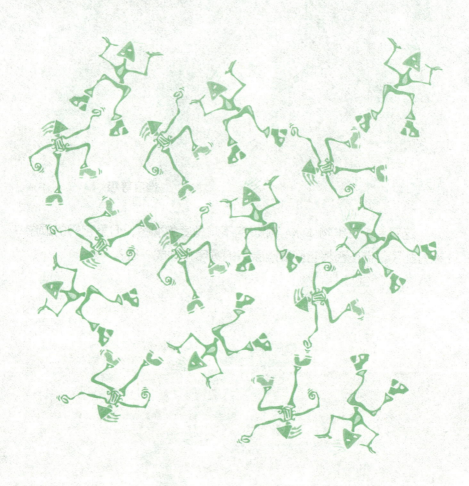

比舞大赛

难度等级　★★☆☆☆

　　在一次大赛中一对舞伴分别被拍照8次。哪几张照片中显示出他们改变了跳舞姿势呢?

折叠立方体

难度等级 ★★☆☆☆

哪一个立方体可以通过折叠A形成？

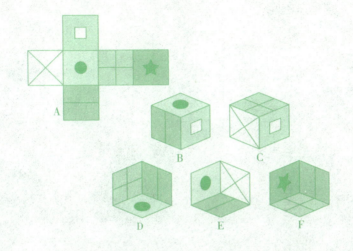

拼圆

难度等级 ★★★☆☆

下边的四幅图中只有两幅能够恰好拼成一个整圆，是哪两幅呢？

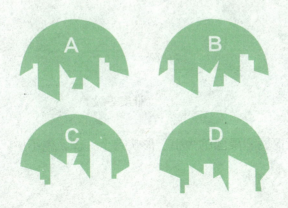

拼长方形   难度等级 ★ ★ ☆ ☆ ☆

下边5个图形中有4个能拼成一个完整的长方形。哪个是多余的呢？

谢泼德桌面   难度等级 ★ ★ ☆ ☆ ☆

左上图这两个桌面的大小、形状完全一样，信不信由你。

两只小花猫

难度等级 ★ ☆ ☆ ☆ ☆

这两只小花猫哪只更大?

这是直线吗

难度等级 ★ ★ ☆ ☆ ☆

下图中的线条看上去很弯曲,是这样吗?两条水平线是弯曲的,还是直的?

考眼力

在这些杂乱的图形里，请选出拥有相同图形的两组来，速度要快哟！

找面具

在下边的一组面具中有一个带有生气表情的面具，看看你多久能够找出来。

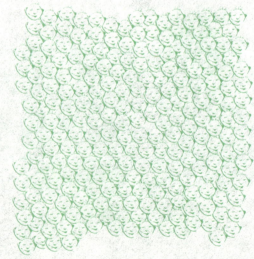

多余的图形

难度等级 ★★★☆☆

如果将下面的图a分开的话，图b中哪一幅是多余的呢？

图a

图b

回忆填图

难度等级 ★★★☆☆

仔细观察第一组图并寻找规律，然后将它们遮住，根据记忆从A、B、C、D中选出第二组图中缺失的图形。

第一组：

第二组：

A   B   C   D

美丽的花瓶

难度等级 ★ ★ ★ ☆ ☆

　　左下图这个造型美观的花瓶是位技术高超的工匠用旁边的碎瓷片拼成的。请你仔细看了后，在右下图的碎瓷片上写上对应的编号。

图形构成

难度等级 ★ ★ ☆ ☆ ☆

　　A、B、C、D四个图形分别是由1~4中的图形组成的，请你说出A、B、C、D 四个图形分别是由哪几个图形组成的？

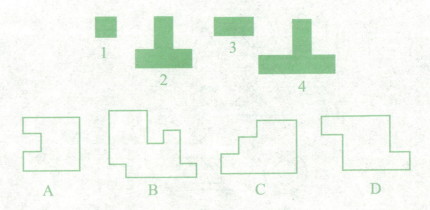

过目不忘

难度等级　★★★☆☆

　　请仔细观察、记忆下面的8个人物的名字和职业，然后覆盖住图像下的名字和身份，尝试着将它们写出来。

张雪——护士

王存——邮递员

李凯——消防员

张波——建筑工人

李丽——服务员

王平——医生

何莉——教师

李军——警察

相反的圆环

难度等级 ★★☆☆☆

A、B、C、D中与示例图形正好相反的是哪一个？

（示例图）

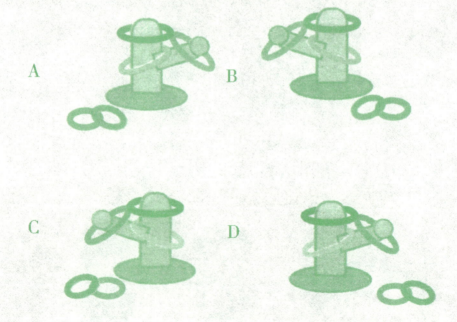

A

B

C

D

镜像

难度等级 ★★☆☆☆

这是一个镜像问题，参照所给例子的解决方法，找出所给选项中错误的一个。

T时代

你可以把下面右边方框内的4个图片拼成一个完整的大写字母T吗?

七格三角形

七格三角形是由7个全等三角形组合而成的,一共有24个。

这24个七格三角形中有多少个可以用来铺地板(也就是说,无数个这一图形可以无限地铺下去,每两块之间都不留缝隙)。有人证明了只有1个不可以。

你能把这1个找出来吗?

PART TWO
观察记忆法

识别嫌疑犯

难度等级 ★ ★ ★ ☆ ☆

给你两分钟时间，仔细观察下面这些嫌犯，然后离开画面回答下面的问题：

1.哪个嫌疑犯穿着一件长夹克？

2.哪个嫌疑犯拎着包？

3.哪个嫌疑犯穿着一件T恤衫？

4.哪个嫌疑犯留着胡子？

5.一共有多少个女嫌疑犯？

6.哪个嫌疑犯戴着眼镜？

7.哪个嫌疑犯打着领带？

8.哪个嫌疑犯穿着裙子？

9.哪个嫌疑犯系着腰带？

10.哪个嫌疑犯是最高的？

11.哪个嫌疑犯戴着项链？

12.哪个女嫌疑犯是一头蓬发？

用"眼"估估看   难度等级 ★ ★ ★ ☆ ☆

下面有两个数阵，第二个数阵中的各个数字与第一个数阵中的各个数字是相同的，只是排列相反。请你先用眼观察这些数，比较一下两边是不是一样，然后再把数加起来进行核算，哪一栏加起来的得数大？

```
1 2 3 4 5 6 7 8 9                           1
1 2 3 4 5 6 7 8                           1 2
1 2 3 4 5 6 7                           1 2 3
1 2 3 4 5 6                           1 2 3 4
1 2 3 4 5                           1 2 3 4 5
1 2 3 4                           1 2 3 4 5 6
1 2 3                           1 2 3 4 5 6 7
1 2                           1 2 3 4 5 6 7 8
1                           1 2 3 4 5 6 7 8 9
```

有钉子的心

难度等级 ★★★★☆

如右图所示，大的心形图案上有很多钉子（在图中用黑色的圆点表示），3个小的心形图案上各有一些小孔（在图中用白色的圆点表示）。现在请你将这3个小的心形图案覆盖到中间的大的心形图案上，尽量让这些小孔能够覆盖最多的钉子。

提示：可以将3个小的心形图案旋转之后再覆盖上去。

最小的图形

难度等级 ★★★☆☆

马蒂是一个艺术家，他的作品因能给人的视觉带来多样性而备受推崇。

如下图，请问马蒂在这6幅图中使用了多少种基本图形？

精确的底片

难度等级　★ ★ ★ ☆ ☆

如下图所示，左边方框里有3对图案，其中的每对图案中，右边的图案是左边图案的底片，也就是说每一对的两个图案应该是相互反色的。

现在把右边方框里A、B、C图案中的1个覆盖在左边方框每对图案中右侧的图案上，都能够使左边方框里的图案满足上面的条件，即每一对的两个图案相互反色。

请问，应该是A、B、C中的哪一个？

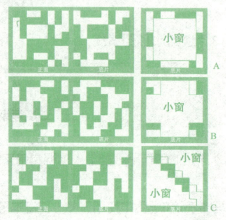

一模一样

难度等级　★ ★ ☆ ☆ ☆

有6头公牛，其中有2头长得一模一样。用最快的速度，把它们找出来。

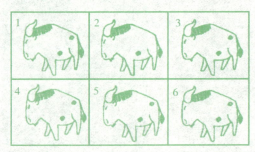

哪个不相关

难度等级　★★★☆☆

下列各图中，哪一个图与其他的图不相关？

奇怪的表情

难度等级　★★★☆☆

下图的表情各异，你能用最快的速度找出两组相同的表情组合吗？

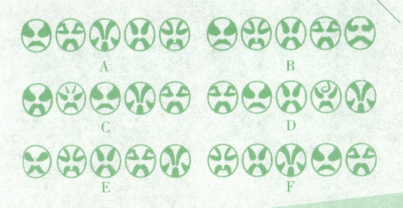

旋转的窗户

难度等级 ★ ★ ★ ☆ ☆

　　将给出的窗户和鸟复制或剪下来，用胶水粘成下图（右）的样子。在粘之前用一个夹子将小鸟夹在窗户上，如下图所示。

　　将粘好的窗户和小鸟挂在一根绳子上，让它慢慢旋转。然后站得远一点，闭上一只眼睛看这个结构。

　　几秒钟后你会看到什么呢？你一定会大吃一惊的。

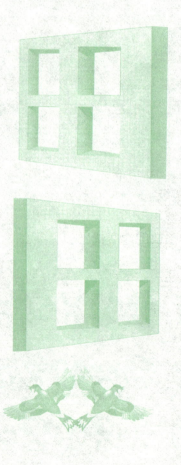

门

难度等级 ★★★★☆

动脑筋想一想，哪一扇门的安装方法是错误的？

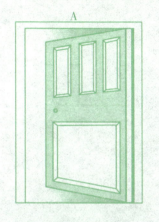

A

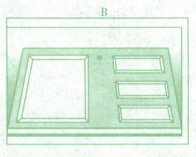

B

C

D

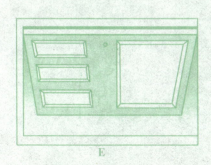

E

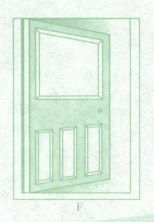

F

判别表针

难度等级 ★★★☆☆

下面4个钟的时针和分针长短差不多，不仔细看可能分辨不出来。你能看出哪根是分针，哪根是时针吗？

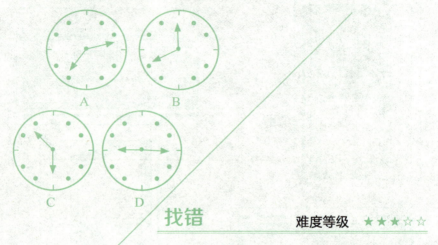

找错

难度等级 ★★★☆☆

A、B、C、D是一张图分别所成的像，有一项上有个错误，请找出这一项。

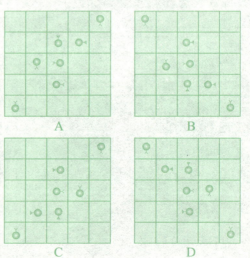

巧探陷阱

难度等级 ★★★★☆

下图是一张陷阱图，圆点表示陷阱，斜线表示水沟。

一个侦察兵从有"*"的方格出发，一格一格地走，把有陷阱的和空白的方格全走到了，并且一次也没有回到已经走过的方格中去。他没有走对角线，也没有到过斜线方格。他转完一圈，仍回到出发时的那块方格中。

你知道他是怎么走的吗？

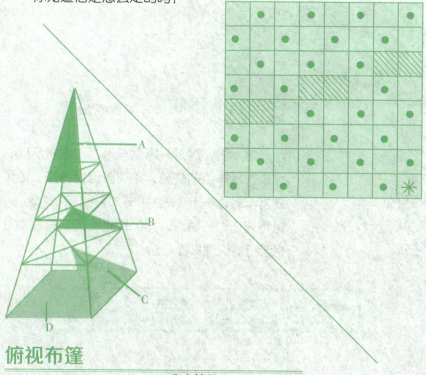

俯视布篷

难度等级 ★★★☆☆

如上图所示，四张布篷安装在一个支架上。

如果从支架的正上方俯视，将看到什么图案？

叠放的波斯地毯　　　　难度等级 ★★★☆☆

一块边长为2米的地毯覆盖了一块边长为1米的地毯的一角（如左下图所示）。大地毯的一个顶点放在小地毯的中心。不考虑周围的流苏，小地毯有百分之几被大地毯遮住了？

汽车怎么移动　　　　难度等级 ★★★☆☆

如下图，这是一座汽车库，实线表示墙，虚线表示车位的划分，车可以自由移动。如果要将车对调一下，即1和5对调，2和6对调……每格只能进一辆车，但如果是空的，车移动几格都行。该怎样移动呢？

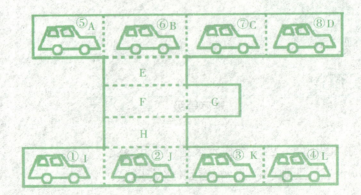

寻找图案

难度等级 ★★★☆☆

下面（1）~（5）五幅图案中，哪一幅是小方框内的图案左右翻转后得来的？

（1）　　　　　（2）　　　　　（3）　　　　　（4）　　　　　（5）

相等面积

难度等级 ★★★☆☆

找找看，下面A~F几何图形中，黑色部分和白色部分面积相等的有哪些图形？

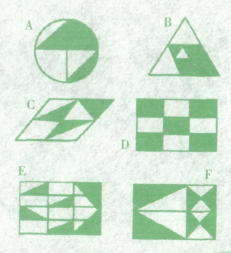

折叠后的图案

难度等级 ★★★☆☆

　　将左下图纸片折成一个立方体（最下方的图案为底面），立方体的表面图案是怎样的？从A、B、C、D、E中选出正确的一幅。

纸条的结

难度等级 ★★★☆☆

　　下面这6幅图分别是由6根纸条绕成的。

　　请问哪一幅图与其他5幅都不同？

短针指向哪里　　难度等级 ★ ★ ★ ★ ☆

　　如下图所示，在白色硬纸板的表面画有钟表的长针和短针，按右边的方式吊起硬纸板并翻转，背面的短针位置就显露出来了。那么，如果按左边的方式吊起硬纸板并翻转，短针指向哪里？

独树一帜　　难度等级 ★ ★ ☆ ☆ ☆

　　找出与其他图案不同的一个：

A　　　　　B　　　　　C　　　　　D　　　　　E

图形结合

下面A、B、C、D四个立方体中，哪一个是由方框内的平面图折叠而成的？

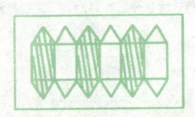

A   B   C   D

PART THREE
联想记忆法

柜子里的秘密

难度等级 ★★★☆☆

我的电脑桌旁边的一面墙上有一些小的木柜子，平时可以放一些小东西，我就把自己的收藏分别放在这些柜子里。放的时候我按照了英文字母的排列顺序，如下图所示，这个顺序能够提示我记住密码。

你能猜出我的密码是什么吗？

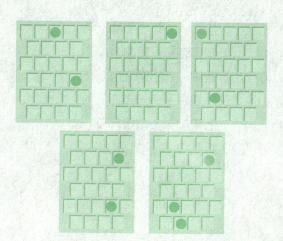

历史人物歇后语

难度等级　★ ★ ★ ☆ ☆

以下每句"歇后语"中均用了历史上的人物名。请你将相应的人名分别填入每句的歇后语中。

（1）（　　　）做寿——全家都上。

（2）（　　　）行医——名不虚传。

（3）（　　　）断臂——留一手。

（4）（　　　）用兵——以一当十。

（5）（　　　）之心——路人皆知。

（6）（　　　）下棋——独一无二。

（7）（　　　）钓鱼——愿者上钩。

（8）（　　　）击鼓——贤内助。

（9）（　　　）用兵——虚虚实实。

（10）（　　　）斩（　　　）——正人先正己。

（11）（　　　）削发——半路出家。

（12）（　　　）打仗——常胜。

（13）（　　　）上西天——一心取经。

（14）（　　　）吹笛——不同凡响。

（15）（　　　）挂帅——阵脚不乱。

（16）（　　　）做皇帝——短命。

（17）（　　　）搬家——尽输(书)。

（18）（　　　）出家——一无牵挂。

（19）（　　　）上梁山——官逼民反。

（20）（　　　）打瞌睡——梦想荆州。

地名和成语

难度等级 ★★★☆☆

下图中上海、合肥等14处是祖国直辖市、省或省会名。请在左右空格里填上适当的字，与露面的字相连、相和、相接，使之成为28条常用成语。

		上	海						合	肥		
		天	津						南	昌		
		河	北						福	州		
		长	春						长	沙		
		西	安						南	宁		
		西	宁						广	州		
		济	南						贵	阳		

加字得字

难度等级 ★★★☆☆

在下面各组4个字的中心填入一个适当的字，使其分别组成另外4个新字。

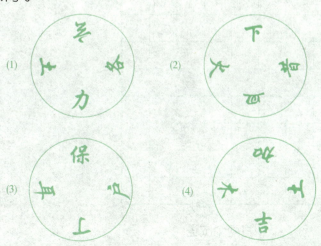

图像字谜　　　　　　　　　　难度等级　★★★☆☆

打一字

看棋局，猜成语

难度等级　★★★☆☆

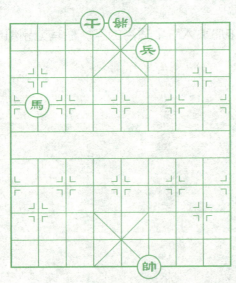

打两个成语

看棋局，猜地名

难度等级 ★★★☆☆

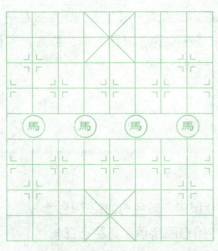

（打两地名）

成语算式

难度等级 ★★★★☆

下图是两盏数字灯，请你用适当的数字填空，使竖列的4个字组成成语、横排的数字组成正确的数学等式。

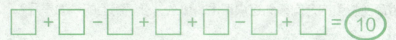

| 心 | 面 | 令 | 分 | 花 | 街 | 上 | |

| 意 | 刀 | 申 | 裂 | 门 | 市 | 下 | |

宝石的轨迹

难度等级 ★★★★☆

（1）如果把边缘镶有一颗宝石的轮子放在一个平面上（如下图所示），并使轮子在平面上滚动起来，那么，宝石在轮子滚动时留下的轨迹是什么样子的呢？

（2）如果让镶有一颗宝石的轮子在大铁圈内侧滚动（如右图所示），宝石在轮子里滚动时留下的轨迹是什么样子的呢？

翻动的积木

难度等级 ★★★☆☆

下图是一块正方体积木，积木的各个面上分别标着1~6六个数字。1的对面是6，2的对面是5，3的对面是4。如下图所示，如果沿着箭头指引的方向翻动这块积木，那么，最后朝上的一面是几？

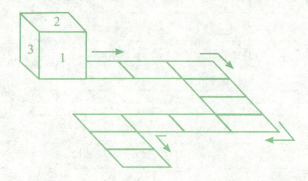

纸环想象

难度等级 ★ ★ ★ ★ ☆

用两条宽度和长度相同的纸带做成两个圆环。把这两个圆环相互粘在一起，然后沿虚线剪开来，如下图所示。

请问：剪开之后的形状是什么样子？

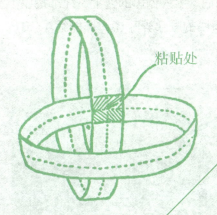

粘贴处

单摆

难度等级 ★ ★ ★ ☆ ☆

下图中是一个单摆，绳子的一头系着一个小球。如果当球摆动到最高点的一刹那，绳子突然断了，那么，小球将如何落下？

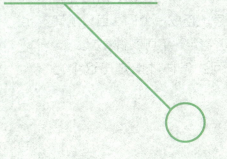

照片的顺序

难度等级 ★★★★☆

　　某人到郊外去钓鱼。他钓鱼的方法非常特别：将一只雨靴挂在渔线上，投入河中，过一段时间后把雨靴拉起来。这种奇怪的钓鱼方法引起了一位摄影爱好者的兴趣，他把这个人钓鱼的整个过程都拍了下来。不过，摄影爱好者不小心把照片的顺序弄乱了，你能给A、B、C、D四幅照片排出正确的顺序吗？

A　　　　　B　　　　　C　　　　　D

文字迷宫

难度等级 ★★★★☆

　　右图是一个由63个字组成的文字迷宫。要求将"起点"作为入口、"终点"作为出口，所走的相邻两个字能连成一个词，且只能横着走或竖着走，不可以斜着走。

　　请问：怎样才能走出这个迷宫？

识	常	平	面	起	来	朝
居	住	和	面	点	头	脑
言	格	体	字	数	回	袋
论	乐	气	活	生	信	心
文	章	品	物	书	念	境
句	节	省	国	者	作	界
展	笔	案	名	景	风	丽
开	始	终	最	色	船	量
眼	目	点	要	纸	鱼	类

象棋成语

难度等级　★★★★☆

　　下图是一个象棋棋盘，请你在每个空白棋子上填入一个适当的字，使横排、竖列的相邻四个棋子均能够组成一个成语。

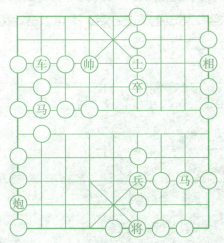

板桥题匾

难度等级　★★★☆☆

　　清乾隆年间，有一个充当衙门走狗的土财主，他虽然胸无点墨，却爱附庸风雅。有一天，他请郑板桥为自己题字。

　　依郑板桥的脾气，即使那个财主搬一座金山来，他也不会为财主写一个字。但这一次，郑板桥却欣然应允，提笔写了"雅闻起敬"四个大字。郑板桥题字前提了一个条件，那就是制匾时，对其中的第一个、第三个、第四个字只漆左边，对第二个字"闻"则只漆"门"这个部首。

　　听说郑板桥肯为自己题字，土财主高兴极了，想也没想便答应了郑板桥的要求。

　　"雅闻起敬"的门匾很快挂起来了。但挂的时日不多，财主就不得不把它摘下来，因为匾上的四个字已成为讽刺他的一句话。

　　你知道其中的奥秘吗？

成语接龙　　　　　　　　　　　　　　难度等级 ★★★★☆

　　下面是由60个汉字组成的成语迷宫，以"山"字作为入口，以"福"字作为出口。要求每四格为一成语，且上一成语的词尾与下一成语的词头是同一个字；可以上下左右走，不可以重走和斜着走。

　　请问应该如何走？

入口

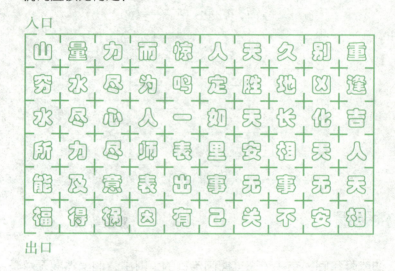

出口

11的一半　　　　　　　　　　　　　　难度等级 ★★★★☆

　　你能否找到一种方法，使得6等于11的一半？

$$6+6=11$$

数学名词谜　　　　　　难度等级 ★★★★☆

（1）五四三二一

（2）两边清点

（3）岁岁重阳今又重阳

（4）车站告示

（5）待命冲锋

（6）协议离婚

（7）五角

（8）员

（9）保持距离，同时起飞

（10）互盼

（11）再见吧，妈妈

（12）大同小异

（13）一元钱

（14）最高峰

（15）七天七夜

（16）彼此盘问

你能写出这些谜底吗？

诗中游　　　　　　难度等级 ★★★☆☆

　　甲旅游回来后，乙问他都去了哪些地方。甲说："海上绿洲，风平浪静，银河渡口，巨轮启动，不冷不热的地方，四季花红。"一开始，乙有些摸不着头脑，不知道甲究竟到过哪里。经甲的启发，乙终于猜出了甲到过的 6 座城市。

　　猜猜看：甲去了哪 6 座城市呢？

巧读宝塔诗 难度等级 ★★★☆☆

你知道这首诗应该怎样读吗？

开
山满
桃山杏
山好景山
来山客看山
里山僧山客山
山中山路转山崖

片名改错 难度等级 ★★★★☆

下表中的每一个影片名中都有一个错字。请更正影片名，并根据其意思填出一个成语。

	错误片名	更正片名	猜填成语
例	《陈奂中上城》	《陈奂生上城》	无中生有
1	《小二白结婚》		
2	《张二嫂改嫁》		
3	《煤店旧主人》		
4	《十二次列卒》		
5	《但愿己长久》		
6	《伪是烦死人》		
7	《激战实名川》		
8	《长虹号起生》		
9	《最聪暗的人》		
10	《英雄坦克病》		

PART FOUR

谐音记忆法

历史年代

你知道下面这些句子暗含的历史事件吗?

（1）公元前的人，早上吃2个蛋，晚上吃7个蛋——吓人;

（2）要留洞洞,身上捅几刀——受伤了;

（3）要冻死的牛，身上起鸡皮疙瘩;

（4）气气你，春秋诸侯争霸令周天子生气;

（5）战国战争破坏性更大，死七虎;

（6）商鞅变法中承认土地私有，有的人土地增多了，要三母牛一起耕地才耕得完;

（7）秦始皇统一六国太辛苦，按按腰，做按摩;

（8）刘邦攻入咸阳后娶了20个妻（假想）;

（9）刘邦的20个妻子为他生了20个儿子（假想）——稀罕;

（10）五蚂蚁在身上很痒；

（11）李渊见糖（建唐）搂一把（618）；

（12）赵匡胤当上皇帝，有人白送96个蛋给他表示祝贺；

（13）只要动牛厩，就能在牛厩下面安石头；

（14）靖康之变中，北宋皇帝被俘，望着自己的国都依依不舍而去；

（15）忽必烈为建立元朝太忙了，没照顾好自己的幺儿，幺儿生病了，叫"幺儿吃药，元朝建立"；

（16）忽必烈灭掉南宋后陪"幺儿骑牛"表示庆祝；

（17）天已经很明亮了，他问自己"要上路吧？"；

（18）清军入关一溜死尸；

（19）一代霸王洪秀全武艺棒棒棒；

（20）中日甲午战争，一拨就死；

（21）马关的花生——扒就捂（霉变）；

（22）戊戌变法，要扒酒吧；路遥遥，酒两舀。

马克思

难度等级 ★★★☆☆

"一爬一爬，一爬爬上山"是关于马克思的一件事的谐音口诀，你知道具体指什么吗？

通信号码

难度等级 ★★★☆☆

　　小明和小叶在一家服装店门口分手回家，约好明天一起看电影，为了方便联系互换了电话号码，小明说："我家的电话号码很好记，你记住'二流子一天三两酒'就行了。"小叶笑着指着一件衣服说："这件衣服虽然少点派，但我就是要。"然后就走了，留下一头雾水的小明。你知道他们两个的电话分别是多少吗？

数字密码 　**难度等级** ★★☆☆☆

　　请你以最快的速度翻译下面这些爱的数字密码。

019425，　02825，03456，0451392，04517，04527，04535，04551，0456，04567，0457，045692，0487，0487561，0564335，0594184，065，06537

元素周期表

难度等级 ★★☆☆☆

第一周期：轻嗨；

第二周期：狸皮捧炭，蛋养佛奶；

第三周期：拉美旅归，林柳绿呀；

第四周期：贾盖扛袋烦落猛，铁箍裂桶新家者，身洗臭壳；

第五周期：如果已告你目的，钌铑把人隔音息，涕地点三；

第六周期：塞被拦河旦勿来，俄依铂金供他钱必破挨轰；南市普女叵煞有，扎特敌火耳丢一了；

第七周期：防雷啊！阿土扑油拿布抹，锔被开开废门喏牢。

化学元素周期表

I A																	2He 氦 4.0026
1H 氢 1.0079	II A											III A	IV A	V A	VI A	VII A	
3Li 锂 6.941	4Be 铍 9.0122											5B 硼 10.811	6C 碳 12.011	7N 氮 14.007	8O 氧 15.999	9F 氟 18.998	10Ne 氖 20.17
11Na 钠 22.9898	12Mg 镁 24.305	III B	IV B	V B	VI B	VII B		VIII		I B	II B	13Al 铝 26.982	14Si 硅 28.085	15P 磷 30.974	16S 硫 32.06	17Cl 氯 35.453	18Ar 氩 39.94
19K 钾 39.098	20Ca 钙 40.08	21Sc 钪 44.956	22Ti 钛 47.9	23V 钒 50.9415	24Cr 铬 51.996	25Mn 锰 54.938	26Fe 铁 55.84	27Co 钴 58.9332	28Ni 镍 58.69	29Cu 铜 63.54	30Zn 锌 65.38	31Ga 镓 69.72	32Ge 锗 72.59	33As 砷 74.9216	34Se 硒 78.9	35Br 溴 79.904	36Kr 氪 83.8
37Rb 铷 85.467	38Sr 锶 87.62	39Y 钇 88.906	40Zr 锆 91.22	41Nb 铌 92.9064	42Mo 钼 95.94	43Tc 锝 99	44Ru 钌 101.07	45Rh 铑 102.906	46Pd 钯 106.42	47Ag 银 107.868	48Cd 镉 112.41	49In 铟 114.82	50Sn 锡 118.6	51Sb 锑 121.7	52Te 碲 127.6	53I 碘 126.905	54Xe 氙 131.3
55Cs 铯 132.905	56Ba 钡 137.33	57-71 La-Lu 镧系	72Hf 铪 178.4	73Ta 钽 180.947	74W 钨 183.8	75Re 铼 186.207	76Os 锇 190.2	77Ir 铱 192.2	78Pt 铂 195.08	79Au 金 196.967	80Hg 汞 200.5	81Tl 铊 204.3	82Pb 铅 207.2	83Bi 铋 208.98	84Po 钋 (209)	85At 砹 (201)	86Rn 氡 (222)
87Fr 钫 (223)	88Ra 镭 226.03	89-103 Ac-Lr 锕系	104Rf 鑪 (261)	105Db 𨧀 (262)	106Sg 𨭎 (266)	107Bh 𨨏 (264)	108Hs 𨭆 (269)	109Mt 鿏 (268)	110Ds 𫟼 (271)	111Rg 𬬭 (272)	112 Uub (285)	113 Uut (284)	114 Uuq (289)	115 Uup (288)	116 Uuh (292)	117 Uus	118 Uuo

镧系	57La 镧 138.905	58Ce 铈 140.12	59Pr 镨 140.91	60Nd 钕 144.2	61Pm 钷 147	62Sm 钐 150.4	63Eu 铕 151.96	64Gd 钆 157.25	65Tb 铽 158.93	66Dy 镝 162.5	67Ho 钬 164.93	68Er 铒 167.2	69Tm 铥 168.934	70Yb 镱 173.0	71Lu 镥 174.96
锕系	89Ac 锕 (227)	90Tn 钍 232.03	91Pa 镤 231.03	92U 铀 238.02	93Nb 镎 237.04	94Pu 钚 (244)	95Am 镅 (243)	96Cm 锔 (247)	97Bk 锫 (247)	98Cf 锎 (251)	99Es 锿 (254)	100Fm 镄 (257)	101Md 钔 (259)	102No 锘 (259)	103Lr 铹 (260)

一首小诗

难度等级 ★★☆☆☆

爸爸死爬珠峰巅（8848米），姨舞舞进吐鲁番（－155米）。

大陆海岸一把钱（18000千米），京杭运河少一环。

贝加尔湖最深处，一溜环环落到底（1600米）。

这首诗暗含了一些地理数据，你看出来了吗？

英国的历史事件

难度等级 ★★☆☆☆

一路把酒欢歌，共庆君主立宪制度确立；英国工业资产阶级摇着一把扇儿去参加议会大选。这句话暗含英国历史上两件重要的事件，你知道吗？

关于德国统一

难度等级 ★★☆☆☆

一霸统一，引起起义；没地方生存，发动三次王朝战争。看出这句话与德国统一有什么关系吗？

复述数字

请你的朋友以正常说话的速度念一遍以下这些数字，然后你凭记忆依次一排排说出数字，看看你能记住多少数字。

5

36

985

8 134

03 865

173 940

8 377 291

34 820 842

649 320 048

9 385 726 283

83 721 547 497

932 624 499 284

4 872 058 713 339

93 810 492 248 113

837 295 720 488 820

9 285 720 683 004 826

59 275 028 148 532 811

太平天国永安封王

有人把太平天国的五王记作"东洋消息，云南北纬有一块小石头"，你觉得贴切吗？

第一次鸦片战争

难度等级 ★★★☆☆

"陈吴关门搞定"是第一次鸦片战争中壮烈捐躯的清朝爱国将领，你知道都有谁吗？

背数字

难度等级 ★★★★☆

从前有个爱喝酒的私塾先生，一天他给学生们布置了一个任务：背一长串数字，并宣布放学前考试，背不出不得回家，说罢就走了。学生们看着这一长串的数字个个愁眉苦脸。一些学生摇头晃脑地背起来，还有一些顽皮的学生揣好题单，溜出私塾，跑上后山去玩。

忽然，他们发现先生正与一个和尚在山顶的凉亭里饮酒作乐，就扮着鬼脸，钻进了林子。夕阳西下，老师酒足饭饱，回来考学生。那些死记硬背的学生结结巴巴、张冠李戴，而那些顽皮的学生却背得清脆圆顺，弄得老师莫名其妙。

原来，在林子里玩耍时，有个聪明的学生把要背诵的数字编成了谐音咒语："山巅一寺一壶酒，尔乐苦煞吾，把酒吃，酒杀尔，杀不死，遛尔遛死，扇扇刮，扇耳吃酒。"一边念，一边还指着山顶做喝酒、摔死、遛弯、扇耳光的动作，念叨了几遍，终于都把它记住了。你知道私塾先生让同学们背的是什么数字吗？

PART FIVE
歌诀记忆法

我国邻国三字经　　　　　　　难度等级　★★★☆☆

陆上邻：朝俄蒙、哈吉塔；反时数（按反时针方向依次数），阿巴印、尼和不、缅老越，要记熟；隔海望，有六近，韩日菲、马文印。

看了这个三字经，你能写出我国的邻国吗？

我国行政区歌诀（1）　　　　　　难度等级　★★★☆☆

两湖两广两河山，澳港西台贵云川。

四市二宁甘青陕，海内五疆福吉安！

你能迅速写出我国的省份名称吗？

我国行政区歌诀（2） 难度等级 ★★★☆☆

黑吉辽，京津沪，桂琼粤闽浙皖苏。
晋冀鲁豫湘鄂赣，陕渝云贵围着蜀。
台港澳，藏青新，还有甘宁内蒙古。
按这首诗的顺序写出各省份名称。

我国行政区歌诀（3） 难度等级 ★★★☆☆

我国主要特大城市：
京津唐、沪宁杭、大鞍抚沈阳；长春吉、哈尔齐、乌兰包太西；
郑石济、淄徐岛、成重昆贵阳；武沙昌、福广香、台高特大洋。
你能写出这些城市的全名吗？

古代史朝代记忆歌诀 难度等级 ★☆☆☆☆

学好中国古代史，首先要记准古代朝代的更替。下面这首歌诀可
帮助你记忆：
三皇五帝始，尧舜禹相传；
夏商与西周，东周分两段；
春秋和战国，一统秦两汉；
三分魏蜀吴，二晋前后沿；
南北朝并立，隋唐五代传；
宋元明清后，皇朝至此完。

八大行星

难度等级 ★☆☆☆☆

水浸（金）地球，火烧木星成土，天海王都叫苦。请写出八大行星的名称。

太阳系示意图

月相规律

难度等级 ★★☆☆☆

上上西西右见晚，下下东东清早天。自西向东四相时，上盈下亏月长圆。

二十四节气

难度等级 ★☆☆☆☆

春雨惊春清谷天，夏满芒夏暑相连。

秋处露秋寒霜降，冬雪雪冬小大寒。

每月两节不变更，最多相差一两天。

上半年来六廿一，下半年来八廿三。

19部中国古典名著

难度等级 ★★★★★

东西三水桃花红，官场儒林爱金瓶。

三言二拍赞今古，聊斋史书西厢镜。

这首诗包含了我国19部古典名著，你能说出来吗？

司马迁的《史记》

难度等级 ★★☆☆☆

中国史记第一部

纪传通史震千古

上至黄帝下汉武

篇篇心血一百三

七十列传三十家

十二本纪又十表

还来八书"成一家"

呐喊

难度等级 ★★☆☆☆

　　《呐喊》收了14篇：《孔乙己》在《故乡》吃《药》写《狂人日记》；《明天》讲《阿Q正传》和《头发的故事》；为《一件小事》，《兔和猫》闹了《风波》；《端午节》演《社戏》——《白光》和《鸭的喜剧》。

　　关于《呐喊》收录的一些篇目，你记住了吗？

黄河干流流经省区

难度等级 ★☆☆☆☆

　　青川甘宁内蒙古，晋陕过后入豫鲁。

　　读完此歌诀，你能说出黄河干流流经的省区吗？

我国首批14个沿海开放城市

难度等级 ★☆☆☆☆

　　江海连波通三州，秦岛云烟上青天。

　　请根据此歌诀，说一说这14个城市的名称。

季风与非季风区界线

难度等级 ★☆☆☆☆

　　兴安、阴山、贺兰山、巴颜冈底季风圈。

　　请结合歌诀，把分界线所指的具体地区名称补写完整。

我国灾害性天气

难度等级 ★☆☆☆☆

春旱、伏旱和夏涝，台风、热风和冰雹。风雪流，倒春寒，还有霜冻和寒潮。

反复读此歌诀，你记住了吗？

牛郎、织女星所在星座

难度等级 ★☆☆☆☆

织女弹琴，牛郎猎鹰。

根据这两句歌诀写出牛郎、织女星所在的星座，并牢记一下。

我国重点建设的煤矿

难度等级 ★★☆☆☆

（1）内蒙东部北到南，伊敏、霍林、元宝山。准格尔矿靠晋陕，黄河"几"字内拐弯。东胜、神府立西南，内蒙陕西黄河边。晋北黄河"几"右肩，大同平朔正扩产。辽宁北部铁法建，黑省东部双鸭山。鲁南兖州战犹酣，安徽中部有淮南。

（2）山西大同与平阳，鸡西鹤岗黑龙江。鲁兖苏徐皖两淮，河北峰峰与开滦。辽宁阜抚贵六水，河南有个平顶山。

水稻的分布　　难度等级　★ ☆ ☆ ☆ ☆

水稻作物单产高，喜热喜湿喜水生。亚洲分布占大半，中国南方最集中。

世界玉米的分布　　难度等级　★ ☆ ☆ ☆ ☆

玉米高产成本低，生长季长温暖期。地区分布较广泛，遍及亚欧美与非。

谁的孩子

难度等级 ★★☆☆☆

　　一天，有三个人在一起散步。第三个人说："第二个人是第一个人的孩子。"但第一个人却反驳说："我不是第二个人的妈妈，他也不是我的儿子。"他们说的话都是事实，究竟其关系为何呢？

不同的数

难度等级 ★★★☆☆

　　你能找出这8组数里面与众不同的那一个吗？

31

331

3331

33331

333331

3333331

33333331

333333331

换算新旧血压单位

难度等级　★★☆☆☆

　　血压mmHg，加倍再加倍，除以3再除以10， 即得kPa值。现在请你计算120mmHg是多少kPa？

不同的"S"　　难度等级　★★★☆☆

在下面这些图形中哪一个和其他的不一样？

正反都相同的年份

难度等级 ★ ★ ★ ☆ ☆

　　哪一年的年份写在纸上，再把它颠倒过来看，仍然是该年的年份呢？

最近的距离

难度等级 ★ ★ ★ ☆ ☆

　　观察下图，从*A*到*B*，哪条线路更近？线路一还是线路二？

找数字

难度等级 ★★★☆☆

游艺会上，年近半百的刘老师提来一块黑板，黑板上画着两张图表（如下图）。刘老师说："请同学们在图1里面，任意记住一个数字，告诉我它在第几行，再告诉我图2里它在第几行，我就可以知道它是什么数。"一连几个同学站起来问，都被刘老师说对了。

大家很纳闷，你知道刘老师是怎么找到的吗？

1	10	9	21	4	5
2	6	16	3	19	25
3	17	1	8	22	18
4	2	23	12	11	7
5	14	20	15	13	24

图一

1	24	7	18	25	5
2	13	11	22	19	4
3	15	12	8	3	21
4	20	23	1	16	9
5	14	2	17	6	10

图二

差别最大的字母

难度等级 ★★★☆☆

（1）在A、B、F、H、E五个字母中，哪个与其余四个差别最大？

（2）在A、N、E、F、H五个字母中，哪个与其余四个差别最大？

没有方位的房子

难度等级 ★★★☆☆

地球上有一间房子，当你在房子周围走一圈，要确定东、西、南、北的方位时，却发现无论走到哪里都是一样。究竟这间房子位于何处呢？

"二"的妙用

难度等级 ★★★★☆

　　语文老师在课堂上，出了一道特别的题目，要求学生将黑板上12个方格中的每个"二"字加上两笔，如添上两笔变成"夫"，以此类推，使其组成12个不同的字。

二	二	二
二	二	二
二	二	二
二	二	二

最高的人

难度等级 ★★☆☆☆

　　仔细看下图，3个人中，请指出最高的是哪一位？

找出不一样的立方体

难度等级　★★☆☆☆

同一种图案，不能同时出现在两个以上的立方体表面。以下6个立方体，哪一个不属于相同的立方体？

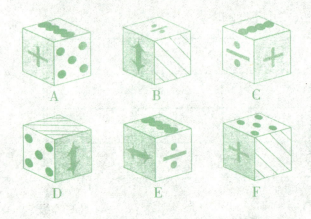

冬天还是夏天

难度等级　★★★☆☆

下图为两幅房间的素描画，请判别哪一幅是夏天画的，哪一幅是冬天画的？

巧组正方形

难度等级 ★★★★☆

现有3厘米宽、4厘米长的扑克牌12张。要求用这些扑克牌同时组合出大小不同的多个正方形。但是不能把扑克弄折，也不能重叠扑克，更不能组合出两个以上同样大小的正方形。

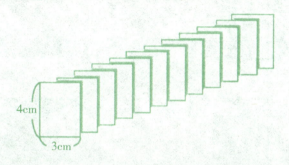

4cm

3cm

经济路线

难度等级 ★★★☆☆

威尼斯河网密布，是世界著名的水城。在威尼斯，人们的出行大多依靠船。由于各条河道上的船只种类不同，乘船费用也不一样。

张然带着一张威尼斯的水上交通图（如下图所示）站在甲处，他的目的地是乙处。现在，他要选择一条最省钱的路线。

已知每条路线都标明了船费（如下图所示），你能帮张然找出这条最省钱的路线吗？这条路线所需船费是多少？

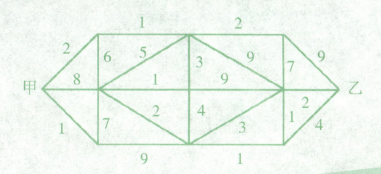

比较黑白

下列各图中的阴影部分与空白部分的面积相等吗?

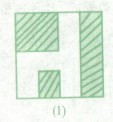

(1)

(2)

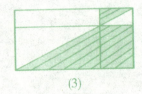

(3)

(4)

观察并比较

比较下图中的英文字母,看看其有无规则可言,请将空格答案填写完整。

错位的眼睛

难度等级 ★ ★ ☆ ☆ ☆

仔细看下图中女孩，观察她的眼睛是否错位。

$1=5 \quad 5 \quad 5 \quad 5$

$2=5 \quad 5 \quad 5 \quad 5$

$3=5 \quad 5 \quad 5 \quad 5$

$4=5 \quad 5 \quad 5 \quad 5$

$5=5 \quad 5 \quad 5 \quad 5$

$6=5 \quad 5 \quad 5 \quad 5$

"5" 的创意算式

难度等级 ★ ★ ★ ☆ ☆

左上图中有4个"5"的算式，请运用+、−、×、÷和( )等运算符号，写出答案是1~6的算式。

龟兔赛跑

难度等级 ★★★☆☆

有一次，乌龟和兔子又要比赛谁跑得快。乌龟对兔子说："你的速度是我的10倍，每秒跑10米，如果我在你前面10米远的地方，当你跑了10米时，我就向前跑了1米，你追我1米，我又向前跑了0.1米；你再追0.1米，我又向前跑了0.01米……以此类推，你永远要落后一点，所以别想追上我了。"你认为乌龟说得对吗？

无价之宝

难度等级 ★★★☆☆

一位在南美洲淘金的老财主不仅得到了大量黄金，而且找到许多钻石。为了向别人炫耀自己的富有，他决定用这些钻石镶出一个世上唯一的无价之宝。于是，他决定第一天从保险箱取出1颗钻石；第二天，取出6颗钻石，镶在第一天取出钻石的周围；第三天，其周边再镶一圈钻石，形成两圈。每过一天，就多一圈。进行七天以后，便镶成一个巨大的钻石群。请问，这块无价之宝一共有多少颗钻石？

PART SEVEN

归纳记忆法

猜名字

老师在手上用圆珠笔写了A、B、C、D四个人中的一个人的名字，她握紧手，对他们四人说："你们猜猜我手中写了谁的名字？"

A说：是C的名字。

B说：不是我的名字。

C说：不是我的名字。

D说：是A的名字。

四人猜完后，老师说："你们四人中只有一人猜对了，其他三人都猜错了。"四人听了后，都很快猜出老师手中写的是谁的名字了。你知道老师手中写的是谁的名字吗？

拉格朗日定理

难度等级 ★★★☆☆

你能否将下面的两个整数分别写成平方数相加的形式？

$$35 = \boxed{?} + \boxed{?} + \boxed{?}$$

$$48 = \boxed{?} + \boxed{?} + \boxed{?} + \boxed{?}$$

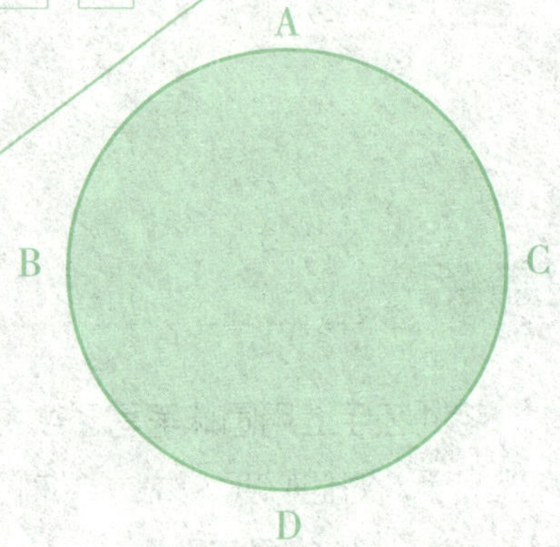

点餐风波

难度等级 ★★★☆☆

　　四个好朋友前往一家西餐厅用餐，他们选了个圆桌，依A、C、D、B的顺序坐下（如右上图所示）。看过菜单之后，他们连续点了主菜、汤及饮料。

　　在主菜方面，李先生点了一份鸡排，连先生点了一份羊排，坐在B位置的人则点了一份猪排。在汤方面，萧先生及坐在B位置的人都点了玉米浓汤，李先生点了洋葱汤，另一个人则点了罗宋汤。至于饮料，萧先生点了热红茶，李先生和连先生点了冰咖啡，另一个人则点了果汁。四个人点完之后才发现：邻座的人都点了不一样的东西。

　　如果李先生坐在A位置，请问：坐在哪个位置上的先生点了牛排？

说谎的姐妹　　　　　难度等级 ★★★☆☆

　　姐妹二人，一胖一瘦。姐姐上午很诚实，一到下午就说假话；妹妹则相反，上午说假话，下午却很诚实。有一天，一个人问姐妹俩："哪位小姐是姐姐？"胖小姐回答说："我是。"而瘦小姐回答说："是我呀。"这个人又问："现在几点钟了？"胖小姐说："快到中午了。"瘦小姐却说："中午已经过去了。"请问：当时是上午还是下午，哪一个是姐姐？

A、B、C、D、E
D、C、E、B、A
B、E、A、C、D
? 　? 　? 　? 　?

字母推理　　　　　难度等级 ★★★☆☆

　　观察右上图字母方阵，并将第四行的字母顺序排列出来。

等式

$1 \times ? + ? = 9$

$12 \times ? + ? = 98$

$123 \times ? + ? = 987$

$1234 \times ? + ? = 9876$

$12345 \times ? + ? = 98765$

$123456 \times ? + ? = 987654$

$1234567 \times ? + ? = 9876543$

$12345678 \times ? + ? = 98765432$

$123456789 \times ? + ? = 987654321$

仔细观察上面的等式，想一想：各式所乘数字是几？所加数字是几？

李经理的一周行程

下周李经理的活动安排是："参观博物馆；去市政府；到医院看外科；去饭店吃午餐。"但饭店在星期三没有营业；市政府则是星期六休息；博物馆在星期一、星期三、星期五开放；外科医师每逢星期二、星期五、星期六问诊。那么，李经理应该在星期几才能在一天之内完成所有事情呢？

动物园

难度等级 ★★★☆☆

　　一日，可可独自到动物园去玩。他只看了猴子、熊猫和狮子三种动物。这三种动物的总数量在26只到32只之间。根据以下情况，算出这三种动物各有多少只。

　　1.猴子和狮子的总数量比熊猫的数量多。

　　2.熊猫和狮子的总数量比猴子数量的2倍还多。

　　3.猴子和熊猫的总数量比狮子数量的3倍还多。

　　4.熊猫的数量没有狮子数量的2倍那么多。

超强记忆

难度等级 ★★★☆☆

　　第一步：仔细观察下面框内的图形，并尽力记住它们的模样。

第二步：遮盖住上面框内的图形，并从下面的框内迅速找出在上面的框中出现过的图形，并圈出来。

三张扑克牌

难度等级 ★ ★ ★ ☆ ☆

桌子上有3张扑克牌，排成一行。

现在，我们已经知道：

（1）K右边的2张牌中至少有1张是A；

（2）A左边的2张牌中也有1张是A；

（3）方块左边的2张牌中至少有1张是红桃；

（4）红桃右边的2张牌中也有1张是红桃。

问：这3张是什么牌？

足球比赛   难度等级 ★★★☆☆

　　公元3000年，国际足联为了鼓励球员在足球比赛中进更多的球，试行了新的竞赛规则，即赢一场球得10分，平局各得5分，而且不论输赢，踢进一球即得1分。在一次实行循环赛制的国际足球邀请赛中，几场比赛过后，各队的得分如下：中国队得3分，意大利队得7分，巴西队得21分。

　　请问：每场比赛的比分是多少？

狗儿们的话   难度等级 ★★★☆☆

　　德拉家和卡卡家共有4条狗，名字分别是多多、依依、咪咪、汪汪，主人喜欢把它们打扮得漂漂亮亮。一天，它们进行了下列对话。其中，若是关于自己家的话就是真的，关于别人家的话就是假的。

　　穿棕衣服的狗："穿黄衣服的是多多，穿白衣服的是依依。"

　　穿黄衣服的狗："穿白衣服的狗狗是咪咪，穿灰衣服的狗狗是汪汪。"

　　穿白衣服的狗："穿灰衣服的狗狗是多多。"

　　穿灰衣服的狗："穿棕衣服的是多多，穿白衣服的是卡卡家的狗狗。"

　　请问，这4条狗分别是谁家的？

常胜将军

难度等级 ★★★☆☆

李先生与他的妹妹、他的儿子、他的女儿都是排球高手，他们中的一人还被大家誉为"常胜将军"。关于他们四人，还有如下信息：

（1）"常胜将军"的双胞胎兄弟或姐妹与表现最差的人性别不同。

（2）"常胜将军"与表现最差的人年龄相同。

请问：这四个人中，谁是"常胜将军"？

7只小鸟

难度等级 ★★★☆☆

7只小鸟住在同一个鸟巢中。它们的生活非常有规律，每一天都有3只小鸟出去觅食。

7天之后，任意2只小鸟都在同一天出去觅食过。

将7只小鸟分别标上序号1~7，请你将它们这7天的觅食安排详细地填在下面的表格中。

时间	觅食的小鸟序号
第1天	
第2天	
第3天	
第4天	
第5天	
第6天	
第7天	

谁是老实人

难度等级 ★★★☆☆

在老王、老张、老李、老林和老刘这5个同事当中，有两个是绝对不说谎的老实人，但是另外三个人是骗子，所说的话里一定有谎话。下面是他们5个人所说的话：

老王：老张是个骗子；

老张：老李是个骗子；

老李：老刘是个骗子；

老林：老王和老张他俩都是骗子；

老刘：老王和老林，人家两个可都是老实人。

请你根据他们所说的这些话，判断哪两个人是真正的老实人。

遛狗

难度等级 ★★★★☆

9个女孩每天都带着她们各自的宠物狗出去散步。她们每次分3组，每组3个人，4天之中，她们中的任意2个女孩都只有一次被分到同一组。

请问应该怎样给她们分组呢？

第1天	
第2天	
第3天	
第4天	

篮球比赛

难度等级　★★★☆☆

五所中学进行篮球比赛，每所中学互相进行一场循环赛。

比赛的结果如下表所示，

请问五中的成绩如何？

一中	2胜2败
二中	0胜4败
三中	1胜3败
四中	4胜0败

业绩竞赛

难度等级　★★★☆☆

公司的业绩竞赛中，婷婷、阿亮、佳佳、小程分别获得前四名。成绩公布前，他们做了一次自我估计：

婷婷说："我不可能得到第四名。"

阿亮说："我能得到第二名。"

佳佳说："我比婷婷高一个名次。"

小程说："我比佳佳高两个名次。"

成绩公布之后，他们之中只有一人估计错误。请问，他们各自得到第几名？

家庭比赛
难度等级 ★★★☆☆

　　某社区举行夫妻智力比赛，决赛前一共要进行 4 次预赛。 每次预赛中，各对夫妻都要出 1 名成员参赛。

　　第一次参赛的是：吴、孙、赵、李、王。

　　第二次参赛的是：郑、孙、吴、李、周。

　　第三次参赛的是：赵、张、吴、钱、郑。

　　第四次参赛的是：周、吴、孙、张、王。

　　另外，刘某因故未参加任何一次比赛。

　　请问：谁和谁分别是夫妻？

邻居
难度等级 ★★★★☆

　　L 先生、M 先生和 Q 先生三个人住在一幢公寓的同一层。

一个人的房间居中，与其他两人左右相邻。

他们每个人都养了一只宠物：不是狗就是猫；

每个人都只喝一种饮料：不是茶就是咖啡；

每个人都只采用一种抽烟方式：不是烟斗就是雪茄。

条件：

　L 先生住在抽雪茄者的隔壁；

M 先生住在养狗者的隔壁；

Q 先生住在喝茶者的隔壁：

没有一个抽烟斗者喝茶；

至少有一个养猫者抽烟斗；

至少有一个喝咖啡者住在一个养狗者的隔壁；

任何两个人的相同嗜好不超过一种。

请问，谁住的房子居中间？

PART EIGHT
推导记忆法

照片上的人　　　　难度等级 ★★★☆☆

佩琪在看照片。当有人问佩琪照片中的人是谁时，她回答："她的丈夫的母亲，是我丈夫的父亲的妻子的女儿，而我丈夫的母亲只生了他一个孩子。"请问，佩琪在看谁的照片？

谁最后一个进宿舍　　　　难度等级 ★★★☆☆

有四个人在一个宿舍，他们最近都特别忙碌，于是规定最后一个进宿舍的人要把门反锁。但是昨天没有把门反锁，有窃贼进入偷走了甲的录音机。于是四个人打算查出是谁最后进的宿舍。

甲说：我进宿舍的时候丙正在宿舍洗澡。

乙说：我回来的时候丁已经睡了，于是我便听了会儿歌就睡了。

丙说：我进门的时候乙正在听歌。

丁说：我什么都不记得了。

请问是谁最后一个进宿舍，但是忘了把门反锁的？

齿轮转圈

难度等级 ★★★★☆

如右图所示，4个齿轮构成了一个闭合装置。4个齿轮分别有14，13，12和11个齿。

问最大的那个齿轮要转多少圈，才可以使所有的齿轮都回到原来的位置（也就是各个标记的齿和图中的黑色三角形再次——相对）？

齿轮片语

难度等级 ★★★★★

如下图所示，这12个相契合的齿轮周围分别都写有字母（每个齿轮中间的数字代表这个齿轮有多少个齿）。在多次旋转或者局部旋转之后，从左上方的大齿轮（红色）开始，这些齿轮连接处的字母将会顺时针拼成一句英文。

你能否告诉我们从现在开始到你能读出一句完整的话，最大的齿轮需要转多少圈？

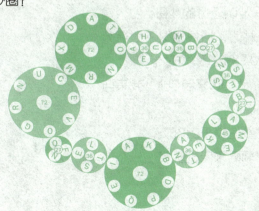

帽子与贴纸

难度等级 ★★★☆☆

有5个贴纸，其中，3个为红色、2个为蓝色。

任意拿出3个贴纸分别贴在3位数学家的帽子上，并将另外2个藏起来。

这些数学家的任务就是要说出自己帽子上贴纸的颜色（不许看镜子，不许把帽子拿下来，也不能做其他小动作）。

他们中的两个人分别说了一句话，如右上图所示。请问数学家C帽子上的贴纸是什么颜色的？

有趣的八哥

难度等级 ★★★☆☆

罗伯特、莉萨、艾咪是3只八哥鸟，它们分别来自3个国家。其中来自A国的八哥一直说真话；来自B国的八哥一直说谎话；来自C国的八哥特别有趣，它总是先说真话再说假话。

对于这3只难以应付的八哥，主人偷偷录下它们的对话，请根据以下对话分别说出这3只八哥来自哪个国家。

罗伯特说："艾咪来自C国，我来自A国。"

莉萨说："罗伯特来自B国。"

艾咪说："莉萨来自B国。"

滚动色子(1)　　　　　难度等级　★★☆☆

　　使色子的一面与棋盘格的大小相等，然后将色子滚动到邻近的棋盘格，那么每滚动一次，色子朝上那一面的数字就会变化。

　　如右下图所示，一个色子放在棋盘格的中央，要求滚动6次色子，每次滚动一面，使得它最后落在图中红色的格子里，并且色子的"6"朝上。

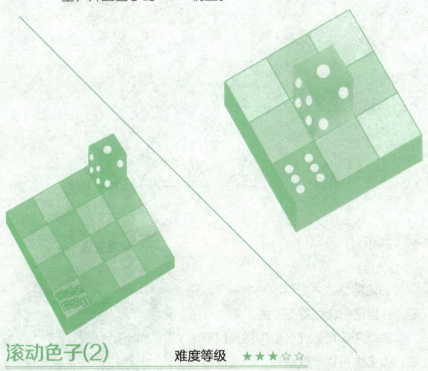

滚动色子(2)　　　　　难度等级　★★★☆☆

　　如左上图所示，你能否将6个色子分别滚动6次，滚动到指定的格子里，并且最后朝上的那一面分别是"1""2""3""4""5""6"？

保险箱

难度等级 ★ ★ ★ ★ ☆

　　这是一个很特殊的保险箱，最后一个按钮上标有"F"，根据所给的提示，找出密码的第一位（如下图）。比如，1i指向里移一格，1o则向外移一格，1c表示顺时针移动一格，1a表示逆时针移动一格。注意：每个按钮只能按一次。

移走木框

难度等级 ★ ★ ★ ☆ ☆

　　右边的这些木框可以一个一个地移走，并且它们之间互不干扰。

　　请问应该按照什么顺序移走这些木框？如果你答对了这道题，那么这些木框上的字母将会组成一个英文单词（按照你移走木框的顺序）。

开灯关灯

难度等级 ★ ★ ★ ★ ☆

对一批编号为1～100、全部开关朝上（开）的灯进行以下操作：凡其编号是1的倍数的灯，对其反方向拨一次开关；对编号为2的倍数的灯，反方向又拨一次开关；对编号为3的倍数的灯，反方向又拨一次开关……

请问：最后为熄灭状态的灯的编号是多少？

父亲和儿子

难度等级 ★ ★ ★ ☆ ☆

下图中父亲和儿子的年龄个位和十位上的数字正好颠倒，而且他们之间相差27岁。请问父亲和儿子分别多大？

猫和老鼠

难度等级 ★★★☆☆

3只猫和3只老鼠想要过河，但是只有一条船，一次只能容纳2只动物。无论在河的哪一边，猫的数量都不能多于老鼠的数量。

它们怎样才可以全部安全过河呢？

谁是谁

难度等级 ★★★☆☆

汤姆总是说真话；狄克有时候说真话，有时候说假话；亨利总是说假话。

请问图中的3个人分别是谁？

中间的人是亨利。

我是狄克。

中间的人是汤姆。

魔球

难度等级 ★★★☆☆

5个魔球里分别装有红、绿、黄、黑、蓝5种颜色的钻石。博士让A、B、C、D、E五个人任猜魔球里钻石的颜色，猜中了就把里面的钻石奖给他。

A说：第二个魔球是蓝色，第三个魔球是黑色。

B说：第二个魔球是绿色，第四个魔球是红色。

C说：第一个魔球是红色，第五个魔球是黄色。

D说：第三个魔球是绿色，第四个魔球是黄色。

E说：第二个魔球是黑色，第五个魔球是蓝色。

答案揭晓后，5个人都猜对了一个，且每人猜对的颜色都不同。

根据以上信息，你能猜出每个魔球里钻石的颜色吗？

小丑表演

难度等级 ★★★★☆

如右图所示，右下角的小丑正在拉绳子。对于挂在绳子上的7个杂技演员来说，会发生什么事？他们当中哪些会上升，哪些会下降？

真假难辨

难度等级　★★★☆☆

这些人分别来自于托特家和弗尔斯家（见下图）。托特家的人总是讲真话，而弗尔斯家的人总是讲假话。

这些人分别是谁家的，请在他们脚下的方框里填上恰当的字母。

第3支铅笔　　　　　　　难度等级 ★★★★☆

在右下图这堆铅笔中，按照从下往上数的顺序，哪支铅笔是第3支呢？

转向何方　　　难度等级 ★★★★☆

下图中的黑色圆圈表示滑轮，白色圆圈表示齿轮，直线表示连接滑轮的传送带。那么，当右侧的传送带按箭头所示方向运动时，轮子A和轮子B各往哪个方向转动？

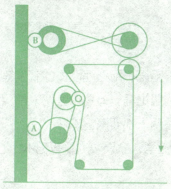

上升还是下降

在下面一组齿轮、杠杆和转轮的组合中，黑色的点是固定支点，白色的点是不固定支点。如果推一下不固定支点（如下图所示），终端的物体A和B会上升还是下降？

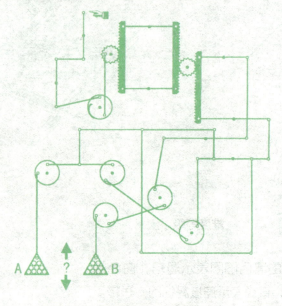

买的什么文具

东东、西西和南南三人去商店买文具，他们每人买的不是铅笔就是笔记本。已知下列情况：

（1）如果东东买的是铅笔，那么西西买的就是笔记本；

（2）东东或南南买的是铅笔，但是不会两人都买铅笔；

（3）西西和南南不会两人都买笔记本。

你知道谁昨天买的是铅笔，今天买的是笔记本？

GLASGOW趣题

难度等级 ★★★★☆

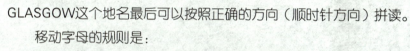

如右图所示，有8个圆圈，其中7个圆圈上面依次标着字母G、L、A、S、G、O、W，连起来读作"格拉斯哥"，这是苏格兰西南部一个城市的名字。

按照现在的排列，这个地名是按逆时针方向拼读的。

解题的要求是每次移动一个字母，使GLASGOW这个地名最后可以按照正确的方向（顺时针方向）拼读。

移动字母的规则是：

1.如果旁边有一个圆圈空着，可以走一步；

2.可以跳过一个字母走到它旁边的空圆圈内去。这样，按照LSOGAGWAGSOSWAGSO的顺序移动字母，就可以达到目的。但一共要走17步。

你能少走几步来实现上述目标吗？这个词从哪个圆圈开始读都可以，只要是顺时针方向就行。

哪一个方向错了

难度等级 ★★★☆☆

四个齿轮互相咬合着转动，右图中标示出了每个齿轮转动的方向，但是其中有一组的方向是胡乱画上去的，使它们成了一组不能转动的齿轮。你能找出哪一组齿轮的方向画错了吗？

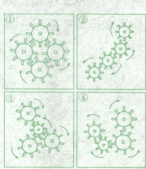

PART NINE

理解记忆法

自鸣的磬

难度等级 ★★★☆☆

　　从前，有一个和尚，他的房间里收着一个磬。这个磬有时半夜三更或大白天突然发出响声。和尚以为是鬼在捉弄他，十分惊慌，以至于得了病。

　　一天，和尚的朋友来看望他，就在探望时，传来了寺院里敲钟的洪亮响声，这时，和尚房里的磬也跟着响了起来。和尚吓得面色惨白，浑身哆嗦。这位朋友一下就明白了，他找来一把锉，把磬锉缺几处地方。从此以后，磬就不再自鸣了，和尚的病也好了。你知道这个磬不敲自鸣的秘密在哪里吗？

绳子上的猴子

难度等级 ★★★☆☆

如右图所示，现在猴子和绳子另一端的香蕉处于平衡状态。

如果这只猴子现在开始沿着绳子往上爬，左边的香蕉将会怎样移动？

木板上升

难度等级 ★★★★☆

如下图所示，如果这个男孩使劲拉绳子，他能否把自己和他所站的木板都拉起来？

哥伦布竖鸡蛋

难度等级 ★★★★☆

有一个非常著名的问题：怎样把一个鸡蛋竖起来？根据记载，克里斯托弗·哥伦布知道答案。

故事是这样的：西班牙的贵族们给哥伦布出了一个难题，要求他把一个鸡蛋竖起来。

所有人都认为他不可能做到。哥伦布拿起鸡蛋，轻轻地敲破了鸡蛋一端的一点蛋壳，轻而易举地就把鸡蛋竖起来了。这个故事的寓意在于，很多看上去非常困难的事情很可能会有一种非常简单的解法。

如果要求不能弄破蛋壳，你还能把一个鸡蛋竖起来吗？

机会平衡

难度等级 ★★★★☆

如右下图所示，请问有多少种方法可以将这5个重物放在天平上，并且保证天平处于平衡状态？

记住：一个重物离天平的支点越远，它对天平施加的力就越大。因此，在图中标号2处的重物对天平施加的力是图中标号1处的2倍。

如果你将这5个重物随机地放在天平上，天平正好保持平衡的概率是多少？

希罗的开门装置

难度等级 ★ ★ ★ ★ ★

亚历山大城的希罗（公元前10~公元70年）的机械发明堪称是古代最天才的发明，完全可以将希罗看作是自古以来第一个，也可能是最伟大的一个玩具发明家。

下图中的这个开门装置是他所设计的很多种玩具和自动装置的典型代表，它最初是用于宗教目的。这个设计图复制于希罗的原图，它是一个使神殿大门能够自动开合的神奇装置。

你能说出这个装置的工作原理吗？

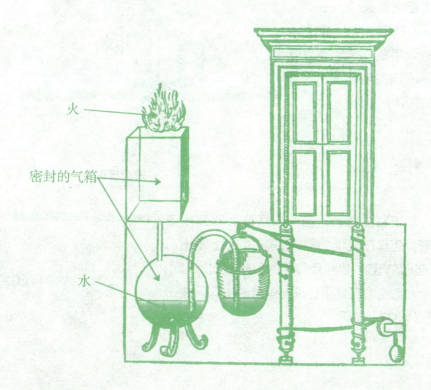

火

密封的气箱

水

液体天平——浮力

难度等级 ★★★★★

图一：天平是平衡的。天平左端的盘子上是一个装满水的容器，右端是一个重物。

图二：重物从天平的右端移到左端，而且该重物完全浸入容器中的水里面。

很明显现在左端要比右端重。

请问：为了继续保持天平的平衡，现在天平的右端应该放上多重的物体？

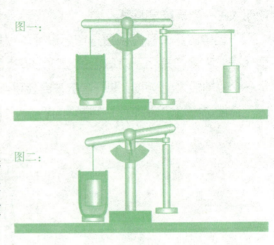

图一：

图二：

简谐运动

难度等级 ★★☆☆☆

如右图所示，在一个摆锤上安装一支笔，使其在摆动过程中在前进的纸上画出它的运动轨迹，最终我们将会得到一条曲线。

你能够在结果出来之前就说出这条曲线是什么样子的吗？

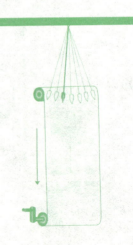

帕斯卡定理

难度等级 ★ ★ ★ ★ ☆

下图是液压机的一个模型，从中我们可以清楚地看到它的机械利益（一台机器产生的输出力和应用的投入力之间的比率）。这个液压机有两个汽缸，每个汽缸有一个活塞。

一个容器内静态的液体中任意一点受到压力都会均衡地传播到容器内的每一点。这个结论是300多年前法国人巴斯·帕斯卡发现的。所有将液体从一处抽到另一处的装置都是利用了这一原理。

利用帕斯卡定理的例子有液压泵、印刷机、起重机以及水力制动系统。

下面这个模型中：

小活塞的面积是3平方厘米；

大活塞的面积是21平方厘米；

机械利益为21÷3=7。

请问小活塞上面需要加上多少力，才能将大活塞向上举起1个单位的距离？

落水的铅球　　　　难度等级 ★★★☆☆

　　如左下图所示，水池的边上有一个铅球，这个铅球有可能直接掉到水池里，也有可能掉到水池中的汽船里。

　　问：掉到水池里和掉到汽船里哪一种情况下水池的水面上升得更高一些？

共振摆(1)　　　　难度等级 ★★★★☆

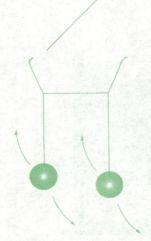

　　两个摆可以有很多种不同的组合方式，最简单的方法就是把它们用绳子挂起来，如左下图所示。你可以用一支铅笔和两颗珠子来制作这个装置。分别用绳子将两个"摆锤"系在起连接作用的绳子上，这样它们摆动的时候就正好与这根绳子垂直。

　　如果你用手拉动其中一颗珠子让其运动起来，那么这个装置会发生什么变化？

共振摆(2)　　　　　　　　难度等级　★★★★☆

　　一根水平的横杆上悬挂着3对摆，如下图所示。每对摆（2个颜色相同的摆）摆长都相同。

　　将6个摆中的任意1个摆摆动起来，横杆可以将这种摆动传递到其他5个摆上去。想象一下，最后会出现什么结果？

手势记忆　　　　　　　　难度等级　★★★☆☆

　　两人一组，A首先认真看B做如下五个手势，而且只能看不能跟着做。在B把五个手势做完后，由A按顺序重复做出来。

　　手势一：双手各伸出中指和食指；

　　手势二：双手各伸出小指；

　　手势三：双手各伸出5个手指；

　　手势四：双手各伸出大拇指；

　　手势五：双手握拳。

　　第一遍做完后，可以再把这几个手势倒着做一遍。

　　比比谁的记忆力更好，看谁做得又快又准确。

虹吸管

在下图1所示的一个密封的模型中，液体被储存在最下面的空箱里。

请问如果把整个模型倒过来，如下图2所示，会出现什么样的情况？

图1   图2

减少的物品

在桌子上摆放一行物品：手表、铅笔、水杯、糖块、火柴棒、书、剪刀、积木、钥匙、报纸。

让你的同伴面对桌子观察1分钟，然后请他背对桌子说出每件物品的名称。

让同伴面对桌子观察1分钟，然后遮住同伴的眼睛，悄悄拿走铅笔、糖块、剪刀。给同伴解开眼罩，让他说出桌子上少了哪些物品。

圣诞节风铃 难度等级 ★★★☆☆

下图中的这个风铃重144克（假设绳子和棒子的重量为0）。你能计算出每一个装饰物的重量吗？

九宫图 难度等级 ★★★☆☆

将编号从1到9的棋子按一定的方式填入下图中的9个小格中，使得每一行、列以及两条对角线上的和都分别相等。

市场效果

市场效果是指在一定的市场结构下，通过一定的市场行为使某一产业在价格、产量、费用、利润、产品质量和品种以及在技术进步等方面所达到的某种状况。请你根据定义判断下列不属于市场效果的一项是：

A.产业的利润是否合理。

B.消费者个人口味如何。

C.在销售费用及产品改型上是否存在浪费。

D.产业生产能力的扩大是否与市场需求的增长相适应。

正确的投弹线

轰炸机在没有大风的天气里投弹时，下面哪一个投弹线是正确的？

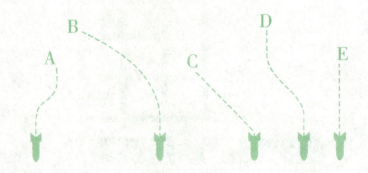

难搭的桥 难度等级 ★★★★☆

如何才能搭出如左下图所示的桥呢?

最结实的门 难度等级 ★★★☆☆

下面A、B、C、D四扇木制门框中,哪一扇门的门框结构最牢固?为什么呢?

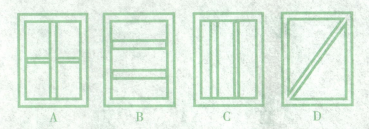

A B C D

PART TEN

参考答案

图像记忆法答案

 测测记忆力(1)

如右图所示。

 测测记忆力(2)

如下图所示。

旋转的物体

如下图所示。

 比舞大赛

两个舞伴的每个人都分别换了一次姿势。

只有在两张照片中他们是变换了姿势的（也就是说，成镜像），其他照片中显示的都是他们在旋转。

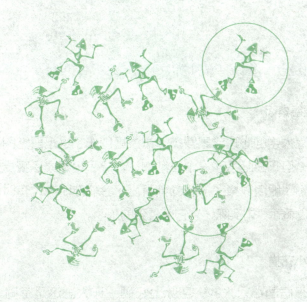

 折叠立方体

立方体的平面展开图与A相同，故选F。

拼圆

A和C，如下图所示。

拼长方形

C，如下图所示。

谢泼德桌面

斯坦福大学的心理学家罗杰·谢泼德创作了这幅幻觉图。虽然图是平面的，但它却暗示了一个三维物体。桌子边和桌子腿提供的感知提示，影响了眼睛对桌子形状的判断。这会使你明白，有时候我们的大脑并不会乖乖"如实陈述"它所看到的东西。

两只小花猫

看起来后面那只大些，实际上它俩一样大。这是空间透视感造成的错觉。

这是直线吗

实际上这些线条是直线。之所以会产生弯曲的感觉，主要是由于交错排列的格子背景造成的。此图属于"咖啡墙错觉"的变体，不过这种错觉的原理尚在研究中。

水平线本身就是弯曲的。难道你还没有被视觉幻觉欺骗够吗？这个题也许能提醒你注意定式思维。

 考眼力

A与D两组的图形相同。解答此类题要仔细观察每个图形的特点，比较与其他图之间的细微差异，然后在脑海中形成一定的记忆，就很容易找出来了。

 找面具

那个带有生气表情的面具在第2行右边数第2个。

人的感知系统总是能够很容易察觉异常的事物，而完全不需要系统地查找。这个原理被用于飞机、汽车等系统里，从而使它们的显示器能够随时随地地探测出任何异常的变化。

 多余的图形

如下图所示，可知图b中多余的图是D。

回忆填图

C。记忆图形时，除了要留心图形的形状，也要留心图形间有什么样的关系，抓住规律记忆才能提高记忆效率。

🔑 美丽的花瓶

A：6、7、8、1；B：2、3、4、5；C：12、11、10、9。

🔑 图形构成

A：1、2、3；B：2、3、4；C：1、3、4；D：1、2、4。
如下图所示：

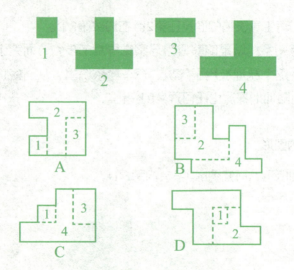

🔑 过目不忘

记忆的过程中，你需要调动视觉、听觉、感觉。进行此游戏时，秘诀是在图像与名字之间建立一种联系，联系得好，记得就快。

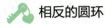 **相反的圆环**

B。找出与示例图形对称的图即可。

镜像

B。先观察示例的解决方法，很容易看出图1和图3、图4和图2都呈左右对称，图1和图4、图3和图2都呈上下对称。再观察图A、B、C、D中每个箭头的位置及方向，可看出D和A呈左右对称，A和C呈上下对称，但B若与D呈上下对称，与C呈左右对称，需要把右下角的"↖"改为"↘"，所以B是错误的。

T时代

如下图所示。

七格三角形

如下图所示。

观察记忆法答案

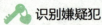 **识别嫌疑犯**

题中问题的答案依次为：

1.D　2.C　3.B　4.B

5.2个　6.A　7.A　8.D

9.B　10.C　11.C　12.C

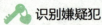 **用"眼"估估看**

这道题乍一看，好像两栏加起来的得数不会一样，但是仔细看一看，就会看出第一栏中有9个1，相等于第二栏中的1个9；第一栏中有8个2，相等于第二栏中的2个8；第一栏中有7个3，相等于第二栏中的3个7，等等。由此可以得出结论，两栏中各数加起来的得数一定是相等的。

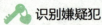 **有钉子的心**

如下图所示。

 最小的图形

这6幅图中只用了一种基本图形，如下图所示。

每一种图案都是由这一种基本图形合成的，该图形通过旋转可以

有4种方向。

 精确的底片

应该选择B，将B覆盖在红色方框中每对图案右边的图案上，都能够使这3对图案正好相互反色。

 一模一样

1和5。仔细观察，你会发现，其他的牛都有细微不同。

哪个不相关

图形D。图形B为图形A逆时针旋转90度所得，图形C为图形B逆时针旋转90度所得。

奇怪的表情

A与F。锻炼你的观察力。

🔑 旋转的窗户

如果窗户慢速旋转，你看到的将是一个摆动的长方形。

如果你在窗户的一个洞里面插上一支铅笔，甚至会出现更奇特的现象。有些人会看到铅笔改变了方向——它看上去像是从中间弯折或者扭曲了，并且随着旋转，它的速度和形状看上去都发生了改变。

窗户边的阴影会引起更多复杂的错觉。

在旋转的窗户上附上任何小东西（如小鸟），这个小东西看上去都在与窗户做反方向运动。

🔑 门

E。由观察到的锁孔可知锁安装得不对。

🔑 判别表针

A：左下是时针，右上是分针；B：左边是时针，上面是分针；C：左上是时针，下面是分针；D：左边是时针，右边是分针。

以A题为例，分析如下：

假设右上是时针，那么从其所在位置看，应是2：20分左右，不超过2：30分；与此对应，分针应该在"20分"处，而不是"37分"。所以，假设不成立，右上应为分针，左下为时针。

同理可推出其他3个。

🔑 找错

D。观察这四张图，可发现B和C左右对称、A和B上下对称，唯独D与其他图形形不成对称关系，所以有错误的是D。

巧探陷阱

如下图所示。

 俯视布篷

如下图所示。

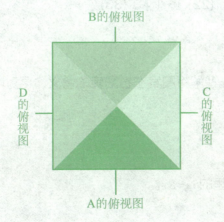

B的俯视图

D的俯视图　　　C的俯视图

A的俯视图

🔑 **叠放的波斯地毯**

大地毯恰好遮住了小地毯的25%。

汽车怎么移动

照如下顺序移动即可。

(1)⑥→G	(12)④→A	(23)①→G	(34)③→G
(2)②→B	(13)⑦→F	(24)②→J	(35)⑥→I
(3)①→E	(14)⑧→E	(25)⑦→H	(36)②→J
(4)③→H	(15)④→D	(26)①→A	(37)⑤→H
(5)④→I	(16)⑧→C	(27)⑦→G	(38)③→C
(6)③→L	(17)⑦→A	(28)②→B	(39)⑤→G
(7)⑥→K	(18)⑧→G	(29)⑥→E	(40)②→B
(8)④→G	(19)⑤→C	(30)③→H	(41)⑥→E
(9)①→I	(20)②→B	(31)⑧→L	(42)⑤→I
(10)②→J	(21)①→E	(32)③→I	(43)⑥→J
(11)⑤→H	(22)⑧→I	(33)⑦→K	

 寻找图案

（5）。首先理解将图案左右翻转的含义，再对照所给的五幅图案，便不难得到答案。

 相等面积

A、F两图形里的$S_黑=S_白$。

 折叠后的图案

C。因最下方的图案为底面，所以立方体的顶面应该是原图中间从上往下数的第二个图案，由此，排除答案A、B、D、E（您也不妨动手试试）。

🔑 纸条的结

4与其他5幅都不同，其他的都只有1个连续的结，而4是由2个结组成的。

🔑 短针指向哪里

用虚线标出短针的位置，就容易找到答案了。

🔑 独树一帜

观察每个图形中的"●"和"="的变化规律，不难找出与其他图案不同的是E。

🔑 图形结合

仔细观察方框内的平面图，不难发现阴影和空白部分是相互间隔的，故选B。

联想记忆法答案

🔑 柜子里的秘密

密码是CREATIVITY，如下图所示。

🔑 **历史人物歇后语**

（1）郭子仪　（2）华佗　（3）王佐　（4）孙武　（5）司马昭（6）赵匡胤　（7）姜太公　（8）梁红玉　（9）诸葛亮　（10）包公、包勉　（11）杨五郎　（12）赵子龙　（13）唐僧　（14）韩信（15）穆桂英　（16）袁世凯　（17）孔夫子　（18）鲁智深（19）林冲　（20）周瑜

🔑 **地名和成语**

后来居上　海外奇谈　志同道合　肥田沃土　人定胜天　津津乐道海北天南　昌明大义　气壮山河　北讨南征　作威作福　州官放火　源远流长　春风化雨　语重心长　沙里淘金　声东击西　安邦治国　坐北朝南　宁死不屈　文东武西　宁为玉碎　见多识广　州如斗大　同舟共济　南征北战　荣华富贵　阳关大道

🔑 **加字得字**

（1）田（畜、里、略、男）；
（2）虫（虾、烛、蜡、蛊）；
（3）火（煲、耿、炉、灯）；
（4）木（架、林、杜、桔）。

🔑 **图像字谜**

"鸡"字去掉"鸟"字变成了"又"，再加上"木"就变成了"权"字。

🔑 **看棋局，猜成语**

兵临城下，马到成功。

看棋局，猜地名

罗马、河内（别解为：把棋子"马"网罗于"河界"之内。）。

成语算式

竖列答案：一心一意、两面三刀、三令五申、四分五裂、五花八门、六街三市、七上八下、十寒一曝。

横排等式：

$1+2-3+4+5-6+7=10$

$1+3-5+5+8-3-8=1$

宝石的轨迹

（1）答案如下图。

（2）答案如下图。

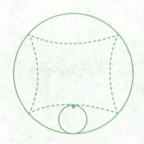

翻动的积木

第一个拐角是4朝上，第二个拐角是1朝上，第三个拐角是2朝上，再翻转两次，最后朝上的一面是5。

纸环想象

剪开后是一个正方框，形状如下图所示。

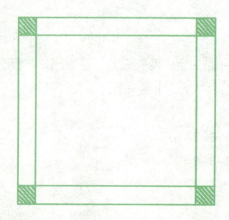

单摆

当球摆动到最高点的一刹那，球既不再向上摆动，也不再向下摆动，而是垂直下落。

照片的顺序

正确顺序是BADC。

从D图可见渔竿弯曲，证明雨靴里装了水；从C图可见水桶往外洒水，说明钓鱼人满载而归。

文字迷宫

起点—点头—头脑—脑袋—袋口—口信—信念—念书—书生—生活—活字—字体—体格—格言—言论—论文—文章—章节—节省—省亲—亲笔—笔展—展开—开始—始终—终点

如下图：

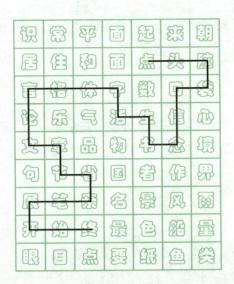

🔑 象棋成语

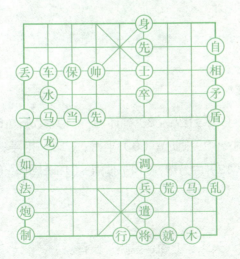

板桥题匾

按郑板桥的要求漆完后，"雅闻起敬"四个字就成了"牙门走苟"，就是"衙门走狗"的谐音。

成语接龙

山穷水尽—尽力而为—为人师表—表里如———鸣惊人—人定胜天—天长地久—久别重逢—逢凶化吉—吉人天相—相安无事—事出有因—因祸得福。

11的一半

罗马数字中的11就是这样的，如下图所示。

数学名词谜

（1）倒数；（2）分数；（3）循环节；（4）乘法；（5）等号；（6）约分；（7）半圆；（8）圆心；（9）平行；（10）相等；（11）分母；（12）近似值；（13）百分数；（14）顶点；（15）周长；（16）互质。

诗中游

青岛、宁波、天津、上海、温州、长春。

巧读宝塔诗

山中山路转山崖，山客山僧山里来。山客看山山景好，山桃山杏满山开。

 片名改错

	错误片名	更正片名	猜填成语
例	《陈奂中上城》	《陈奂生上城》	无中生有
1	《小二白结婚》	《小二黑结婚》	颠倒黑白
2	《张二嫂改嫁》	《李二嫂改嫁》	张冠李戴
3	《煤店旧主人》	《煤店新主人》	喜新厌旧
4	《十二次列卒》	《十二次列车》	丢卒保车
5	《但愿己长久》	《但愿人长久》	舍己为人
6	《伪是烦死人》	《真是烦死人》	去伪存真
7	《激战实名川》	《激战无名川》	有名无实
8	《长虹号起生》	《长虹号起义》	舍生取义
9	《最聪暗的人》	《最聪明的人》	弃暗投明
10	《英雄坦克病》	《英雄坦克手》	手到病除

谐音记忆法答案

 历史年代

（1）公元前2070年，夏朝建立；

（2）公元前1600年，商朝建立；

（3）公元前1046年，姬昌、姬发建立西周；

（4）公元前770年，春秋、东周开始；

（5）公元前475年，战国开始；

（6）公元前356年，商鞅变法开始；

（7）公元前221年，秦朝建立；

（8）公元前207年，刘邦攻入咸阳，秦朝灭亡；

（9）公元前202年，西汉建立；

（10）581年，杨坚建立隋朝；

（11）李渊618年建立唐朝；

（12）960年，北宋建立；

（13）1069年，王安石变法；

（14）1127年，靖康之变，北宋灭亡，南宋开始；

（15）1271年，元朝建立；

（16）1276年，南宋灭亡；

（17）1368年，明朝建立；

（18）1644年清军入关造成尸横遍野；

（19）1851年1月11日，洪秀全发动金田起义；

（20）中日甲午战争爆发于1894年；

（21）《马关条约》1895年签订；

（22）1898年6月11日至9月21日，历时103天的戊戌变法。要扒酒吧，即1898年；路遥遥，即6月11日；酒两舀，即9月21日。

马克思

指马克思生于1818年，逝世于1883年。

通信号码

小明的电话号码是2641329，小叶的电话号码是3145941（少点派即 π =3.14变通为314）。

🔑 数字密码

你依旧是爱我，你爱不爱我，你相思无用，你是我一生最爱，你是我氧气，你是我爱妻，你是否想我，你是我唯一，你是我的，你是我老妻，你是我妻，你是我的最爱，你是白痴，你是白痴无药医，你无聊时想想我，你我就是一辈子，原谅我，你惹我生气

🔑 元素周期表

第一周期：轻嗨告诉我们一个喜讯，背元素周期表并不难——氢氦；

第二周期：前面一句是用狐狸皮捧炭；后一句表述一个真理，凡是蛋里孵养出来的都不吃奶——锂铍硼碳，氮氧氟氖；

第三周期：一个人从拉丁美洲旅行回来，看到路旁绿柳成荫，由衷地发出感慨，林柳绿呀——钠镁铝硅，磷硫氯氩；

第四周期：名叫贾盖的人扛袋子累了，心里烦躁，把袋子摔落到地上，气势很猛；带铁箍的裂桶是新搬来的人家的，从身上洗去臭壳——钾钙钪钛钒铬锰，铁钴镍铜锌镓锗，砷硒溴氪；

第五周期：如果让你思考一个问题，却又把答案告诉你了，那就没有什么目的了；钌铑把人锁住，与外界隔断了音息，他心里难过，涕泪掉到地下三点——铷锶钇锆铌钼锝，钌铑钯银镉铟锡，锑碲碘氙；

第六周期：前一句意思是要用塞棉被的办法把河流拦起来，这种蠢事"旦勿来"不要去干，俄国依靠铂金供他钱用，这样下去必定破产挨轰——铯钡镧铪钽钨铼，锇铱铂金汞铊铅，铋钋砹氡；后一句意思是南市场上一位女人颇为富有，和一个叫扎特的敌人打仗丢掉一个了，是指15个镧系元素——镧铈镨钕钷钐铕，钆铽镝钬铒铥镱镥；

第七周期："防雷啊"是对我们的一个警告——钫镭锕，后一句的

意思是阿土这个人扑到油上弄脏了，拿布揩抹，门锁（镉）被开了，因为是破废之门，不牢靠，是指15个镧系元素——镧铈镨钕钷钐铕，钆铽镝钬铒铥镱镥。

一首小诗

珠峰高8848米，吐鲁番海拔–155米，大陆海岸线长18000千米，京杭运河长约1800千米（少一环是指少个零），贝加尔湖最深处是1600米。

英国的历史事件

1689年颁布《权利法案》，标志着君主立宪制确立。1832年英国议会改革，工业资产阶级可以参与议会选举。

关于德国统一

1871年巴黎公社起义，其战争对手是没（丹麦）地（奥地利）方（法国）。

复述数字

记忆数字时要发挥你的想象力，可以利用数字的谐音或形状联想记忆。

太平天国永安封王

贴切，太平天国在永安封王建制，东王杨秀清、西王肖朝贵、南王冯云山、北王韦昌辉、翼王石达开，分别取其中的一个字，再根据谐音，东杨（东洋）肖西（消息）云南北韦（纬）翼石（一石），连在一起就是："东洋消息，云南北纬有一块小石头"。

第一次鸦片战争

陈化成、关天培、葛云飞。天培是在虎门英勇抗敌，就简称为"关门"；葛云飞在定海简称"葛定（搞定）"；陈化成在吴淞简称"陈吴（陈胜、吴广）"。

背数字

是圆周率小数点后30位，3.141592653589793238462643383279。

歌诀记忆法答案

我国邻国三字经

我国的邻国有朝鲜、俄罗斯、蒙古、哈萨克斯坦、吉尔吉斯斯坦、塔吉克斯坦、阿富汗、巴基斯坦、印度、尼泊尔、不丹、缅甸、老挝和越南，隔海相望的邻国是韩国、日本、菲律宾、马来西亚、文莱、印度尼西亚。

我国行政区歌诀（1）

两湖两广两河山指"湖南、湖北、广东、广西、河南、河北、山东、山西"；澳港西台贵云川指"澳门、香港、西藏、台湾、贵州、云南、四川"；四市二宁甘青陕指"北京、上海、天津、重庆、宁夏、辽宁、甘肃、青海、陕西"；海内五疆福吉安指"海南、内蒙古、江苏、江西、浙江、黑龙江、新疆、福建、吉林、安徽"。

🔑 我国行政区歌诀（2）

黑吉辽，京津沪：黑龙江、吉林、辽宁，北京、天津、上海；
桂琼粤闽浙皖苏：广西、海南、广东、福建、浙江、安徽、江苏；
晋冀鲁豫湘鄂赣：山西、河北、山东、河南、湖南、湖北、江西；
陕渝云贵围着蜀：陕西、重庆、云南、贵州、四川；
台港澳，藏青新：台湾、香港、澳门，西藏、青海、新疆；
还有甘宁内蒙古：甘肃、宁夏、内蒙古。

🔑 我国行政区歌诀（3）

即北京、天津、唐山、上海、南京、杭州、大连、鞍山、抚顺、沈阳、长春、吉林、哈尔滨、齐齐哈尔、乌鲁木齐、兰州、包头、太原、西安、郑州、石家庄、济南、淄博、徐州、青岛、成都、重庆、昆明、贵阳、武汉、长沙、南昌、福州、广州、香港、台北、高雄。

🔑 八大行星

八大行星依次是水星、金星、地球、火星、木星、土星、天王星、海王星。

🔑 二十四节气

二十四节气分别为：立春、雨水、惊蛰、春分、清明、谷雨、立夏、小满、芒种、夏至、小暑、大暑、立秋、处暑、白露、秋分、寒露、霜降、立冬、小雪、大雪、冬至、小寒、大寒。

🔑 19部中国古典名著

这首二十八个字的小诗中，第一句诗"东西三水桃花红"："东"指《东周列国志》；"西"指《西游记》；"三"指《三国演义》；"水"指《水浒传》；"桃花"指《桃花扇》；"红"指《红楼梦》。第二句诗"官场儒林爱金瓶"："官场"指《官场现形记》；"儒林"指《儒林外史》；"金瓶"指《金瓶梅》。第三句诗"三言二拍赞今古"："三言"即《喻世明言》《警世通言》《醒世恒言》；"二拍"指《初刻拍案惊奇》《二刻拍案惊奇》；"今古"即《今古奇观》。第四句诗"聊斋史书西厢镜"："聊斋"指《聊斋志异》；"史书"即《史记》；"西厢"即《西厢记》；"镜"即《镜花缘》。

🔑 司马迁的《史记》

《史记》是一部纪传体通史，记载了上至皇帝，下至汉武帝三千多年间的历史，共130篇，包括七十列传、三十世家、十二本纪、十表、八书。

🔑 黄河干流流经省区

黄河发源于青海省青藏高原的巴颜喀拉山脉，呈"几"字形，自西向东分别流经青海、四川、甘肃、宁夏、内蒙古、陕西、山西、河南及山东9个省(自治区)，最后流入渤海。

🔑 **我国首批14个沿海开放城市**

湛江、北海、大连、宁波、南通、温州、福州、广州、秦皇岛、连云港、烟台、上海、青岛、天津。

🔑 **季风与非季风区界线**

大兴安岭、阴山、贺兰山、巴颜嗄拉山、冈底斯山。

🔑 **牛郎、织女星所在星座**

牛郎星属于天鹰座，织女星属于天琴座。

比较记忆法答案

🔑 **谁的孩子**

他们都没错，此题必须转换思考模式。事实上，第一个人是第二个人的爸爸，第二个人是第一个人的女儿。

🔑 **不同的数**

最后一个与众不同，其他的都是质数（在大于1的整数中，只能被1和这个数本身整除的数叫质数，也叫素数），它是17与19607843的乘积。

🔑 **换算新旧血压单位**

120mmHg加倍为240，再加倍为480，除以3得160，再除以10，即16kPa。

反之，血压kPa乘10再乘3，减半再减半，可得mmHg值。

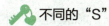 不同的"S"

E。这些图形均由10个S字母组成，但是在E图形中有一个S的方向是错误的。

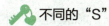 正反都相同的年份

1961。

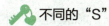 最近的距离

两条小路的长度相同。如下图所示，线路一的各分段长度之和正好等于线路二的长度。

找数字

请你再仔细看这两幅图，图1的第一列（竖行）数字10，6，17，2，14，在图2中排成14，2，17，6，10，并且作为图2的第五行（横

行）。图1中的第二列9，16，1，23，20，在图2中以20，23，1，16，9的形式排在了第四行……

图1中的每一竖行，都如此改排为图2中的横行，这样就找到了规律。图1的第三行的18，在图2第一行，只要将图1第三行在图2从17倒竖起来的竖行里，找到排在第一行的数就可以了。

🔑 差别最大的字母

（1）F。其余四个字母都具有对称性，或上下对称，或左右对称。

（2）E。因为其他三个字母都是由三条直线构成。

🔑 没有方位的房子

北极或南极。

🔑 "二"的妙用

井	天	王
毛	牛	手
午	五	元
月	仁	云

🔑 最高的人

3个人一样高。这是一幅立体空间图，之所以最前面的人看起来比较矮，是由于观察的角度不一样。

🔑 找出不一样的立方体

D图不属于同一个立方体。

冬天还是夏天

左图是夏天画的，由于夏天的11点钟，太阳处于屋顶上方，照射进来的光线面积小；相反地，冬天11点钟，太阳与屋顶形成的角度小，照射进来的光线面积大，因此右图是冬天画的。

 巧组正方形

像下图这样组合，就会出现5个不同大小的正方形。

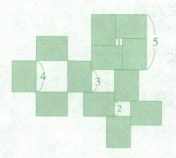

 经济路线

乘船路线如下图，所花的船费为13元。

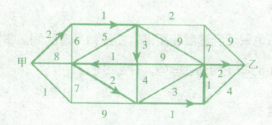

 比较黑白

（1）不相等，阴影部分面积大；（2）相等；（3）相等；（4）相等。

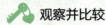

观察并比较

依次填W、D、X、C。善于观察的人，便会发现这是计算机键盘最左边的字母排列顺序，尽管答案显而易见、近在咫尺，但却往往被人们忽略。

错位的眼睛

若用直尺测量会发现此人的眼睛并没有错位，是由于人类的视觉受到环境影响而产生的现象。

"5"的创意算式

$1=55 \div 55$

$2=5 \div 5+5 \div 5$

$3=(5+5+5) \div 5$

$4=(5 \times 5-5) \div 5$

$5=5+5 \times (5-5)$

$6=55 \div 5-5$

龟兔赛跑

不对，乌龟只想到速度和距离，却没有考虑时间。事实上，兔子只要用 $\frac{10}{9}$ 秒的时间便能追上乌龟，并超过它。

无价之宝

刚开始只有1颗，第二天增加6颗，第三天增加12颗，第四天增加18颗……以此类推，计算出七天的钻石总数。可得：$1+6+12+18+24+30+36=127$ 颗。

归纳记忆法答案

🔑 猜名字

是B的名字。很明显，A与C两人之中只有一人是对，因为他俩的判断是矛盾的。如果A正确的话，那么B也是正确的，与老师说的"只有一人猜对了"矛盾。所以A必是错误的。这样，只有C是正确的。B的判断是错的，那么他的相反判断就是正确的，即是B的名字是正确的，所以老师手上写的是B的名字。

🔑 拉格朗日定理

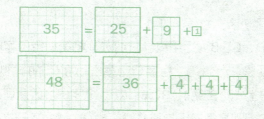

$$35 = 25 + 9 + 1$$

$$48 = 36 + 4 + 4 + 4$$

🔑 点餐风波

坐在C位置上的萧先生点了牛排。

解答此题的关键在于"邻座的人都点了不一样的东西"。因此，只要顺利排出各人所点的东西，并且填入他们的主菜，就能得出正确答案。

根据提示，萧先生及坐在B位置的人都点了玉米浓汤，换而言之，萧先生一定是坐在C位置；因为李先生及连先生都点了冰咖啡，这两人必定是相对而坐，那么，连先生坐在D位置已是毋庸置疑了。因为A、B、D位置上的人点的主菜已经确定了，所以只能是坐在C位置的萧先生点了牛排。

座位	人物	主菜	汤	饮料
A	李先生	鸡排	洋葱汤	冰咖啡
B	?	猪排	玉米浓汤	果汁
D	连先生	羊排	罗宋汤	冰咖啡
C	萧先生	?	玉米浓汤	热红茶

🔑 说谎的姐妹

假设当时是下午，因为姐姐下午是说假话的，所以姐姐（虽然还不清楚哪一个是）理应说出"我不是姐姐"，但那个人没有得到这样的回答。因此，当时显然是上午。只要确定时间是上午，那么说真话的就是姐姐。由此可知，胖小姐是姐姐。

🔑 字母推理

C、A、D、E、B。运用科学归纳法，将第一行的字母顺序改变为数字顺序。观察、分析第二行字母与第三行字母的排列规律，就会发现下一行都是上一行的第4、3、5、2、1个字母。因此可以断定，第四行的字母也应分别是第三行的第4、3、5、2、1个字母。

A、B、C、D、E（1、2、3、4、5）

D、C、E、B、A（4、3、5、2、1）

B、E、A、C、D（4、3、5、2、1）

C、A、D、E、B（4、3、5、2、1）

🔑 等式

我们不必一一进行演算，只需要演算完第一个式子与第二个式子，就可以发现一个规律：$1 \times 8+1=9$，$12 \times 8+2=98$……即某数乘以8，再分别加上1、2、3……为了验证这个规律，我们可以按此规律再演算最后一个式子，发现这个规律仍然适用。于是，我们就可以在科学分析的基础上，归纳出这些等式的规律。

 李经理的一周行程

解题关键以表格方式列出重点，便能推论李经理必须在"星期五"才能完成所有事情。

 动物园

依据题目的4项条件可推论出：猴子9只；熊猫13只；狮子7只。

 超强记忆

对这类图形记忆题，可以采取分类归纳的方法记忆，比如，将最外层图形是方形的归为一类、圆形的归为一类、不规则的归为一类，然后再一组一组地记忆。

 三张扑克牌

由条件（1）可知K右边有两张牌，所以最左边是K，且K右边的两张牌中至少有一张是A；由条件（2）可知此A是最右边的一张，且中间也是A，即从左到右分别为K、A、A；由条件（3）（4）可知最右边是方块，最左边是红桃，中间是红桃。所以，这三张牌从左到右依次为：红桃K、红桃A和方块A。

 足球比赛

因为是循环赛，每两队间不可能赛两场。中国队得3分，只输；意大利队得7分，没赢；所以这两个队尚未比赛，比赛只进行了两场。中国队输给了巴西队，而巴西队得21分不可能胜两场，所以巴西队、意大利队踢平。意大利队得7分，进了两个球，它与巴西队的比赛比分是2比2。巴西队在同中国队的比赛中得了14分，踢进了四个球，比分为4比3。

 狗儿们的话

穿棕衣服的狗：卡卡家的多多；穿黄衣服的狗：德拉家的汪汪；穿白衣服的狗：德拉家的咪咪；穿灰衣服的狗：卡卡家的依依。

 常胜将军

李先生的女儿。

根据（1）和（2）可知，四个人中有三个人的年龄相同，由于李先生的年龄肯定比他的儿子和女儿的年龄大，那么年龄相同的必定是他的儿子、女儿和妹妹，这样，李先生的儿子和女儿必定是（1）中所指的双胞胎。因此，李先生的儿子或者女儿是"常胜将军"，而他的妹妹是表现最差的选手。根据（1），确定"常胜将军"是李先生的女儿。

 7只小鸟

时间	觅食的小鸟序号		
第1天	1	2	3
第2天	1	4	5
第3天	1	6	7
第4天	2	4	6
第5天	2	5	7
第6天	3	4	7
第7天	3	5	6

🔑 谁是老实人

老王跟老李是真正的老实人。

我们先假设老张是老实人。那么，把老李说的话颠倒过来，老刘就成了老实人。这样一来，老王和老林也都成了老实人，这样就超过只有两个老实人的限制了。

那假设老林是老实人的话，把老王说的话颠倒过来，老张就成了老实人。但是，照老林的说法，老张应该是个骗子，这样就产生矛盾了。

再假设老刘是老实人，则就又有了三个老实人，所以也行不通。

🔑 遛狗

每一组3人中可以组成不同的3对，因此，每一对在12组（每天3组，一共4天）中只会出现一次。下面是符合条件的分组方法：

第1天	1	2	3	4	5	6	7	8	9
第2天	1	4	7	2	5	8	3	6	9
第3天	1	5	9	2	6	3	3	4	8
第4天	1	6	8	2	4	9	3	5	7

🔑 篮球比赛

3胜1败。

总共有10场比赛，各校都必须跟其他四所对打一场，因此4×5=20）场），但是每场有两校出赛，所以20÷2=10（场），意即总共会有10胜。一中至四中合计共有7胜，则剩下的3胜便是五中。因此五中有一败，其成绩为3胜1败。

业绩竞赛

依其对话分析可知，婷婷得第四名，阿亮得第二名，佳佳得第三名，小程得第一名，因此只有婷婷估计错误。

家庭比赛

吴参赛四次，刘某因故没有参赛，可以知道吴与刘是夫妻；孙某参赛三次，未参赛的一次由钱某代替，可以知道孙和钱是夫妻；同理可知赵和周是夫妻、李和张是夫妻、王和郑是夫妻。

邻居

这道题中，首先判定哪些嗜好组合可以符合这三个人的情况；然后判定哪一个组合与住在中间的人相符合。根据题中的条件，每个人的嗜好组合必是下列的组合之一。

组合一：咖啡，狗，雪茄；

组合二：咖啡，猫，烟斗；

组合三：茶，狗，烟斗；

组合四：茶，猫，雪茄；

组合五：咖啡，狗，烟斗；

组合六：咖啡，猫，雪茄；

组合七：茶，狗，雪茄；

组合八：茶，猫，烟斗。

根据"没有一个抽烟斗者喝茶"可以排除上面的组合三和组合八。

根据"至少有一个养猫者抽烟斗"，组合二是某个人的嗜好组合。

根据"任何两个人的相同嗜好不超过一种"，组合五与组合六可以排除；组合四和组合七不可能分别是某两个人的嗜好组合，因此，组合一必定是某人的嗜好组合。

根据这一条件，还可以排除组合七，于是余下的组合四必定是某人的嗜好组合。

再根据"L先生住在抽雪茄者的隔壁；M先生住在养狗者的隔壁；Q先生住在喝茶者的隔壁"这三个条件，住居中房间的人符合下列情况之一：

抽雪茄而又养狗；

抽雪茄而又喝茶；

养狗而又喝茶。

既然这三人的嗜好组合分别是组合一、组合二、组合四，那么住居中房间者的嗜好组合必定是组合一或组合四，如下所示："组合二"——"组合一"——"组合四"、"组合二"——"组合四"——"组合一"。再根据 "至少一个喝咖啡者住在一个养狗者的隔壁"，组合四不可能是住房居中者的组合，因此，根据"Q先生住在喝茶者的隔壁"，所以判定Q先生的房间居中。

推导记忆法答案

照片上的人

她丈夫的继母的外孙媳妇的照片。

谁最后一个进宿舍

甲回来的时候，丙正在宿舍洗澡，说明丙比甲先到达宿舍。丙进宿舍的时候，乙正在听歌，说明乙比丙要先到宿舍。乙回宿舍的时候丁在睡觉，说明丁是最早到达宿舍的。通过以上分析，可知甲是最后一个进宿舍，但是忘了把门反锁的。

 齿轮转圈

大齿轮旋转一圈，它的14个齿会契合其他的3个齿轮。

设为了使所有的齿轮都回到原来的位置，大齿轮需要转 n 圈。

那么13个齿的齿轮将会转 $\dfrac{14n}{13}$ 整圈；

12个齿的齿轮将会转 $\dfrac{14n}{12}$ （即 $\dfrac{7n}{6}$ ）整圈；

11个齿的齿轮将会转 $\dfrac{14n}{11}$ 整圈。

也就是说， n 必须被13，6和11整除。由此可知， n 最小为 $13 \times 6 \times 11 = 858$。大齿轮至少需要转858圈才能使所有的齿轮都回到原来的位置。

 齿轮片语

如图所示，最后组成的句子是："The impossible takes longer."

最大的齿轮顺时针转动 $\frac{1}{8}$ 圈就可以得到这句话。

这句话出自于一个无名氏之手，是美国海军工程营纪念碑上的碑铭，其原文是："The difficult we do at once; the impossible takes a bit longer."（困难我们可以马上克服，不可能的任务多一点时间就能完成。）

帽子与贴纸

如果B和C的贴纸都是蓝色的，那么A就会知道自己头上的是红色的，但是A并不知道自己的颜色，因此B和C中至少有一个或者两个人都是红色。如果C是蓝色的，B应该知道自己是红色的，但是B不知道，因此C的贴纸一定是红色的。

有趣的八哥

依对话内容分析：罗伯特来自A国；莉萨来自B国；艾咪来自C国。

滚动色子(1)

如下图所示。

🔑 滚动色子(2)

从起点开始滚动色子，你可以使它最后在任何格子里以任何数字朝上（见下图）。

🔑 保险箱

选B，内环的2c。

🔑 移走木框

当木框按照正确的顺序移走后，得到的单词是CREATIVITY。

🔑 开灯关灯

每个数都可以写成两个数相乘，这样拨偶数次就不会改变灯的状态，唯有一个数的平方形式只会被拨奇数次，因此，最后状态为熄灭的灯的编号为1、4、9、16、25、36、49、64、81、100。

父亲和儿子

可能的情况有以下几种：

父亲96岁，儿子69岁；

父亲85岁，儿子58岁；

父亲74岁，儿子47岁；

父亲63岁，儿子36岁；

父亲52岁，儿子25岁；

父亲41岁，儿子14岁。

从图中看，应该是最后一种情况。

 猫和老鼠

如下图所示，其中M代表老鼠，C代表猫。

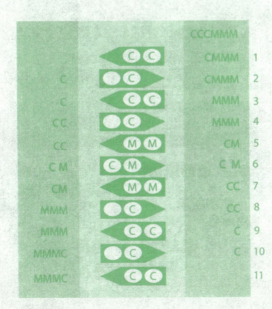

谁是谁

右边的是汤姆，中间的是亨利，左边的是狄克，而且狄克说谎了。

 魔球

第一个魔球里的钻石是红色的，第二个魔球里的钻石是绿色的，第三个魔球里的钻石是黑色的，第四个魔球里的钻石是黄色的，第五个魔球里的钻石是蓝色的。

 小丑表演

如下图所示。

🔑 **真假难辨**

🔑 **第3支铅笔**

不难看出第1支是压在最下面的4号铅笔,第2支是3号铅笔,第3支是标号为7的铅笔。

🔑 **转向何方**

A和B两个轮子都朝逆时针方向转动。

🔑 **上升还是下降**

A会上升,B会下降。如下图:

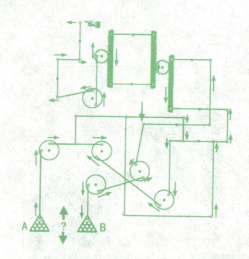

 买的什么文具

　　根据（1）和（2），如果东东买的是铅笔，那么西西买的就是笔记本，南南买的也是笔记本。这种情况与（3）矛盾。因此，东东买的只能是笔记本。于是，根据（2），南南买的只能是铅笔。因此，只有西西才能昨天买铅笔，今天买笔记本。

 GLASGOW趣题

　　只需要走8步。两个G哪个作字头都可以。如用下面的G作字头，按下列顺序移动字母就可以达到目的：GASLSAGO。

 哪一个方向错了

　　因为互相咬合的两个齿轮转动的方向相反，所以方向画错的是③号图。

理解记忆法答案

🔑 自鸣的磬

　　物体每秒振动的次数叫作"频率"，如果两个物体的振动频率相同，一物体振动时，另一物体也会振动。在这个故事里，因为寺院的钟与磬的固有振动频率相近，因此，就可以发出共鸣。把磬锉开几处缺口，改变了磬的振动频率，也就听不见磬鸣了。

🔑 绳子上的猴子

　　如下图所示，无论猴子怎样往上爬，它跟香蕉总是保持平衡状态。

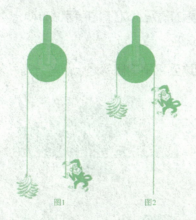

图1　　　　图2

🔑 木板上升

　　理论上是可以的，尽管操作起来会非常困难。如果这个男孩对绳子施加的力等于他的体重加上木板的重量，他就可以把自己拉起来。但是在这种情况下他还必须努力保持平衡。

🔑 **哥伦布竖鸡蛋**

如下图所示，这个鸡蛋竖起来的道理与高空走钢丝是一样的。两个叉子给鸡蛋提供平衡力，降低鸡蛋的重心。多一点耐心就可以完成题目的要求。

🔑 **机会平衡**

一共有6种平衡的情况：如下图所示的3种，再加上它们分别反过来摆放的情况，共6种。

随机摆放就能达到平衡的概率是$\frac{6}{120}=\frac{1}{20}$。

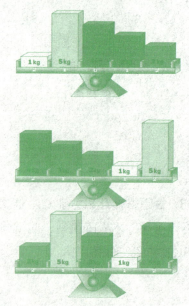

🔑 希罗的开门装置

这个装置利用了一些简单的机械原理，装置中用到了链子、滑轮、杠杆以及气箱和水箱。牧师将圣坛上的圣火点燃，气箱和水箱里的空气受热膨胀，压迫球形水箱里的水通过虹吸管流到挂在滑轮上的桶里面。桶的下降会拉动绳子或链子，从而拉动拴门的链子，神殿的门就这样被"神奇"地打开了。

当圣火燃尽，空气冷却之后，门又会通过右下方的平衡物自动关上。

🔑 液体天平——浮力

浸在水里的物体的浮力等于它所排出的水的重量。

你可能认为结果应该是在天平右端原来的重物基础上再加上与左端容器里重物承受的浮力相等的重量，然而真是这么简单吗？

根据牛顿第三定律，作用力与反作用力相等。那么容器里的水对重物的浮力就等于重物对水的反作用力。

因此，天平右端的重量减少时，天平左端的重量相应增加。

所以要达到平衡，天平右端需要加上2W的重量，W等于重物在左端容器里排出的水的重量。

🔑 简谐运动

笔画出来的运动轨迹是一条正弦曲线，如下图所示。

这种运动被称为阻尼运动，这是因为在摩擦力的作用下振动最终停止，而且其运动轨迹成为一条直线。

理想的状态（即没有摩擦力的情况）被称为简谐运动。简谐运动是自然界中最常见的运动类型之一，比如，池塘的水波、收音机的波等。

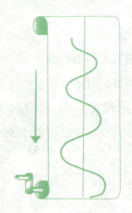

 帕斯卡定理

我们必须记住的是水压所产生的巨大力量是同距离有很大关系的。因此，大活塞每活动1个单位距离，小活塞就要活动7个单位距离，加在小汽缸上的压力应该是7牛。

 落水的铅球

如果球直接掉进水池里，它排出的水池里的水量等于它本身的体积。

如果球落到船上，那么它排出的水量等于它自身的重量（阿基米德定律）。由于铅球的密度比水的密度大，因此落到船上所排出的水的体积要更大。

 共振摆(1)

在这个装置中，通过起连接作用的绳子使这两个摆锤的运动相互作用。当其中一个摆锤开始振动时，这种振动转移到起连接作用的绳子上，然后再转移到另一个摆锤上。第一个摆锤的能量逐渐转移到另一个摆锤上，然后再转移回来。

由于这种共振转移作用，这种摆通常被称为共振摆。

共振摆(2)

过了一段时间之后，所有的摆都开始摆动，但是只有第一个开始摆动的摆和与之颜色相同的摆的摆幅最大。它们之间通过振动传递能量。

每个摆都有一个摆动频率或者固有频率。每个摆的每一次摆动都会拉动连接的横杆，并带动其他的摆。其中，摆长相同的两个摆固有频率也相同，从而相互作用。

最终，这一对摆长相同的摆中有一个摆幅慢慢接近0，它的能量转移到另一个摆上，使这个摆的摆幅达到最大，然后能量又传递回来，如此循环往复。

手势记忆

记忆的过程中不仅要动脑，还要动手，以便在大脑记忆的区间建立一个动作的影像。

虹吸管

这个模型展示的是间歇虹吸原理。

将这个模型倒过来，水首先会慢慢地流到中间的空箱，直到水位到达弯管的顶部，这时马上就会出现虹吸现象，迅速将中间空箱里的水抽干。这个过程将会不断重复，直到上面空箱里的水被完全抽干。

为什么会出现这样的现象呢？

虹吸管长的一端的水的重量要大，引起水从上面的空箱流出，直到上面的空箱被抽空。

虹吸现象之所以发生，最根本的一点是出水口要比入水口低。

很多世纪以前虹吸现象就被工程师所熟知，它被广泛运用在多个领域。最典型的一个例子是文艺复兴时期建造的自动喷泉。它是一个包含多个管子和虹吸管的复杂装置，这个自动喷泉上有机器鸟，每隔一段时间就会自动唱歌，还会扇动翅膀，这些靠的都是水的动力。之后一个更有名的运用就是厕所的冲水马桶。

对于虹吸管的研究是属于流体动力学领域的，流体动力学是流体力学的一个分支。

如果把这个模型再次倒过来，虹吸现象就会再次出现。

🔑 **减少的物品**

我们既要善于思考"增加"，又要善于思考"减少"。对于这样的零散物品，最好的记忆方法就是"故事记忆法"，把你看到的东西用故事的形式串联起来。

🔑 **圣诞节风铃**

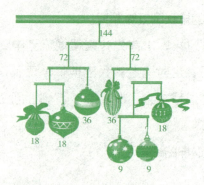

🔑 九宫图

如下图所示：

2	9	4
7	5	3
6	1	8

九宫图中的9个数字相加之和为45。

因为方块中的3行（或列）都分别包括数字1到9当中的1个，将这9个数字相加之和除以3便得到"魔数"——15。

和为15的三数组合有8种可能性：

9+5+1　9+4+2　8+6+1　8+5+2

8+4+3　7+6+2　7+5+3　6+5+4

方块中心的数字必须出现在这些可能组合中的4组，5是唯一在4组三数组合中都出现的，因此它必然是中心数字。

9只出现于两个三数组合中，因此它必须处在边上的中心，这样我们就得到完整的一行：9+5+1。

3和7也是只出现在两个三数组合中。剩余的4个数字只能有一种填法。

🔑 市场效果

根据给出的定义可知B不属于市场效果的范畴。

🔑 正确的投弹线

B。炸弹会呈抛物线下降。

🔑 难搭的桥

乍一看，这种结构的桥好像是搭不出来的，因为还没搭几块，桥就会因为重心不稳而倒塌。可是，如果找到正确的思路，搭这座桥将是轻而易举的事情。

关键在于桥墩与桥面之间的搭建。一开始可以多放两块积木做桥墩。当搭了足够多的积木后，桥的构架也就稳定了，这时再把多余的桥墩取走。

🔑 最结实的门

D最牢固。

因为三角形的三条边确定后，它的形状便不易改变了，D正是由两个三角形组成的，所以D是结构最牢固的门框。

聪明孩子
都在玩的脑筋急转弯

逻辑思维游戏

创新风暴

思考力

记忆力

时间岛图书研发中心◎编著

创新力

想象力

观察判断力

北京时代华文书局

逻辑思维，开启智慧之门的金钥匙。

创新是指人为了一定的目的，遵循事物发展的规律，对事物的整体或其中某些部分进行变革，从而使其得以更新与发展的活动。而创新能力指人在顺利完成以原有知识经验为基础的创建新事物的活动中，表现出来的潜在的心理品质。创新能力具有综合独特性和结构优化性等特征。遗传素质是形成人类创新能力的生理基础和必要的物质前提，它潜在决定着个体创新能力未来发展的类型、速度和水平。

爱因斯坦曾经说过："想象力比知识更重要。"一个问题的提出往往比解决问题更重要。因为解决一个问题也许仅是一个科学上的实验技能而已，而提出新的问题、新的可能性，以及从新的角度看旧的问题，却需要有创造性的想象力，而且标志着科学的真正进步。

创新力是综合各种知识和实践经验的能力，是人最重要和最有价值的一种能力，是发挥个人潜能的关键要素。当今世界的发展日新月异，我们面临着一次又一次的重要变革，在这场史无前例的知识变革中，是否具有创新力已经成为决定我们是勇立潮头的时代弄潮儿，还是被时代所淘汰的关键因素。

要想具备先进创新思维，拥有较强的创新思维能力，就要有意识地去训练思维。人的一生可以通过学习来获取知识，但培养创新思维能力，却不是这么容易的事，而思维游戏是实现这一目的的有效途径。

兴趣是最好的老师，而游戏恰恰是青少年最感兴趣的事。在这个课程里对孩子来说没有"学"的概念，只有"玩"的快乐，孩子不必被动地接受训练，而是积极主动地参与其中。在游戏中，思维能力得到潜移默化地提升，达到事半功倍的效果。另外，孩子保持注意力集中的时间较短，让一个孩子长时间地主动学习，不符合儿童这个客体本身的特点，而思维游戏训练课程就很好地解决了这一矛盾，让孩子在相对较长的一段时间里轻轻松松地就保持注意力的集中，从而使课程目标顺利完成，开拓孩子思维，形成良好的思维习惯。

本书共分七部分，从多方面对创新思维进行启发性训练，这些精心挑选的具有针对性的思维游戏，会大大提升孩子思维的创新性，从而使孩子思路更宽阔，考虑问题更全面。

目 录
— MU LU

PART ONE　　观察类

PART TWO　　推理类

PART THREE　　分析类

PART FOUR　　数字类

PART FIVE 几何类

PART SIX 科学类

PART SEVEN　综合类

PART EIGHT　参考答案

与众不同

难度等级　★ ★ ☆ ☆ ☆

　　A到D的图形中，只有一个图形与其他图形不一样，请找出来。

A

B

C

D

真假难辨

在下图中，到底哪些部分是真的，哪些是假的呢？

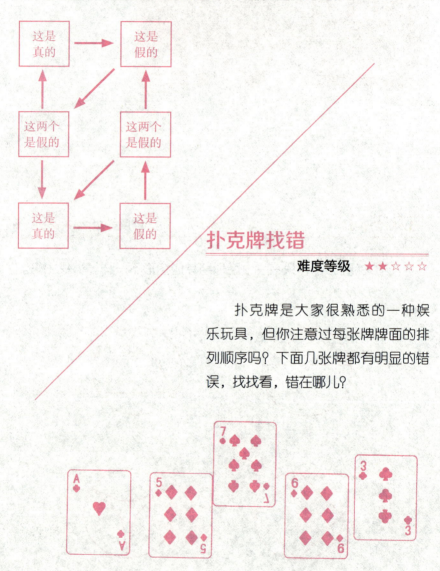

扑克牌找错

扑克牌是大家很熟悉的一种娱乐玩具，但你注意过每张牌牌面的排列顺序吗？下面几张牌都有明显的错误，找找看，错在哪儿？

巧妙剪纸

难度等级　★ ★ ★ ☆ ☆

　　小玲有一双灵巧的手，她最喜欢将纸剪成十字。但她剪的十字和别人的不同，只需要一张正方形的纸，用剪刀把它剪成5块，然后用剪成的5块拼成了一个十字。请问小玲是如何剪的呢？

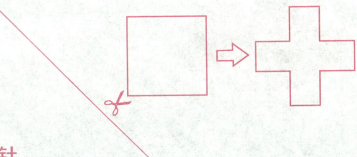

判别表针

难度等级　★ ★ ☆ ☆ ☆

　　下面4个钟表的时针和分针长短差不多，不仔细看可分辨不出来。你能看出哪根是分针，哪根是时针吗？

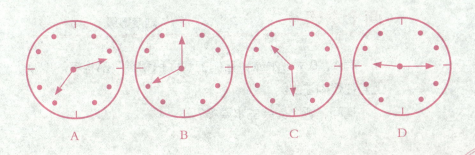

铺硬币

难度等级　★★☆☆☆

　　有一个如图大小的黑色圆面，现要在其上面摆放1元的硬币，使得黑色部分完全看不见。

　　请你想想，要达到这一目标最少需叠摆多少层1元硬币呢？

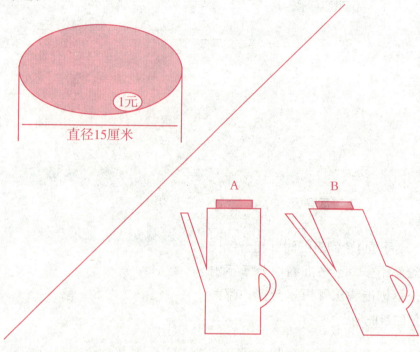

1元

直径15厘米

两个水壶

难度等级　★★☆☆☆

　　有A，B两个水壶，它们的底面积和高度都相等。现从上方往壶中注水。

　　请问，哪个壶装的水更多？

最后一点

如图所示，有17个点，如果将任意两点用一条比点粗的直线连接起来，最后应让每一个点至少都能和另一点连接起来。可是据说有人这样做了，尽管把所有的点都连接起来了，但最后却剩下了一个点。

这种事情有可能出现吗？

找酒瓶

图中的24个酒瓶里，哪对是完全相同的呢？

奇妙的形象

难度等级　★ ★ ☆ ☆ ☆

　　在如图所示的一系列图画中，每一幅图都包含有两种不同的画面。你能将它们找出来吗？一定要集中注意力进行观察哟！

一笔画图　　　　　　难度等级　★★★☆☆

考古人员在希腊进行发掘工作时，一批奇异的古代遗迹重见天日。他们发现很多纪念碑的碑文上反复出现右面这个由圆和三角形组成的符号。

这个图可以一笔画出，任何线条都不重复画过两次以上。你知道怎么画吗？不过，如果采取更为一般的，允许同一线条可以随意重复画过的画法，只是要求用尽可能少的转折一笔画出这个图形。你知道又该怎么画吗？

一笔成图　　　　　　难度等级　★★☆☆☆

下面6幅图中，有些是能一笔画出来的，有些则不能。请判断哪些图是一笔能画出来的。

注：不能重复已画过的路线。

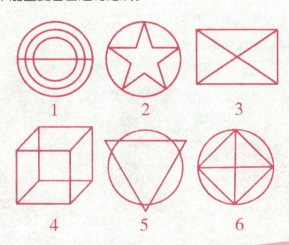

填写完整

难度等级 ★★☆☆☆

下图的英文字母有其规律可言，请试将空格填写完整。

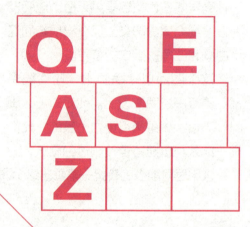

变形图案

难度等级 ★★★☆☆

下面 4 个变形而来的图形中，哪个与原始图形相符？可忽视线条的长度。

原始图形

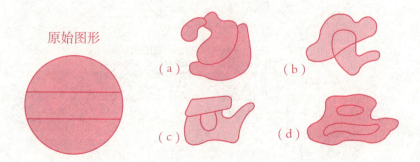

（a）
（b）
（c）
（d）

分图陷阱　　　　　　　　　难度等级　★★☆☆☆

如果把图（a）分成大小相等、形状相同的4份，可以照图（b）的方法来分。如果要把图（a）分成大小相等、形状相同的3份，该怎么分呢？

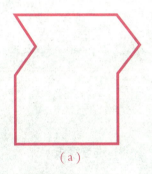
（a）

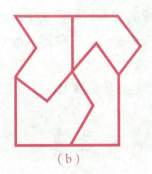
（b）

内部的秘密　　　　　　　　难度等级　★★★☆☆

仔细地观察右下图，两块木头拼接成的一个立方体。立方体的周围四个侧面有两块木头的接缝。隐藏在后面的两个侧面上接缝的形状，同我们能看到的两个侧面上的完全一样。初看起来，我们根本不可能不损坏木头而把立方体拆分成原先的两块。但是当你了解了立方体内部的结构后，你就会知道这是容易做到的。事实上，如果我们不可能把它们分开，原先又怎么可能把它们拼接在一起呢？

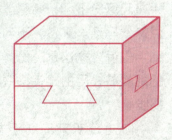

设想一下，立方体内部的结构是怎样的？

所罗门王的难题

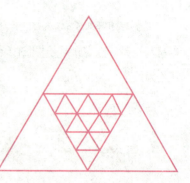

　　所罗门王有一个漂亮的待嫁女儿。周边许多国家的王子和侯爵都想迎娶这位美丽的公主。为了考验求婚者的智慧，所罗门王随手画了一个由许多三角形组成的图案，要求求婚者数这个图案里一共有多少个三角形。数对的就可以迎娶公主。

　　你能数出图案里有多少个三角形吗？

联邦调查局的难题

　　联邦调查局最近接到一份恐怖分子发来的密函（见下图）。联邦调查局的破译组织成员连夜对其进行解密，从古罗马文化联想到古巴比伦文化，再到古埃及的符号，用各种各样的方法和假设都没能解开谜底。一天，一位新来的助手得知此事后，随手拿起这份密函，希望能从中找出一点蛛丝马迹。果然，不到一分钟，新助手告诉大家这是一份类似于恶作剧的挑衅书，目的是转移联邦调查局的视线。

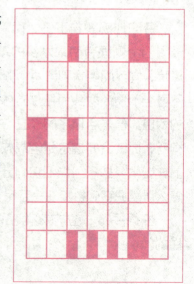

　　你知道新来的助手发现了什么秘密吗？

预料不到的考试

难度等级 ★★★☆☆

一位老师宣布，在下一星期的五天内（星期一至星期五）的某一天将进行一场考试。但他又告诉班上同学："你们无法知道是哪一天，只有到了考试那天的早上8点钟才会通知你们下午1点钟考。"

实际上这场考试是无法进行的。你能说出为什么这场考试无法进行吗？

乌龟赛跑

难度等级 ★ ★ ☆ ☆ ☆

有甲、乙、丙、丁4只乌龟，他们在本周进行了惯常赛跑。上一次比赛没有出现两只乌龟"并列第一"的情况，这次也一样。而且，上次的第一名不是乌龟丙。

4只乌龟所言如下，在上次比赛中名次下降的乌龟撒谎了，名次没有下降的乌龟说了实话。

推测一下4只乌龟在上次和这次比赛中分别是第几名。

甲："乙上次是第二名。"

乙："丙这次是第二名。"

丙："丁这次比上次名次上升了。"

丁："甲这次名次上升了。"

谁被隔离

难度等级 ★ ★ ☆ ☆ ☆

某传染病流行时期，一个玩具生产厂中所有与该病患者接触过的人都被隔离了，所有被隔离的人都与小张接触过。

如果上述命题是真的，那么，以下哪项命题也是真的？

A.小张是该病患者。

B.小张不是该病患者。

C.可能有人没有接触过该病患者，但接触过小张。

D.所有的该病患者都与小张接触过。

E.所有与小张接触过的人都被隔离了。

究竟谁受了伤

难度等级 ★★☆☆☆

卡姆、戈丹、安丁、马扬和兰君都非常喜欢骑马。一天，他们五个人结伴到马场骑马。不幸的是，他们当中的一个人因为所骑的马受了惊吓并狂奔起来而受伤。

请你认真分析如下A～E各项所说的情况，判断一下：受伤的究竟是谁？

A.卡姆是单身汉。

B.受伤者的妻子是马扬妻子的妹妹。

C.兰君的女儿前几天生病住院了。

D.戈丹亲眼看见了整个事故发生的经过，决定以后再也不骑马了。

E.马扬的妻子没有外甥女，也没有侄女。

谁是真凶

难度等级 ★★★☆☆

一场混乱的枪战之后，某医生的诊所里冲进一个陌生人。他对医生说："我刚穿过大街时突然听到枪声，只见两个警察在追一个逃犯，我也加入了追捕。但是在你诊所后面的那条死巷里遭到那个家伙的伏击，两名警察被打死，我也受伤了。"医生从他背部取出十粒弹头，并把自己的衬衫给他换上，然后又将他的右臂用绷带吊在胸前。

这时，警长和地方议员跑了进来。议员喊："就是他！"警长拔枪对准了陌生人。陌生人忙说："我是帮你们追捕逃犯的。"议员说："你背部中弹，说明你是逃犯！"

在一旁目睹一切的约翰探长对警长说："这个伤员不是真凶！"

约翰探长为什么这么肯定呢？

谁是冠军

难度等级 ★★☆☆☆

去年夏天，兄弟三人分别参加了三项体育竞赛，即体操、撑竿跳高和马拉松。

已知的情况是：老大没去参加马拉松比赛；老三没有参加体操比赛项目；在体操比赛中获得全能冠军称号的那个孩子，没有参加撑竿跳高比赛；参加马拉松比赛的并非老三。

根据上面的情况推理出谁是体操全能冠军。

谁是智者

难度等级 ★★☆☆☆

甲、乙、丙3个人中，其中一个是智者。他们一起参加了语文和数学两门考试。

甲说："如果我不是智者，我将不能通过语文考试；如果我是智者，我将能通过数学考试。"

乙说："如果我不是智者，我将不能通过数学考试；如果我是智者，我将能通过语文考试。"

丙说："如果我不是智者，我将不能通过语文考试；如果我是智者，我将能通过语文考试。"

考试结束后，证明这3个人说的都是真话，并且智者是3人中唯一一个通过这两门科目中某门考试的人，也是3个人中唯一的一个没有通过另一门考试的人。

你知道这3个人中，谁是智者吗？

谁大谁小

难度等级 ★★☆☆☆

小强与小田是两兄弟，有一天，被一个路人问到谁的年龄比较大。

小强说："我的年龄比较大。"

小田说："我的年龄比较小。"

他们两个也不是双胞胎，而且他们之中至少有一个人在说谎。

请问：谁的年龄比较大？

寻找果汁

难度等级　★★☆☆☆

　　有4个瓶子分别装有白酒、啤酒、可乐、果汁，但是装有果汁的瓶子上的标签是假的，其他瓶子上的标签是真的。每个瓶子里分别装的是什么东西呢？

　　甲瓶子上的标签是："乙瓶子里装的是白酒。"乙瓶子上的标签是："丙瓶子里装的不是白酒。"丙瓶子上的标签是："丁瓶子里装的全是可乐。"丁瓶子上的标签是："这个标签是最后贴上的。"

野炊分工

难度等级　★★☆☆☆

　　兄弟四人去野炊，他们一个在烧水，一个在洗菜，一个在淘米，一个在担水。现在已知：老大不担水也不淘米；老二不洗菜也不担水；如果老大不洗菜，那么老四就不担水；老三既不担水也不淘米。

　　你知道他们各自在做什么吗？

猜职务

难度等级 ★★☆☆☆

　　甲、乙、丙是同班同学，其中一个是班长，一个是学习委员，一个是小组组长。现在可以知道：丙比组长年龄大，学习委员比乙年龄小，甲和学习委员不同岁。你知道他们3个人分别担任什么职务吗？

排队

难度等级 ★★☆☆☆

　　汤姆、沃克、杰尼、鲍勃、芬尼和杰克去买世界杯的球票，来得太早了，正等售票处开门，杰克的一个朋友打电话来问杰克买到球票没有，杰克说："还没有呢，应该快开门了。"

　　杰克的朋友说："你排第几啊？别忘了帮我买票。"

　　杰克说："我不是最后一个，而且芬尼也不是最后一个。"

　　"那你到底是排在第几？"

　　杰克说："我看看。汤姆的前面至少有4个人，但他也没有排在最后；鲍勃不是第一个，他前、后至少都有两个人；杰尼肯定没有排在最后面，他差点冲到最前面。"

　　你知道他们排队的顺序吗？

分辨矿石

难度等级 ★★☆☆☆

老师让同学辨认一块矿石。甲同学说："这不是铁，也不是铜。"乙同学说："这不是铁，而是锡。"丙同学说："这不是锡，而是铁。"老师最后说："你们之中，有一人的两个判断都对，另一人的两个判断都错，还有一人的判断一对一错。"根据你的判断，这块矿石到底是什么呢？

奇怪的中毒事件

难度等级 ★★☆☆☆

一天早晨，某集团的董事长死在自己的车库里。死因是氰酸钾中毒，是在准备出车库时，吸入剧毒气体致死的。

可是，案发那天，周围既无人接近过车库，现场也未发现有任何可能产生氰酸钾的药品和容器。那么，罪犯究竟是用了什么手段将富翁毒死的呢？

调查这一案件的侦探发现，汽车的一个轮胎已爆胎，被压得扁扁的，他马上就识破了作案手段。你知道凶手是如何作案的吗？

凶手的谎言　　　　　　　　难度等级 ★★☆☆☆

　　侦探小说作家A先生，有一天晚上在家里写小说时，被人用棒球棒从背后击毙。书桌上的一盏台灯亮着，窗户紧闭。

　　报案的是住在对面公寓里的张某。他向赶到现场的警方所做的说明是这样的："当我从房间向外看时，无意间发现A先生书房的窗口有个影子高举着木棍，我感觉不妙，所以赶紧给你们打电话。"

　　但聪明的刑警听了以后却说："你说谎！你就是凶手！"说罢便将张某逮捕归案。

　　张某说谎的证据在哪里？

圣诞老人　　　　　　　　　难度等级 ★★☆☆☆

　　5个圣诞老人约好周末参加一次圣诞聚会。他们都不是在同一个时间到达约会地点的：A不是第一个到达约会地点，B紧跟在A的后面到达约会地点，C既不是第一个也不是最后一个到达约会地点，D不是第二个到达约会地点，E在D之后第二个到达约会地点。

　　你知道他们到达约会地点的先后顺序吗？

猫的谎言

难度等级　★ ★ ☆ ☆ ☆

有3只猫（白猫、黑猫、花猫）在美丽的小溪中捉鱼，它们每个都捉到了1~3条鱼不等，即它们可能各捉到一条，也可能各捉到不同数量的鱼。回来的路上，3只猫说了下面的话，若是关于比自己捉鱼多的一方说的话就是假的，此外的话都是真的。

白猫："黑猫捉到了两条鱼。"

黑猫："花猫捉到的不是两条鱼。"

花猫："白猫捉到的不是一条鱼。"

请问：它们各自捉了多少条鱼？

兔子的谎言

难度等级　★ ★ ☆ ☆ ☆

有甲、乙、丙、丁4只兔子，年龄从1岁到4岁各不相同。它们中有两只说话了，无论谁说话，如果说的是关于比它大的兔子的话都是假话，说比它小的兔子的话都是真话。兔子甲说："兔子乙3岁。"兔子丙说："兔子甲不是1岁。"

你能知道这4只兔子分别是几岁吗？

蔬菜拼盘

难度等级　★★☆☆☆

晚上，小明的妈妈准备了一个蔬菜拼盘，里面有甘蓝、菠菜、绿芥蓝和莴苣。已知甘蓝的营养高于菠菜的营养，绿芥蓝的营养高于莴苣的营养。

小明的妈妈给了小明以下四个假设选项，并问小明："哪个假设选项不能推导出'甘蓝的营养高于莴苣'？"

A.甘蓝的营养等同于绿芥蓝的营养。

B.菠菜的营养等同于莴苣的营养。

C.菠菜的营养高于绿芥蓝的营养。

D.绿芥蓝的营养高于菠菜的营养。

你能帮小明找出答案吗？

超市盗窃案

难度等级　★★★☆☆

一天，某超市的监控器坏了，但仍在正常营业，店长在巡视的时候发现一个台灯被偷了。警方经过缜密的调查，认为甲、乙、丙是怀疑对象。3个人在不同的时间分别受到警方的传讯，3个人各做了一条供词。具体如下：

1.甲没有偷东西。

2.乙说的是真话。

3.丙在撒谎。

供词1是最先讲的，供词2和供词3不一定是按讲话的时间先后排序的，但它们都是针对在其前面所做的供词的。目前只知道，他们每个人做的一条供词，都是针对另一个怀疑对象的，而且盗窃者就是他们其中的一个，他做了伪证。

请问：这3个人当中谁是盗窃者？

失窃的公文包

难度等级　★★☆☆☆

　　威廉是全球巨轮"伊丽莎白"号的主人。这一天，他邀请业界的好友齐聚"伊丽莎白"远航日本。正当他们玩得高兴时，威廉的一位好友大叫，称他那装有机密文件的公文包丢失了。威廉立刻把船上的5名船员叫了过来一一询问。船长说，刚才他在驾驶舱里一直没走开过，有录像带可以做证；技师说他一直在机械舱保养发动机，好让发动机能一直保持一定的速度，可是没人可以证明；电力工程师告诉威廉，他刚才在顶层甲板更换日本国旗，挂上去以后发现倒挂了，于是重新挂了一次，有国旗可以做证；还有两名船员说他们在休息舱打牌，互相可以做证。

　　威廉听完，立刻指出了其中一个人在说谎，并且让他交出公文包。你知道谁在说谎吗？

卡洛尔的难题

难度等级　★★☆☆☆

　　英国剑桥大学数学讲师卡洛尔曾出了下面这道题目来测验他的学生的逻辑思维能力。题目是这样的：
　　1.教室里标有日期的信都是用粉色纸写的。
　　2.丽萨写的信都是以"亲爱的"开头的。
　　3.除了约翰外没有人用黑墨水写信。
　　4.皮特没有收藏他可以看到的信。
　　5.只有一页信纸的信中，都标明了日期。
　　6.未作标记的信都是用黑墨水写的。
　　7.用粉色纸写的信都收藏起来了。
　　8.一页信纸以上的信中，没有一封是做标记的。
　　9.约翰没有写一封以"亲爱的"开头的信。
　　根据以上信息，判断皮特是否可以看到丽萨写的信。

愚昧的贵妇

难度等级 ★★★☆☆

　　从前，一位贵妇的脖子上戴着一条特别大的钻石项链。项链的坠饰上镶有25颗呈十字形排列的钻石。拥有这件无价之宝的贵妇，平日最喜欢清点十字架上的钻石，无论她是从上往下数，还是从左往上数或者从右往上数，答案都是13。

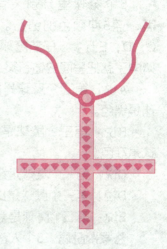

　　但是贵妇人的三种数法，无意间被工匠师知道了。当她拿着被工匠师修好的坠饰，现场清点完钻石回家后，工匠师正开心地看着手里从坠饰上取下的钻石。请问，工匠师在哪个地方暗中动了手脚呢？

仙女和仙桃

难度等级 ★★☆☆☆

　　4个仙女手中拿着仙桃，每个人的数量不同，4个到7个之间。然后，4个人都吃掉了1个或2个仙桃，结果每个人剩下的仙桃数量还是各不相同。

　　4人吃过仙桃后，说了如下的话。其中，吃了2个仙桃的人撒谎了，吃了1个仙桃的人说了实话。

　　西西："我吃过红色的仙桃。"

　　安安："西西现在手里有4个仙桃。"

　　米米："我和拉拉一共吃了3个仙桃。"

　　拉拉："安安吃了2个仙桃。米米现在拿着的仙桃数量不是3个。"

　　请问：最初每人各有几个仙桃，吃了几个，剩下了几个呢？

猜钻石

难度等级　★ ★ ☆ ☆ ☆

　　5个魔球里分别装有红、绿、黄、黑、蓝5种颜色的钻石。博士让A，B，C，D，E五个人任猜魔球里钻石的颜色，猜中了就把里面的钻石奖给他。

　　A说：第二个魔球是蓝色，第三个魔球是黑色。

　　B说：第二个魔球是绿色，第四个魔球是红色。

　　C说：第一个魔球是红色，第五个魔球是黄色。

　　D说：第三个魔球是绿色，第四个魔球是黄色。

　　E说：第二个魔球是黑色，第五个魔球是蓝色。

　　答案揭晓后，5个人都猜对了一个，且每人猜对的颜色都不同。

　　请问：每个魔球里分别装了什么颜色的钻石？

楼梯上的凶案

难度等级　★ ★ ☆ ☆ ☆

　　因供电局更换照明电缆，好几幢公寓都在晚8点至11点停电。

　　这天晚上，盲人中心的经理妮可9点多才回到公寓，并走楼梯回家。第二天，人们在楼梯上发现了她的尸体，她手里攥着皮包的带子，却不见皮包，显然这是一宗杀人抢劫案。

　　警察赶到现场调查。据公寓管理员回忆，当时还有同楼的另一男子与妮可差不多同时间上楼。警方立刻召来那名男子讯问。那名男子说："我当时确实和妮可同时上楼梯，我看见她是盲人，行动不方便，所以还扶着她上楼梯，到了她住的那层我才走。"管理员听那男子说完后，大声地说："他在说谎，妮可小姐是他杀的。"

　　管理员是怎么知道那男子在说谎呢？

转动的距离

难度等级　★★☆☆☆

　　两个圆环，半径分别是1和2，小圆在大圆内绕圆周一圈，请问小圆自己转了几圈？如果在大圆外部，小圆又转了几圈呢？

天平如何平衡

难度等级　★★☆☆☆

　　这里有一个天平和7克、8克、15克、23克的砝码。利用这些砝码使天平保持平衡状态有几种方法？

各得多少分

难度等级　★★☆☆☆

　　有一枚飞镖和一张靶纸（如图）。在靶纸上的1，3，5，7，9表示该靶区的得分数。甲、乙、丙、丁4人各投6次镖，每次镖都中了靶。最后他们是这样说的：

　　甲说，我只得了8分。

　　乙说，我共得了56分。

　　丙说，我共得了28分。

　　丁说，我得了27分。

　　请想一想，他们所讲的得分数可能吗？可能的话，请说出他们每次投镖的得分数；不可能的话，请说明理由。

来自哪里

难度等级 ★★☆☆☆

5位外国游客分别来自罗马、新德里、费城、华盛顿和巴西利亚。请根据下面的谈话分别确认他们各来自哪里？

甲：我曾到过北美洲，但还没有去过南美洲。下个月我准备去罗马旅游。

乙：去年我曾在费城旅游过，下个月我也要去罗马旅游。

丙：我去年到过费城，它是我去美国的第一站。

丁：我从没有去过费城。我第一次出国旅游。下个月我要去欧洲或者南美洲。

戊：……

走了多少米

难度等级 ★★☆☆☆

有一位喜欢在林荫道上散步的智者，他让弟子们这样栽种树木：沿直线先朝东栽100米，接着朝北栽100米，然后朝西栽100米，然后朝南栽98米，朝东栽98米，朝北栽96米，朝西96米，等等，如此栽下去。最后，两排树木之间便形成了一条2米宽的林荫道。

智者很喜欢沿着这条林荫道边散步边思考哲学，一直走到这条林荫道的中心。那么，智者一共走了多少米？（智者在路中间径直走）

现在是几点

难度等级　★★☆☆☆

有一座钟，1点响1次，2点响2次……12点响12次。在伸手不见五指的黑房子里，小迪一觉醒来，即听到了钟声，不过他可能是在钟响了几声后才听到的，所以不知现在是几点。过了约一个小时，钟又响了，这次小迪从一开始就数了响声数，刚好12次。钟响一声时长为1秒，每声间隔4秒，能够确认钟声次数就算钟响结束。

现在，小迪为了确认是否为12点，从他醒来到听完第二次钟声，最多需多长时间？

怎样取回风筝

难度等级　★★☆☆☆

笑笑和小丽的风筝因断线正好掉在位于圆湖（半径为25米）中心的一块礁石上。此时，湖面风平浪静，湖边仅有一只小空船，拴船的是一根长40米的绳子。由于一时无法找到船桨，笑笑和小丽非常焦急。

你有什么办法能帮助她俩把风筝取回来吗？

地毯的长度

难度等级 ★★☆☆☆

有一个人，想装修刚刚建成的房子，但是他必须在装修之前购买好装修必备的材料。

在所有的材料都购买齐全之后，他突然想到应该在一楼与二楼之间的楼梯上铺一条地毯，但是现在楼梯尚未安装，他还不知道阶梯的数量、高度和宽度，在这样的情况下，请问你能帮他把所需要的地毯的长度计算出来吗？

灯泡的开和关

难度等级 ★★☆☆☆

在甲、乙两间屋里，甲屋有3个开关，乙屋有3个灯泡。在甲屋里看不到乙屋，而甲屋的每一个开关都控制着乙屋的其中一个灯泡。

如何只停留在甲屋、乙屋各一次，就知道哪个开关是控制哪个灯泡的呢？

机票的问题

赤道上有A，B两个城市，它们正好位于地球上相对的位置。分别住在这两个城市的甲、乙两位科学家，每年都要去南极考察一次，但飞机票实在是太贵了。围绕地球一周需要1000美元，绕半周需要800美元，绕 $\frac{1}{4}$ 周需要500美元，按照常理，他们每年都要分别买一张绕地球 $\frac{1}{4}$ 周的往返机票，一共要1000美元，但是他们俩却想出一条妙计，两人都没花那么多的钱。

你猜他们是怎么做的？

数学家座谈会

在一个座谈会中共有7位著名数学家出席，其中3位有胡子。这7位数学家将沿着一个长桌的一边坐成一条线。请问3位留胡子的数学家正好相邻坐着的概率为多少？

废挂历

难度等级 ★★☆☆☆

在某个印刷厂的后院里，扔了一大堆明年的挂历。保安人员随意看了一眼便说道："原来是废品。"废挂历按如图所示的样子捆绑着，保安既没有碰，也没有一一去翻。

你知道为什么保安能断定是废品吗？

破损的钟

难度等级 ★★☆☆☆

办案人员在犯罪现场找到一个被损坏得不成样子的钟。从钟的残片中可以看出长针和短针正好分别指在某个刻度上，如图长针比短针还快1分钟。除此之外无任何有价值的线索。

你能根据这点判断出当时的时间是几点几分吗？

硬币的数量问题

难度等级 ★★★☆☆

　　某人喜欢收藏硬币。他把1分、2分、5分的硬币分别放在5个一样的盒子里，并且每个盒子里所放的1分的硬币数量相等，2分的硬币数量也相等，5分的硬币数量也相等。

　　他没事的时候便拿出来清点，把5盒硬币都倒在桌子上，分成4堆，每一堆的同种面值的硬币的数量都相等。然后把其中两堆混起来，又分成3堆，同样每一堆里的同种面值的硬币数量相等。好了，问题来了，你知道他至少有多少个1分、2分和5分的硬币吗？

等分酒精

难度等级 ★★★☆☆

　　有容量为500毫升的烧杯两个——烧杯A和烧杯B。烧杯A盛有300克水，烧杯B盛有300克纯酒精。先倒了些烧杯A中的水到烧杯B中，搅和均匀，再将烧杯B中的酒精溶液倒回A中，并使两杯中的液体仍分别为300克。

　　请问，烧杯A中的酒精与烧杯B中的水哪个多些？如果继续这样来回倒，要倒多少次，才能使烧杯A中的酒精同烧杯B中的酒精一样多？

红球与白球

难度等级　★★★☆☆

　　一位王子向一个美丽的公主求婚。美丽的公主为了考验王子的智慧，就让仆人端来两个盆，其中一个装着10个小红球，另一个装着10个小白球，然后把王子的眼睛蒙上，并把两个盆的位置随意调换，请王子随意选一个盆，从里面挑选出1个球。如果选中的是红球，公主就嫁给他，如果选中的是白球，王子就再也没有机会了。王子听了以后，说："那能不能在蒙上眼睛之前，任意调换盆里的球的组合呢？"公主同意了。

　　请问：王子该怎么调换球的组合，才能确保他能在更大程度上获胜娶到公主呢？

检查小球

难度等级　★★☆☆☆

　　一家玩具公司生产的一盒玩具球中，有4个小球，每个小球都是按照一定标准的重量制造的。在质检过程中，工作人员发现其中一个小球是次品。现在知道那个次品的重量要比其他合格品的重量重一些。

　　如果让你用天平只称量一次，你知道如何判断哪个小球是次品吗？

跳绳比赛

难度等级 ★★☆☆☆

A，B，C，D四个小组进行了一次跳绳比赛，比赛的结果是：当A，B两组为一方，C，D两组为另一方时，双方势均力敌，不相上下。但当A组、C组对调后，A，D一方就轻而易举地战胜了B，C一方。

然而，当B组和A组、C组单独较量的时候，结果都胜了。

请问：这四个组中，哪组实力最强？请把它们实力的强弱按顺序排下来。

随机走步

难度等级 ★★★☆☆

反复掷一枚硬币。

如果出现的是正面，图中的人就向右走一格；如果是反面，则向左走一格。

掷硬币很多次以后，比如36次之后，你能够猜到这个人离起点多远吗？

你能说出这个人最后会回到起点的概率（假设他一直走）吗？

反面 ← → 正面

手表上的谜

乐乐指着一块手表的表面对欣欣说："请你在表面上表示小时的12个数字中默认一个数字。现在我手中有一支铅笔。当我的铅笔指着表面上的一个数字时，你就在心里默念一个数。我将用铅笔指点表面上的一系列不同的数，你跟随我在心里默念一系列数。注意，你必须从比你默认的数字大1的那个数字开始默念，例如，如果你默认的数字是5，你就从6开始念，然后按自然数顺序朝下念，我指表面上的数，你默念心里的数，我显然不知道你心里默念的是什么数，当你念到20时，就喊'停'，这时我手中的铅笔，一定正指着你最初默认的数。"欣欣认为这是不可能的，因为乐乐并不知道自己从哪个数字开始默念。但出乎意料的是，当他按乐乐所说的操作一遍后，乐乐手中的铅笔正指着他心里默认的那个数字！

想想看，乐乐是如何做到这一点的？

油桶交易

一位小贩用一个大桶装了12千克的油到市场上去卖。刚好来了一高一矮的两个家庭主妇，分别只带了5千克和9千克的小桶，但她们却买了6千克的油。

其中，矮个子家庭主妇买了1千克，高个子家庭主妇买了5千克，令人惊讶的是，他们之间的交易没有用任何测量工具。请问他们是如何分油的呢？

奇怪的电梯

难度等级 ★★★☆☆

　　一栋19层的大厦，只安装了一部奇怪的电梯，上面只有"上楼"和"下楼"两个按钮。"上楼"按钮可以把乘梯者带上8个楼层（如果上面不够8个楼层则原地不动），"下楼"的按钮可以把乘梯者带下11个楼层（如果下面不够11个楼层则原地不动），如图。用这样的电梯能走遍所有的楼层吗？

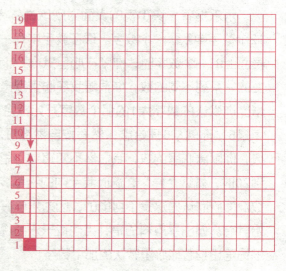

　　从一楼开始，你需要按多少次按钮才能走完所有的楼层呢？走完这些楼层的顺序又是什么呢？

黑暗中的手套

难度等级 ★★★☆☆

　　抽屉里面一共放了2双黄色手套、3双红色手套、4双绿色手套及5双蓝色手套。这些手套都杂乱地摆放着。

　　现在要在黑暗中从抽屉里拿出手套，要求至少拿到一双相同颜色的手套，并且左右手配套。

　　请问，至少需要从抽屉里拿出多少只手套才能完成任务？

狡猾的罪犯

难度等级 ★★★☆☆

　　警长抓住了一个特别狡猾的盗窃犯，把他交给了监狱长。监狱长将盗窃犯关在了监狱中最安全的牢房中，从未有人从这个牢房逃脱过。牢房是一条笔直长廊最里端的全封闭部分，外面有5道铁门，它们以不同的频率自动重复开启和关闭。第一道门每隔1分45秒自动开启和关闭一次，第二道门每隔1分10秒，第三道门每隔2分55秒，第四道门每隔2分20秒，第五道门每隔35秒自动开启和关闭一次。在某个时刻，5道铁门会同时打开，也只有在这时警卫会出现在第五道铁门外，他将通过长廊查看盗窃犯是否在牢房内。如果盗窃犯离开牢房在长廊里待的时间超过2分半钟，警报器就会报警，警卫会闻讯赶来。狡猾的盗窃犯能从牢房中逃脱吗？

凶案发生时间

难度等级 ★★☆☆☆

　　一天夜里，邻居听到一声惨烈的尖叫声。早上醒来发现原来昨晚的尖叫是受害者的最后叫声。负责调查的警察向邻居们了解案件发生的确切时间。一位邻居说是23点8分，另一位老大爷说是22点40分，对面小卖店的老板说他清楚地记得是23点15分，还有一位小姐说是22点53分。但这四个人的表都不准确，在这些手表里，一个慢12分钟，一个快3分钟，还有一个快10分钟，最后一个慢25分钟。

　　聪明的你能帮警察确定作案时间吗？

礼服和围巾的问题

难度等级 ★★☆☆☆

下面有3个礼盒，盒子上都有标签，但是这些标签和内容都完全不符合。请问：你应在哪几个盒子里至少检查多少物品，才能确定哪个盒子里有什么物品？

3件晚礼服

3条围巾

2件晚礼服
1条围巾

兼职生活

难度等级 ★★☆☆☆

独立一向是米兰和安瑞最讲究的事情，她们俩从小就非常独立，读小学的时候，她们就开始了她们的兼职生涯。星期天，她们俩将家里养的小鸡拿到集市上去卖。安瑞每天卖30只，2只卖1元，回家时她可以卖15元；米兰每天也卖30只，3只卖1元，一共可以卖10元。有

一天，米兰生病了，于是她请安瑞帮她卖小鸡。安瑞带了60只小鸡去了集市，并以5只2元的价钱卖。当她回家时，她一共卖了24元。因此，这比两人分别卖所赚的钱少了1元。

那么，为什么会少1元呢？是安瑞拿走了吗？

数字卡片

难度等级 ★★☆☆☆

下面有三张数字卡片，随你任意移动位置，要求摆出一个能被43整除的三位数。

等式成立

难度等级 ★★☆☆☆

62-63=1是个错误的等式，请移动一个数字使得等式成立。若是移动符号让等式成立，又应该如何移呢？

数字城堡

难度等级 ★★★☆☆

　　请在数字城堡中填入1~16这些数字，使其横、竖、对角线、中间四个数及四角上的数字之和均为34，并且每个数字只能出现一次。请问该如何破解呢？

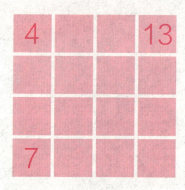

梯形数塔

难度等级 ★★★☆☆

　　这是考古学家在埃及金字塔内的壁刻上发现的一个有趣的梯形数塔，其中"♀"处所乘的数字相同，而且各行的待加数字也是有一定变化规律的，试着把它填好吧。

$9 \times ♀ + ♀ = 88$

$98 \times ♀ + ♀ = 888$

$987 \times ♀ + ♀ = 8888$

$9876 \times ♀ + ♀ = 88888$

$98765 \times ♀ + ♀ = 888888$

$987654 \times ♀ + ♀ = 8888888$

$9876543 \times ♀ + ♀ = 88888888$

$98765432 \times ♀ + ♀ = 888888888$

字母算式

难度等级　★★★★☆☆

图中是一个字母算式。目前只知道B是C的三倍，而且三个字母都不等于0，则A，B和C的数值分别是多少？

$$
\begin{array}{r}
A\,B\,A \\
+\,A\,A\,B \\
\hline
B\,A\,C
\end{array}
$$

移数字

难度等级　★★☆☆☆

请移动等式中的一个数字（只能是数字，不能将数字对调，也不能移动符号），使等式成立。

$$101-102=1$$

从规律中找到得数　　　　难度等级　★★☆☆☆

A

$11^2=121$

$111^2=12321$

$1111^2=1234321$

$11111^2=123454321$

$111111^2=$

$1111111^2=$

$11111111^2=$

$111111111^2=$

B

$6^2=36$

$66^2=4356$

$666^2=443556$

$6666^2=44435556$

$66666^2=4444355556$

$666666^2=444443555556$

$6666666^2=$

$66666666^2=$

$666666666^2=$

神奇的加号　　　　难度等级　★★☆☆☆

1.在9，8，7，6，5，4，3，2，1这些数字中间，要怎么用上"+"号，才使它们的和等于99？

2.在1，2，3，4，5，6，7这些数字中间，要怎么用上"+"号，才使它们的和等于100？

圆圈填数字　　　　　　难度等级 ★★☆☆☆

图中的9个圆圈组成四个等式，其中三个是横式，一个是竖式。请在圆圈中填入1~9的数字，使得四个等式都成立。

注意：1~9的数字，每个必须填一次，也不允许一个数字填两次。

○ － ○ ＝ ○

　　　　　　×

○ ÷ ○ ＝ ○

　　　　　　‖

○ ＋ ○ ＝ ○

补充数字　　　　　　难度等级 ★★☆☆☆

在数字圆圈里，？处应填什么数？

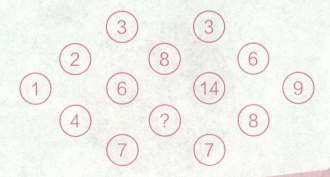

和为18

难度等级 ★★☆☆☆

请将1~8这8个数字分别填入图中的方格内，使上、下、左、右、中间的四个方格，以及斜对角的四个方格与四个角，其相加之和都等于18。试想该如何填呢？

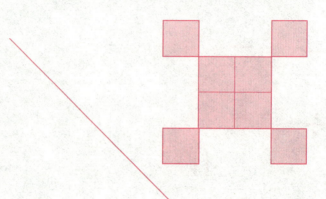

该填什么数字

难度等级 ★★☆☆☆

如图所示，请观察其中的规律，试将问号处填入正确的数字。

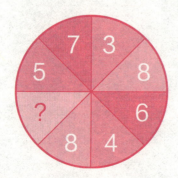

奇异的数字   难度等级 ★★★☆☆

两个朋友在拿计算器玩游戏。

甲说："请你从1到9的数字中，选择一个你喜欢的数字，输入到计算器上。"

乙说："我选择6。"

甲说："接下来，你把这个数字乘以15873，然后再乘以7。"

乙说："咦，怎么会这样？"

乙计算器上显示的数字会是多少呢？

创意的式子   难度等级 ★★☆☆☆

在下面的数字中间，加上加、减、乘、除和括号，使等式成立。

1 2 3=1

1 2 3 4=1

1 2 3 4 5=1

1 2 3 4 5 6=1

1 2 3 4 5 6 7=1

1 2 3 4 5 6 7 8=1

有趣的算式

难度等级　★★★☆☆

在下面的"2"中间加入加、减、乘、除四种运算符号，使等式成立。

2 2 2 2 2=9

2 2 2 2 2=8

2 2 2 2 2=7

2 2 2 2 2=6

2 2 2 2 2=5

2 2 2 2 2=4

2 2 2 2 2=3

2 2 2 2 2=2

2 2 2 2 2=1

2 2 2 2 2=0

三个数

难度等级　★★☆☆☆

有三个不是0的数，其乘积与相加之和都是相同的数字。请问，这三个数分别是多少呢？

重新排列　　　　　　　　　难度等级　★★☆☆☆

如图所示，从1~5的25个数字规规矩矩地站在那里，请你将它们的顺序打乱，重新排列一下，使纵、横各行数目的和都相等，在同一行中一个数字不得出现两次。

1	1	1	1	1
2	2	2	2	2
3	3	3	3	3
4	4	4	4	4
5	5	5	5	5

抢30　　　　　　　　　难度等级　★★★☆☆

有一个叫"抢30"的游戏。游戏规则很简单：两个人轮流报数，第一个人从1开始，按顺序报数，他可以只报1，也可以报1，2。第二个人接着第一个人报的数再报下去，但最多也只能报两个数，而且不能一个数都不报。例如，第一个人报的是1，第二个人可报2，也可报2，3；若第一个人报了1，2，则第二个人可报3，也可报3，4。接下来仍由第一个人接着报，如此轮流下去，谁先报到30谁胜。

甲很大度，每次都让乙先报，但每次都是甲胜。乙觉得其中肯定有什么玄妙，于是坚持要甲先报，结果每次还是甲胜。

你知道甲必胜的策略是什么吗？

填数字

难度等级 ★★★☆☆

根据规律，"？"处应该填入数字几？

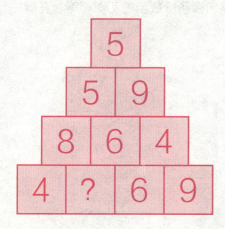

三重ABC

难度等级 ★★★☆☆

　　下面一个由A，B，C组成的等式，ABC分别是1~9中的某个整数，那么它们分别相当于哪些数字呢？当然，同一字母只能代表同一数字。

AAA+BBB+CCC=ABBC

还钱

难度等级 ★★☆☆☆

甲向乙借了100元，乙向丙借了200元，丙向丁借了300元，丁又向甲借了400元。在一个偶然的机会中四人共聚一堂，他们决定将钱还清。请问他们最少移动多少金钱才能结清这笔账？

水多还是白酒多

难度等级 ★★★☆☆

桌子上放着两个同样大小的杯子，第一个杯子里装着白酒，第二个杯子里装着水，白酒和水一样多。先用小勺从第一个杯子中取出一勺白酒倒入第二个杯子中；把第二个杯子中的液体搅匀后，再从第二个杯子中舀一勺酒和水的混合液体倒回第一个杯子中。

请问：这时，白酒中的水和水中的白酒，哪一个更多呢？

算算有几个人

难度等级 ★★★☆☆

在一间房子里，有几张3条腿的凳子和4条腿的椅子，并且它们都有人坐。如果你数出房间里有39条腿（包括凳子、椅子和人腿），那么是否就有可能算出有几张凳子、几张椅子和几个人呢？

聪明的海盗

难度等级 ★★☆☆☆

一艘海盗船上有600名海盗。因为暴风雨肆虐，船出了问题，为了减轻船身的压力，海盗首领决定减少船上的人数。他让其余599名海盗站成一排报数，报到奇数的人会被扔下海。有一个聪明的海盗站在了一个最安全的位置上，每一轮报数时，他报出的总是偶数。

你知道他站在哪里吗？

黑夜过桥

难度等级 ★★☆☆☆

漆黑的夜晚，四位旅行者走到一座狭窄而且没有护栏的桥边。如果没有手电筒照路的话，大家是无论如何也不敢过桥的。但很不巧，四个人一共只带了一只手电筒，而桥窄得只够让两个人同时通过。如果各自单独过桥的话，四人所需要的时间分别是3、4、6、9分钟；而如果两人同时过桥，所需要的时间就是走得比较慢的那个人单独行走时所需的时间。你能设计一个方案，让这四人用最短的时间过桥吗？

真假钻石

难度等级 ★★☆☆☆

年事已高的国王想从众多儿子当中挑选继承人。为了考验儿子们的智慧，国王拿出10颗钻石，其中带有标记的一颗才是真钻石。然后将这10颗钻石围成一圈，由大家轮流按规则挑选，即任选一颗为起点，接着按照顺时针的方向数，数到17的时候这颗就被淘汰，依次类推，继续数下去，直到最后只剩下一颗，这样谁得到那颗真钻石，谁就可以做皇位的继承人。

假如你是其中一个皇子，你该怎么数才可以得到那颗真钻石呢？

赔了多少钱　　　难度等级　★★☆☆☆

一天傍晚，烧鸡店来了一位顾客，拿出100元想买一只烧鸡，但烧鸡店老板没有零钱找给他，于是就拿了那张100元钱去了隔壁的超市，在那里换了零钱，然后回来。一只烧鸡12元，于是老板又找给顾客88元钱。

等顾客走了一段时间，超市老板过来，告诉烧鸡店老板刚才和他换的那张钱是假的，所以烧鸡店老板只好拿出一张真钱把假钱换了回来。他感觉今天太倒霉了，赔了这么多钱。

算一算，他一共损失了多少的钱物？

分金条　　　难度等级　★★☆☆☆

一位雇主让工人为他工作7天，给工人的回报是一根金条。

金条平分成相连的7段，他必须在每天结束时给工人一段金条，如果只许他两次把金条弄断，请问他该如何给工人付费？

闹钟的时间　　难度等级 ★★☆☆☆

　　有一只闹钟的时间不准确，每小时总是慢5分钟。在4点的时候，把它和标准的时间对准。那么，当标准时间到了什么的时候，这只闹钟的指针才能指到当天的中午12点？

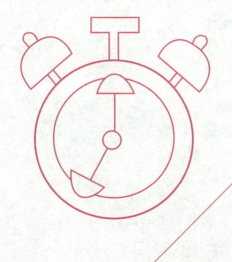

点头的次数　　难度等级 ★★☆☆☆

　　在日本的一家公司，一共有10名女员工和10名男员工，还有一名领导。公司规定，每天上午上班时，每位员工必须向其他员工和领导点头敬礼一次。

　　那么，这个公司每天上午所有人共计要点头多少次呢？

蚂蚁调兵

难度等级 ★★★☆☆

一只蚂蚁发现了一条死虫子，立刻回窝唤来10个伙伴，还是搬不动虫子。这些蚂蚁全部回窝又各召来10个伙伴，还是没有搬动。蚂蚁们又全部回家各自又搬来10个兵，还是没有搬动。蚂蚁们坚定不移，又各自回去搬兵，每只召来10个，终于把虫子拉回了家。请问：一共出动了多少只蚂蚁？

淘金者的时间

难度等级 ★★☆☆☆

一个淘金者在回家的途中迷失在沼泽地中，他的两只手表的时间都不准确了，他不知道确切的时间，只好漫无目的地走着。后来他发现，他的一只手表比另一只手表每小时慢了3分钟。当他走了很久，再看手表的时候，走得快的手表比走得慢的手表整整超前了3个小时。试问，他从第一次看表到现在走了多长时间了？

解密码

难度等级 ★★★☆☆

小偷意外地偷到了一个保险箱，他猜想里面一定有很多钱，可是不知道密码，怎么打开呢？

他看着这个保险箱。密码锁上有5个铁圈，每个圈上有24个英文字母，只要把5个圈上的字母对得与密码相符就行了。他想，干脆自己一个一个对，肯定能把这个保险箱打开。

如果靠小偷的这种方法，这个小偷至少要多长时间才能打开这个保险箱？

分苹果

难度等级 ★★☆☆☆

大明、老张、小李三个好伙伴在城里打工，年底合买了一堆苹果准备给家人带回去，然后三人都躺下睡起觉来。过了一会儿，大明先醒来，他看看另两人还在睡觉，便自作主张将地上的苹果分成3份，分完后发现还多一个，就把那个苹果吃了，然后拿着自己的那份走了。老张第二个醒来，说道："怎么大明没拿苹果就走了？不管他，我把苹果分一下。"于是也将苹果分成3份，发现也多一个，也把多的苹果给吃了，拿着自己那份走了。

小李最后一个醒来，奇怪两个伙伴怎么都没拿苹果就走了。于是又将剩下的苹果分成3份，发现也多一个，便也把它吃了，拿着自己那份回家了。

请问：一开始最少有多少个苹果？

天平分糖

难度等级 ★★☆☆☆

一台没有重量刻度的盘式天平，只有7千克和2千克的砝码各一个。

使用三次天平，怎样把140千克的糖分成两份，一份90千克，一份50千克呢？

糖果的数量

难度等级 ★★☆☆☆

在过年的时候，哥哥和弟弟都得到了很多糖果。数过糖果后，哥哥对弟弟说："如果你把你的糖果给我10颗，那么我的总糖果数量将是你的两倍；如果我把我的糖果给你10颗，那么我们的糖果数量将是相等的。"

那么，哥哥和弟弟分别有多少颗糖果？

母鸡下蛋

难度等级 ★★☆☆☆

一只母鸡想使格子中的横行、竖列和斜线的下蛋数量不超过两颗。图中已有两颗鸡蛋，因而不能在这条对角线下蛋。请于图中标注母鸡最多能在格子里下多少颗蛋？

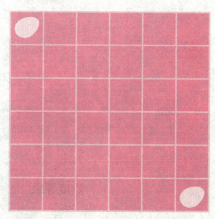

二马三牛四羊

难度等级 ★★★☆☆

今有2匹马、3头牛和4只羊，它们各自的总价都不满1万文钱（古时的货币单位）。如果2匹马加上1头牛，或者3头牛加上1只羊，或者4只羊加上1匹马，那么它们各自的总价都正好是1万文钱了。

请问：马、牛、羊的单价各是多少文钱？

露西小姐的年龄　　难度等级 ★★☆☆☆

农场主杰克和他太太每隔一年半就生一个孩子，他们一共生了15个孩子。

年龄最大的露西小姐说，她的年龄是这群孩子中年龄最小的麦迪的8倍。试求露西小姐的年龄。

自作聪明的盗墓者
难度等级 ★★☆☆☆

一天，一个被警察追踪多年的盗墓者突然前来自首。他声称他偷来的100块壁画被他的25个手下偷走了。他说，这些人中最少的偷走了1块，最多的偷走了9块。他记不清这25人各自偷了多少块壁画，但可以肯定的是，他们都偷走了单数块壁画，没有人偷走双数块。他为警方提供了25个人的名字，条件是不要责罚他。警察答应了。但是，当天下午，警长就下令将自首的盗墓者抓了起来。你知道这是为什么吗？

对调位置   难度等级 ★★☆☆☆

　　对调两个数字的位置，使图中每一个黑色三角形上的3个数之和都能够相等。

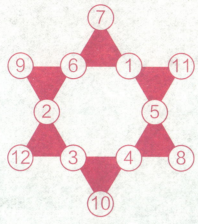

身份验证   难度等级 ★★★☆☆

　　我毕业于一所政法大学，我的同学（包括我在内）不是做了法官就是做了律师。一次同学聚会时，有16位同学出席。我统计了一下当时的情况：①律师多于法官；②男法官多于男律师；③男律师多于女律师；④至少有一位女法官来参加了聚会。有趣的是，如果不把我计算在内，上述情况也不会发生任何变化。

　　现在请你猜猜看：我的职业和性别分别是什么？

PART FIVE
几何类

火柴游戏

难度等级 ★ ★ ☆ ☆ ☆

这是用20根火柴摆成的图形，要求只能移动其中的4根火柴，使它变成3个形状相同、面积也一样的图形。

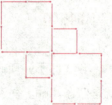

变三角形

难度等级 ★ ★ ☆ ☆ ☆

把下面图中的火柴棍移动4根，使正三角形变成5个。

多变少 　　　　　　　难度等级 ★★☆☆☆

怎样将八根火柴棍组成的10，移动一根变成2？

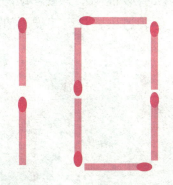

1个变3个 　　　　　　难度等级 ★★☆☆☆

六根火柴棍围成一个长方形，你能添加三根火柴棍，变成三个正方形吗？

倒转酒杯

难度等级　★ ★ ★ ☆ ☆

　　用4根火柴可以分别摆成两个小"酒杯"样。"杯"中放一个硬币。不论哪只酒杯，只要移动两根火柴，就可使"酒杯"倒转过来，并且使硬币放在"杯"旁。试试看。

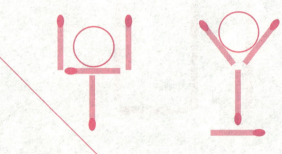

三分天下

难度等级　★ ★ ★ ☆ ☆

　　英、美、法三国各派一名探险家环球航行，探险家经过千辛万苦，终于找到一个形状奇特的岛屿。3名探险家经过商量，决定三国平分这块土地，但怎样才能公平地分割这块土地呢？他们向大科学家爱因斯坦请教。爱因斯坦一笑："太简单了，你们看，应该这样分。"三人一齐点头称对。

　　你知道爱因斯坦是怎样巧分土地的吗？

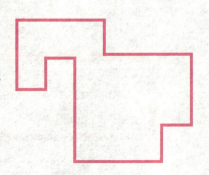

最短的路程　　　　　难度等级　★★☆☆☆

　　下图是一个正方体。一只蚂蚁要从A点爬到G点，应该怎样爬，路程才最短？

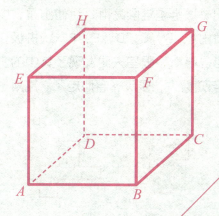

等分方孔图　　难度等级　★★☆☆☆

　　将以下图形分为大小和形状均相同的六等份。

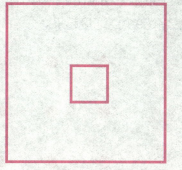

高斯解题

难度等级 ★★★☆☆

　　数学家高斯因其杰出贡献而被誉为"数学王子"，但并不是所有的人都对他能得到这一殊荣而心悦诚服。有一天，一个自诩为天才的傲慢青年来找高斯，妄图出一道难题难倒高斯，让他出丑，以夺过"数学王子"的桂冠。他拿出A，B，C，D，E，F六块拼板，让高斯选出两块拼成上面的图形。高斯一眼扫去便发现了其中的诀窍，并想出了3种拼法。那青年自知冒失，便灰溜溜地走了。高斯是怎么拼的呢？

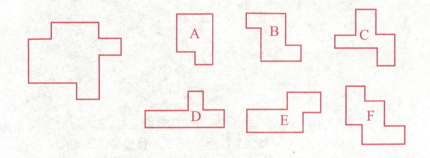

九个点

难度等级 ★★★☆☆

　　在黑板上依照下图画出9个点，请开动脑筋，只用4条相接的直线（一笔），将这9个点连接起来。

几个正方形 难度等级 ★★☆☆☆

如果在下图所示的16个点间连线，最多能连成几个正方形？

组成长方形 难度等级 ★★☆☆☆

下图有两个突出的部分，你能否将它分割成两个部分后再重新组合成一个完整的长方形呢？

找规律，选图形

难度等级 ★ ★ ☆ ☆ ☆

请按照图形的规律，从选项中选出正确的答案。

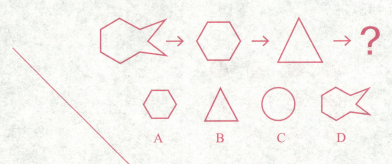

A　　　B　　　C　　　D

拼图游戏

难度等级 ★ ★ ☆ ☆ ☆

如果将零散的部分拼成示例图，哪一部分是多余的呢？

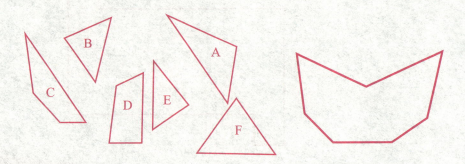

分割铜钱

难度等级 ★★☆☆☆

如右图所示，一枚铜钱上有一些对称的符号。现在需要将铜钱切割成大小、形状相同的四部分，且每部分都恰好带有一个"○"和一个"△"。

请问：怎样切割才符合要求呢？

消失的正方形

难度等级 ★★★☆☆

美国一位魔术师发现了一个非常奇怪的现象：一个正方形被分割成几小块后，当重新组合成一个同样大小的正方形时，中间却出现一个洞！

他把一张方格纸贴在纸板上，按图1画出正方形，接着沿图标的直线切成5种形状。当他按照图2的排法将此5小块拼成正方形时，中间果真出现一个洞！

图1的正方形是由49个小正方形组成，图2的正方形却只有48个。究竟出了什么问题？消失的小正方形到底在哪儿呢？

图1

图2

替代图

难度等级 ★ ★ ★ ☆ ☆

看下面的示例图，不用B就可以把这个正方形组合起来。还有一种情况，用B而不用另一个也能组合成示例图的样子，请问是哪一个呢？

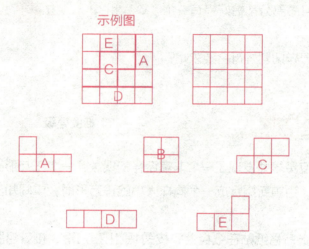

示例图

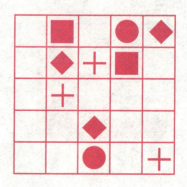

棋盘

难度等级 ★ ★ ★ ☆ ☆

将下图中的图形分别填入下面的棋盘中，且每行与每列中的图形都不得重复，该怎样做呢？

图形

◆ ● ✚ ■ ▲

小纸盒

难度等级 ★★☆☆☆

哪一个纸盒组合后会与左图的图形相同呢?

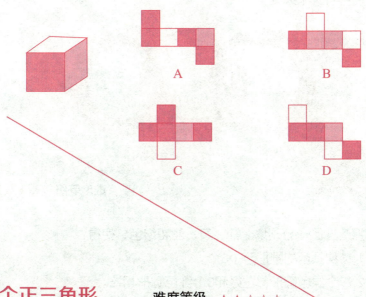

14个正三角形

难度等级 ★★☆☆☆

如图所示,有4个正三角形,能否再添加一个正三角形,使其变成14个正三角形呢?

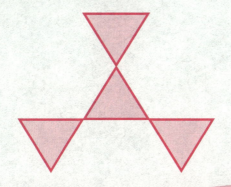

开环接金链

　　3个环相连着的金链共有四组，要设法将它们连成一条金链圈，至少要打开几个环呢？

填色游戏

　　将这些圆形分别填上红、黄、蓝和绿色，使得：

　　1.每种颜色的圆形至少3个。

　　2.每个绿色圆形都正好和3个红色圆形相接。

　　3.每个蓝色圆形都正好和2个黄色圆形相接。

　　4.每个黄色圆形都至少各有一处分别与红色、绿色和蓝色圆形相接。

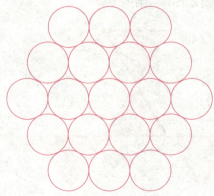

角度排列

难度等级 ★★☆☆☆

在不使用量角器等工具下，图中哪一个角最大？哪一个角最小？请按从小到大的顺序排列。

找伙伴

难度等级 ★★☆☆☆

用3条不相交的线连接颜色相同的五角星，每个五角星的后面只能绕过一次。

移动火柴

难度等级 ★★☆☆☆

移动两根火柴，你能重新排列下面的图形，使之出现8个与原先大小相同的正方形吗？

天平称盐

难度等级 ★★☆☆☆

死海含盐量很高，据说总的含盐量达450亿吨，盐场的盐堆积成山。这里有一个天平样式的秤，它在处于平衡状态时，左右秤杆却不一样长。现在只有两个500克的砝码，用这个秤能不能准确地称出1000克盐？秤杆的长度、重量均不知道，应该怎么办呢？

哪个冷得快

难度等级 ★★☆☆☆

在同样的条件下，把两杯不同温度的牛奶放到同一个冰箱里，温度高的一杯与温度低的一杯哪个冷得快呢？

硬币如何落下

难度等级 ★★★☆☆

找一个小号的广口瓶，将一根火柴棒折成"V"字形（不要完全折断，要使一部分纤维还连着），放在瓶口上，再取一枚比瓶口小一点儿的硬币放在"V"字形的火柴棒上。在不用手或者其他工具接触"V"字形火柴棒和硬币的情况下，想办法使硬币落到瓶子里去。

桶里究竟有多少水

难度等级 ★★☆☆☆

农夫雇用了一名少年，要求他做一项很奇怪的工作。"这里有一个木桶，只要你装半桶的水在里面，不能多也不能少，而且不能使用木棒或绳子来量。"

最后这名被雇用的少年完成了农夫交代的工作，请问他用什么办法去测量桶内的水究竟有多少？

识别纯金台秤

难度等级 ★★☆☆☆

这里有 5 座相同类型的台秤，其中一座台秤的摆针是用纯金制成的，假定除了摆针，5 座台秤的材料全部相同。在不允许把台秤拆开，也不许使用其他台秤的情况下，请用最简单的方法找出那个摆针由纯金制作的台秤。

请问，应该怎么做？

为何装锌块

难度等级 ★ ★ ☆ ☆ ☆

轮船在海水中航行，船壳很容易生锈。为了防止船壳生锈而被腐蚀，往往在轮船的尾部和船壳的水线下部，装上一定数量的锌块。原因何在？

杯底不湿

难度等级 ★ ★ ☆ ☆ ☆

有一个玻璃杯，杯子中的底部是干的，现在把杯子放进装满水的盆中，但要求杯子的底部仍是干的，请问该如何放呢？

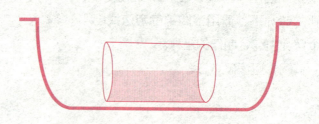

装蜜蜂的瓶子   难度等级 ★★☆☆☆

　　凯伦将许多蜜蜂装在一个小玻璃瓶里，然后将玻璃瓶放在秤上，玻璃瓶的瓶口是密封的。那么，是蜜蜂都停落在玻璃瓶的底部的时候秤的读数大呢，还是蜜蜂在玻璃瓶中乱飞的时候秤的读数大？

弹簧的平衡   难度等级 ★★☆☆☆

　　把一根弹簧的一端用一根绳子系在天花板上，另一端用另一根绳子系在地板上，拉紧弹簧下端，这时弹簧上的指针读数为100千克。

　　然后依次把重50千克、100千克和150千克的砝码挂到弹簧上。弹簧上的指针读数分别为多少？

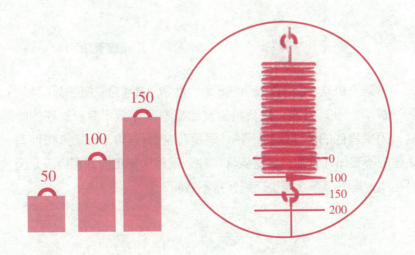

四金砖

难度等级 ★★★☆☆

有一位富翁，先后用24K黄金打造了四块金砖，形状都是正方体，每边长度分别是3厘米、4厘米、5厘米和6厘米（见下图）。他决定把这些金砖平均分给两个儿子。

四块金砖，大小不一，重量各不相同。怎样才能平均分成两份呢？

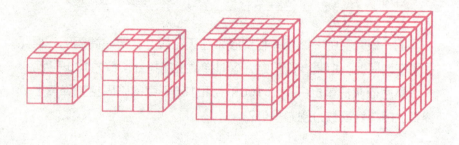

在风中飞行的飞机

难度等级 ★★☆☆☆

一架飞机从A地沿直线飞往B地，然后从B地沿原航线返回A地。飞行途中，没有风速，且飞机的发动机速度保持不变。现在的问题是，如果其他的条件保持不变，只是在全航程中从A地刮向B地有一定量的不变风速，那么，这架飞机往返航程所需的时间和原来无风速时相比，是会更多、更少还是保持不变呢？

环球旅行

难度等级 ★★★☆☆

两个好朋友一直有自己开飞机环游世界的梦想。他们设想从北京出发，最后再回到北京。一个人说："我向北方飞行，只要保持方向不变，就一定能飞回北京。"另一个人说："我向南方飞行，只要保持方向不变，也一定能飞回北京。"

你觉得他们的说法有道理吗？

古堡奇案

难度等级 ★★★★☆

在印度，一提起浩瀚的塔尔沙漠中那座高大而神秘的古堡，人们就不寒而栗。近几年来，凡是过路商人和马队夜宿古堡，都一个个送掉了性命，连骡马都不能幸免。到底古堡里的杀人凶手是谁？用的什么凶器？当局调来了全印度最有名气的侦探和警察，当夜也大都死在古堡大厅里。经高明的法医验尸，很难找到致死的痕迹。

警方无奈，只好在古堡大门口贴出告示："过往行人一律不准在夜间留宿。"后来英国著名探险家乔治来到古堡，一心想探明究竟，探险队员个个荷枪实弹地进入古堡。天亮待警察赶来，乔治和他的人马已全部遇难。印度警方继而发出紧急布告：凡能破古堡疑案者，赏金一万卢比。布告发出后迟迟无人问津。

一年后的一天，终于来了个白发银须、衣衫褴褛的乞丐，自称彼特利克，郑重地提出能破此案。警察局局长半信半疑，但又没有竞争对手，只得叫来刑侦科科长并吩咐道："派人盯着这个送死的老家伙，看他搞什么鬼名堂。"刑侦人员发现那个老头儿买了一个大铁箱，一只猴子和一副渔网，这使经验丰富的警察局局长百思不得其解。

夜幕渐渐降临，彼特利克驾驶马车奔进那座令人望而生畏的神秘古堡，眼前漆黑一片，堡内死一般寂静。老乞丐摸进乔治遇害的大厅，他先给猴子注射了麻醉药，并将它放进渔网里。然后自己钻进铁箱，牢牢地抓住渔网的网绳。

老乞丐这样做到底是为什么呢？

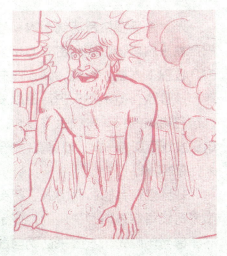

阿基米德的巧计

难度等级 ★★☆☆☆

古希腊有位科学家叫阿基米德，他有许多创造发明，大家都很尊敬他。

这天，罗马侵略军乘着战船，又来攻城。青壮年们不在，城里只有老人、妇女和孩子，大家都吓坏了，都来找阿基米德，要他想办法把敌人赶跑。

阿基米德走上城墙边一看，哎呀，太阳真厉害，照得人眼睛都睁不开。他看见罗马战船越来越近，船上的风帆不久前刚上过油。他灵机一动，高兴地说："有办法啦！放火烧船！"

他指挥大家一齐行动，敌船上的风帆烧起来啦，敌人纷纷跳水逃命。你知道阿基米德用什么巧计，打胜这一仗的呢？

面不改色的阿凡提

难度等级 ★★☆☆☆

聪明的阿凡提总是帮助老百姓对付财主，因此，财主对阿凡提恨得咬牙切齿。有一次，财主借机把阿凡提抓起来绑到水池的柱子上，然后又在水面上放了很多大冰块。这时，水正好淹没到阿凡提的脖子处。

财主对阿凡提说："这次你可栽到我手上了！等冰块一融化，你就没命了！"阿凡提听了财主的话，面不改色，笑嘻嘻地一点儿也不在意。

你知道这是为什么吗？冰块融化之后水面会上升多高呢？

偷古钱的猫头鹰

难度等级　★★★☆☆

　　大财主格罗德邀请钱币收藏家巴赛德来做客，顺便欣赏对方带来的几枚日本古钱。当晚，两人在书房相谈甚欢，但是不久巴赛德就发现自己带来的日本古钱丢了三枚。这三枚钱币规格一样，都是直径3厘米，厚2毫米。

　　书房里只有他们两个人，巴赛德觉得钱肯定是格罗德偷的。但是格罗德当场脱光了衣服来证明自己的清白，巴赛德检查后，也确实没有找到古钱。

　　巴赛德仔细回想，当时自己正在用放大镜一个一个地欣赏着格罗德的收藏品，一点儿没有察觉。不过，那期间格罗德一步也未离开自己的书房，更没开过窗户，只是在鸟笼前喂自己的猫头鹰吃肉。所以，偷去的古钱不会藏到外面去。

　　巴赛德总觉得猫头鹰可疑，一定是它吞了古钱。但是，格罗德声称自己的猫头鹰肯定不会偷古钱。巴赛德想了一夜，第二天一早，他就和格罗德说希望把猫头鹰剖腹查看。当然，昨晚为了防止猫头鹰被调包，巴赛德悄悄地在猫头鹰身上剪短了几根羽毛。没想到，格罗德倒是一反常态，答应了要求。可是，剖腹查看的结果是古钱也不在猫头鹰身体里。

　　那究竟是谁偷了古钱？又把古钱藏在了哪里呢？

泄密的玻璃杯

难度等级 ★★★☆☆

出版商玛丽小姐在自己的公寓里被杀了。警方找到三个嫌疑犯：作家露丝、印刷厂负责人卡罗和玛丽的前夫刘易斯。他们三个人的证词如下：

露丝："那晚我去找过她，主要讨论重新签订版税合同的事情。之后，玛丽倒了一杯冰镇饮料给我喝，大约5分钟后我离开了。"

卡罗："我当天晚上8点左右去的玛丽家，准备向她要回欠印刷厂的费用，但是她根本不和我谈钱的事情。后来我就走了。对了，她还给我倒了杯冰镇苏打水，楼下看门的老人能证明我是什么时候离开的。"

刘易斯："我们虽然因财产问题离婚，但离婚后我们还是好朋友。那晚我去看她的时候，她的情绪很不好。所以，我在她那里只喝了杯白开水，聊了会儿就走了。"

警察在案发现场没有找到射杀玛丽的弹壳，只找到留有死者清晰指纹的玻璃杯。据预测，当晚的温度大概是37℃。

请问：谁是凶手呢？

最后的弹孔

难度等级 ★★★☆☆

某知名富翁被枪杀了！他是站在窗边时，突然被窗外射来的子弹击中。也许是凶手的枪法不准，打了4枪，最后一枪才命中被害者。窗户的玻璃上，留下4个弹孔。

请问：最后一枪的弹孔是哪个呢？

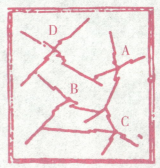

智拿小偷

难度等级 ★★☆☆☆

　　大律师赛西拥有一件珍藏了一个世纪的家族珍宝——祖母绿。这件珍宝被赛西小心地封存在一个木头箱子里，箱子是檀木做的，非常沉重，箱口贴着封条。放祖母绿的丝绒小盒子就放在这个箱子里。赛西50岁生日当天，他亲自把这个箱子打开向大家展示这件珍宝的风采，在场的每一个人都被震撼了。就在大家观赏祖母绿时，赛西的好朋友来访，于是他赶忙把装祖母绿的小盒子放回木箱里，然后顺手拿起糨糊贴上封条，急匆匆地出去迎客了。但当他返回时，却发现箱子里的祖母绿不见了。前后才几分钟的事情，祖母绿就被人偷了，小偷究竟是谁呢？

　　正好大侦探波洛也在现场，他只说了一句话就找到了那个人。他说的是："我只需要一点儿碘酒，就能找出是谁拿走了祖母绿。"你知道为什么小偷一听要拿碘酒就承认了自己的罪行吗？

PART SEVEN

综合类

猜牌

有人从一副纸牌中发出四张，每张牌都是一面图形另一面花纹。于是这人说："桌上任何一张一面是三角形的牌，另一面总是条纹。"

如果你想肯定他的话是真的，你需要翻转哪些牌？

多余的第四个

难度等级 ★★☆☆☆

有四组物品：

1.苹果、梨、西红柿、橘子；

2.刮脸刀、剪刀、铅笔、铅笔刀；

3.斧子、钉子、电锯、电钻；

4.小号、小提琴、大号、萨克斯管。

请问在这四组物品的每一组中，有无多余的第四个？为什么？

巧算数字和

难度等级 ★★☆☆☆

有两组数字，分别为：

第一组：9 1 2 3 4 5 6 7 8

第二组：8 9 5 3 7 4 6 2 1

你能否瞬间比较出两组数字之和的大小？

12的一半

难度等级 ★★☆☆☆

你能证明12的一半是7吗？

7+7=12？

合理分钱

难度等级 ★★☆☆☆

　　一个农场主有很大一片荒地，他的手下有两个工人，甲开垦荒地的速度是乙的两倍，但乙种植的速度是甲的三倍。农场主想把这片土地开垦并种植上农作物，于是他让甲、乙各承包一半的土地。于是，甲从南面开始开垦，乙从北面开始开垦。他们用了10天完成了这项开垦和种植的工作。农场主给了他们一共1000元钱。那么，他们两个人如何分这1000元钱才合理呢？

听纸知字

难度等级 ★ ★ ☆ ☆ ☆

在圣诞节晚会上，魔术师H先生给一群女士表演了一个有趣的游戏，叫"听纸知字"。他对女士们说："你们每人拿一张纸，随便写上一句话，叠好后交给我。"

女士们很快写好并交给了他。H先生拿起第一张纸，放在耳边听了听，说："这张纸上写着'上帝保佑我们'，是谁写的？"

A女士举起手来说："是我。"H先生拆开看，说："果然是'上帝保佑我们'6个字。"

于是，他又"听"下面一张，也"听"对了。他一张一张地"听"下去，结果全"听"对了。女士们都感到很惊奇。

其实H先生和A女士事先就串通好了，他知道A女士写的是"上帝保佑我们"6个字。

那么，他是怎样知道其他女士写的话的呢？

一个关键的指纹

难度等级 ★ ★ ☆ ☆ ☆

汤姆向欧文斯借了很多钱，并买了一栋豪华的别墅，可现在都快半年了，汤姆还没有还一分钱。欧文斯实在是无法忍受，就决定到汤姆的新家要钱。他按响了门铃，欧文斯迎他进去不久，两人开始争吵，甚至打了起来。高大的欧文斯用两只手死死地掐住汤姆的脖子，汤姆在挣扎中用左手摸到一个锤子朝欧文斯的头砸去。欧文斯随即倒地停止了呼吸。

杀死欧文斯后，汤姆马上把欧文斯的尸体拖到后院掩埋起来，然后擦拭干净所有的血迹，再认真清理了沙发、地板和欧文斯所有可能碰过的东西，不留下一个指纹。正当他做完这一切的时候，门外响起了急促的敲门声——是欧文斯的两位警察朋友。欧文斯曾交代，如果他在下午还没回到家的话，就让他的警察朋友来这里找他。尽管汤姆十分镇定，但警察还是不费吹灰之力就找到欧文斯的唯一一个指纹。你知道这个指纹在哪里吗？

小偷的选择

难度等级 ★★☆☆☆

　　有两个小偷因偷窃被抓住并单独囚禁。警察分别告诉他们，如果不坦白自己与另一个小偷以前所做的违法之事，而另一个小偷坦白了，那么坦白的一方将被当场释放，而不坦白的一方将被判刑10年；如果都坦白了，则都从宽判刑5年。但小偷也知道，如果他们都不坦白，因警察找不到其他证明他们以前犯罪的证据，则只能对他们现在的偷窃行为进行惩罚，各判刑半年。

　　这两个小偷将如何做出自己的选择？

见面分一半

　　一只从没出过远门的小猴子跑到一块桃园里，摘了很多的桃，背起来就走。没走几步，就被山神拦住了，山神说要见面分一半。小猴子只好无奈地把桃分了一半给山神。分完以后，山神看见小猴子的包里有一个特别大的桃，又拿走了那个桃。

　　小猴子非常不高兴，背着桃悻悻地走了。没走500米路，又被风爷爷拦住了，同样，风爷爷从小猴子的包里拿走了一半又加一个。之后，小猴子又被雨神、电神、雷神用同样的办法要走了桃。等小猴子到家的时候，包里只剩下一个桃。小猴子心想：反正就只有一个，干脆我自己吃了吧。这时，被妈妈看见了。小猴子委屈地向妈妈诉说自己的遭遇。妈妈问他原来有多少个桃，小猴子说他也不知道有多少个桃，而且他们每人拿走了多少也不知道。但妈妈一算就知道小猴子原来有多少个桃。

　　你知道吗？

小花猫搬鱼

　　小花猫有4个盘子，其中一个盘子里有3条鱼，另外一个盘子里有1条鱼，还有两个盘子没有鱼。小花猫尽力克制住自己想吃的欲望，把鱼集中到一个盘子里一起吃，但是它每次只会从两个盘子里分别拿出一条鱼放到第三个盘子里。

　　请问：小花猫要搬运几次，才能把所有的鱼都集中到一个盘子里去？

单只通过

难度等级 ★★☆☆☆

　　一只蚂蚁在地下通道里爬行，对面又来了一只。由于通道非常狭窄，只能单只通过。幸好，通道一侧有个凹处，刚好能容得下一只蚂蚁。可不巧的是，里面有一个小沙粒，把它移出来后又把通道堵住了，还是无法通行。两只蚂蚁应该怎么做才能都顺利通过呢？

美酒和毒酒

难度等级 ★★☆☆☆

　　在一个国家被攻陷的时候，有一个数学家被逮到了，按照胜国的规矩，他要喝毒酒而亡。处刑的时候，有两位士兵站在他面前，他们有一个人说真话，一个人说假话，一个人拿的酒有毒，一个人拿的酒没有毒，而且他们知道自己拿的酒是否有毒。

　　现在只允许数学家向两个人中的任意一个提问一个问题，然后选择一瓶酒，如果是没有毒的酒，就可以幸免一死。

　　如果你是那位数学家，你将怎么设计这个问题，而找到没有毒的酒呢？

巧移棋子

难度等级 ★★☆☆☆

　　如下图所示，24枚棋子分为3行排列，第一行11枚，第二行7枚，第三行6枚。

　　现在要求只移动3次，且每一次移入某一行的棋子数都和被移入行原有棋子的数目相等，最终使每一行的棋子数都是8枚。

　　该怎么移动棋子呢？

邮票的面值

难度等级 ★★☆☆☆

　　已知A，B，C，D，E五枚面值不同的邮票中：

　　1.A的面值是B的面值的两倍。

　　2.B的面值是C的面值的四倍半。

　　3.C的面值是D的面值的一半。

　　4.D的面值是E的面值的一半。

　　请问：这五枚邮票的面值由大到小应该怎样排列？

分月饼

中秋节到了，班里买回了一箱月饼准备分给同学们。

第1个同学取走了1块月饼和剩余月饼的 $\frac{1}{9}$ ，第2个同学取走了2块

月饼和剩余月饼的 $\frac{1}{9}$ ，第3个同学取走了

3块月饼和剩余月饼的 $\frac{1}{9}$ ，第4个同学取

走了4块月饼和剩余月饼的 $\frac{1}{9}$ ，依次类

推，把全部月饼一点儿不剩地分配给了

全部同学。

请问：班里共有多少个同学，共有多少块月饼？

PART EIGHT 参考答案

观察类答案

 与众不同

D。其他选项圆中的多边形的边都是直的，而D项圆中的多边形的边是曲的。

 真假难辨

如果你先假定左上方的那句是真的话，会得到一个结果；如果你假定它是假的话，会得到另外一个相反的结果，因此，它们的真假是不能判断出来的。

 扑克牌找错

错误之处用圆圈标出如下：

巧妙剪纸

如图所示：

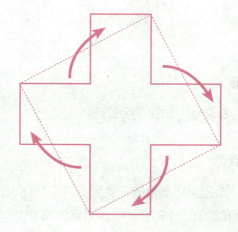

判别表针

A：左下是时针，右上是分针。B：左边是时针，上面是分针。C：左上是时针，下面是分针。D：左边是时针，右边是分针。

以答A题为例，分析如下：

假设右上是时针，那么从其所在位置看，其应是2：20左右，不超过2：30，与此对应，分针应该在"20分"处，而不是"37分"。所以，假设不成立，右上应为分针，左下为时针。

同理可推出其他3个。

铺硬币

一层，如图所示。

 两个水壶

A。因为B装到一半时便会倾倒。

 最后一点

有可能。如图那样画直线，就剩下"点"这个汉字了。解答这个问题需要一瞬间闪现出来的灵感。如果觉察到17个点的位置的重要性，就能找到解决问题的线索了。

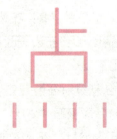

 找酒瓶

第三行最后一个与第四行左数第二个。

🔑 **奇妙的形象**

1.一个可以看到三脸的人和一条鱼。

2.突出的天鹅的头也是一只大尾巴的小松鼠。

3.走进雪屋的爱斯基摩人的背影和印第安人侧着的脸。

4.巫婆的鼻子也是年轻女子的下巴。

5.往右飞的隼和往左飞的野鹅。

6.兔子的耳朵也是鸭嘴。

🔑 **一笔画图**

这个图可以经过13个转折一笔画成。

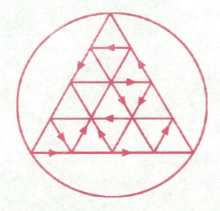

🔑 **一笔成图**

1，2，5可以一笔画到底，3，4，6则无法一笔画成。

🔑 **填写完整**

善于观察的人，便会发现这是计算机键盘最左边的字母排列顺序，尽管答案显而易见、近在咫尺，但却往往被人们忽略。

 变形图案

答案为选项（a）。

分图陷阱

如图所示：

内部的秘密

初看这道题时，你极可能想当然地假设，这个立方体的底下部分的两道槽是互相垂直的。如果是这样的话，这两部分根本就不可能拼在一起，当然也就谈不上把它们分开了。但如图所示，这两道槽事实上对于立方体底平面来说成对角线走向，并且互相平行。这种内部结构使得立方体的两部分很容易拆分开来，并重新拼在一起。

🔑 所罗门王的难题

所罗门王画的图案中一共有31个三角形。

🔑 联邦调查局的难题

这位新来的助手将这份密函水平端起来，变换角度，斜斜地看着图形，发现了"HELLO"的字样。

推理类答案

🔑 预料不到的考试

考试不可能在星期五，因为它是可能举行考试的最后一天，如果在星期四还没有举行考试的话，那你就能推出星期五要考。但老师说过，在当天早上8点之前不可能知道考试日期，因此在星期五考试是不可能的。但这样一来星期四便成为可能举行考试的最后日期。然而考试也不可能在星期四。因为如果星期三没有考试的话，我们就知道考试将在星期四或星期五举行。但从前面的论述可知道，星期五可以排除，这就意味着在星期三就已知道在星期四要进行考试，这是不可能的。现在星期三便成为最后可能考试的日子。但星期三也要排除，因为如果你在星期二还没有考试的话，便能断定在星期三要考。根据同样的理由，全周的每一天都被排除。

🔑 乌龟赛跑

假设丙的话是真话，那么丁的话也是真话了，从而，甲的话也是真话，所以乙上次是第二名。因此，上次的第一名既不是乙也不是丙，所以应该是丁或者甲。但是，无论哪个是上次的第一名，本应该都说真话的丙和丁的话至少有一个会变成假话。所以，丙的话只能是假话（名次下降，而且丁的名次没有上升）…… **I**

由于丙不是上次的第一名，这次的名次下降，所以这次是在第三名以下。所以，乙的话是假话，乙的名次也下降了。

假设丁的话是假话，甲的名次没有上升，而同时除甲以外的三只乌龟的名次也全部下降，这是不合理的。

所以，根据 **I** 可知丁的名次没有变化，根据他的话（真话）可知，甲这次名次上升了。

从甲的话（真话）来看，乙上次是第二名。丙上次既不是第一名也不是第二名而是第三名，这次是第四名，同样名次下降的乙这次是第三名。甲这次是从上次的第四名上升了，丁上次和这次都是第一名。所以甲这次是第二名。

具体如下表：

	上次	这次
甲	第4名	第2名
乙	第2名	第3名
丙	第3名	第4名
丁	第1名	第1名

🔑 谁被隔离

答案是C。

对题干进行整理：所有被隔离的人都与小张接触过；所有与该病患者接触过的人都被隔离了。所以，所有与该病患者接触过的人都与小张接触过，但也可能没有接触过该病患者的人接触过小张。

🔑 究竟谁受了伤

安丁是受伤者。

A和B提供的信息表明卡姆是单身、受伤者是有妻子的，所以卡姆没有受伤。根据D，戈丹目睹了整个事故发生的经过，他还决定以后不再骑马了，所以戈丹没有受伤。根据B，马扬的妻子不是受伤者的妻子，所以受伤者不是马扬。根据B、C、E，马扬的妻子是受伤者的妻子的姐姐，而她没有外甥女，也没有侄女，说明受伤者没有女儿，而兰君有女儿，因此受伤者不是兰君。所以，安丁是那位不幸的受伤者。

🔑 谁是真凶

议员是真正的凶手。他进诊所时，陌生人已经换上了干净的衣服，并且吊着手臂，他不应知道陌生人是背部中弹。

🔑 谁是冠军

由题中所给信息可知老三参加了撑竿跳高比赛，老二参加了马拉松比赛，老大参加了体操比赛，所以，老大是体操全能冠军。

🔑 谁是智者

分析如下：1.如果甲是智者，那么甲能通过数学考试，且不能通过语文考试，同时乙、丙两人都不是智者，且都能通过语文考试，这与丙的话矛盾，所以，甲不是智者。2.如果乙是智者，那么乙能通过语文考试，且不能通过数学考试，同时甲、丙两人都不是智者，且都能通过数学考试而不能通过语文考试，这时甲、乙、丙的话都是真的，所以，乙是智者。3.同理可分析出丙不是智者。所以，乙是智者。

🔑 **谁大谁小**

小强和小田两人都在说谎，所以，小田的年龄比较大。

🔑 **寻找果汁**

甲瓶子：可乐。

乙瓶子：白酒。

丙瓶子：果汁。

丁瓶子：啤酒。

🔑 **野炊分工**

老大洗菜，老二淘米，老三烧水，老四担水。

🔑 **猜职务**

由"丙比组长年龄大"知道，丙不是组长，丙的年龄比组长大。

由"学习委员比乙年龄小"知道，乙不是学习委员，乙的年龄比学习委员大。

由"甲和学习委员不同岁"知道，甲不是学习委员。

既然知道了甲和乙都不是学习委员，那么丙就一定是学习委员了。3个人的年龄顺序是：乙>学习委员；丙>组长。从这一顺序上看，乙不是组长，那他一定是班长了，而组长则是甲了。

🔑 排队

排队的顺序是：芬尼、杰尼、杰克、鲍勃、汤姆、沃克。

🔑 分辨矿石

这块矿石是铁。可采用假设的方法推理出来。如假设甲同学的两个判断都对，那么乙、丙同学的判断都有一个是正确的，与老师的结论矛盾，所以，甲同学的判断不对。以此类推，假设乙同学都对，丙同学都对。最后就会得出结论，丙同学的判断都对，这块矿石是铁。

🔑 奇怪的中毒事件

轮胎里充满了高压氰酸钾气体，罪犯是在前一天晚上悄悄溜进车库作案的。

第二天早晨，当被害人想出车时，发现一个轮胎气太足了，这样车跑起来会出危险，便拧开气门芯放些气。就在这一刹那，剧毒的氰酸钾气体喷射出来使其中毒身亡。

🔑 凶手的谎言

影子不可能在窗口。张某说"窗口有高举木棍的影子"，这就是谎言。因为桌上台灯的位置是在被害人与窗口之间，不可能把站在被害人背后的凶手的影子照在窗子上。

🔑 圣诞老人

他们到达约会地点的先后顺序是：D，E，C，A，B。
依据题目给出的条件，很快就可以分析出A，B，C，E都不是第一个，只有D是第一个到达的。

由"E在D之后第二个"，可以知道两人的顺序是：D，E。

由"B紧跟在A后面"得知两个人的顺序是：A，B。

由"C不是最后一个到达约会地点"，可以得知这样的顺序：C，A，B。

所以，总的先后顺序是：D，E，C，A，B。

 猫的谎言

假设花猫的话是假的，那么花猫小于白猫，白猫就只有1条，这是相互矛盾的。

所以，花猫的话是真实的，花猫≥白猫，白猫捉的鱼不可能是1条……Ⅰ

假设黑猫的话是假的，黑猫小于花猫，花猫就是2条，所以黑猫就是1条。那么，白猫的话就成了假的，而且必须是白猫小于黑猫，这与Ⅰ相互矛盾，不可能。

所以，黑猫的话是真的，黑猫≥花猫，花猫捉的鱼不可能是2条……Ⅱ

根据Ⅰ，Ⅱ可知，可能性有以下两种：①白猫2条，花猫3条，黑猫3条；②白猫3条，花猫3条，黑猫3条。但在②的情况下，白猫和黑猫是同样的，但是，白猫又撒了谎，这是不可能的。所以，只能是第①种情况，即白猫捉了2条鱼，黑猫捉了3条鱼，花猫捉了3条鱼。

兔子的谎言

甲：2岁。

乙：4岁。

丙：3岁。

丁：1岁。

如果丙兔子说的话是假的话，丙就比甲年龄小，而且甲就是1岁，这是不可能的。

所以，丙兔子的发言是真实的，就是甲不是1岁，丙比甲年龄要大。

如果甲的发言是真的话，就是乙3岁，甲要比乙年龄大就是4岁，这与上面的分析是矛盾的。

所以，甲的话是假的，乙也不是3岁，甲比乙年龄要小。

根据以上分析，乙是4岁，丙是3岁，甲是2岁，剩下的丁就是1岁。

🔑 蔬菜拼盘

先按题干所给信息将四种蔬菜的营养含量进行初步排序：

甘蓝>菠菜，绿芥蓝>莴苣。

再验证各选项的正误：

A.因为甘蓝=绿芥蓝、绿芥蓝>莴苣，所以，甘蓝>莴苣；

B.因为菠菜=莴苣、甘蓝>菠菜，所以，甘蓝>莴苣；

C.因为甘蓝>菠菜、绿芥蓝>莴苣、菠菜>绿芥蓝，所以，甘蓝>莴苣；

D.因为甘蓝>菠菜、绿芥蓝>莴苣、绿芥蓝>菠菜，绿芥蓝与甘蓝、莴苣与菠菜之间没有大小关系，因此，无法得出甘蓝>莴苣的结论。

所以，正确选项是D。

🔑 超市盗窃案

根据他们提供的证词，可得出下面两种可能：

A

（1）乙说：甲没有偷东西。

（2）丙说：乙说的是真话。

（3）甲说：丙在撒谎。

B

（1）丙说：甲没有偷东西。

（2）乙说：丙在撒谎。

（3）甲说：乙说的是真话。

对于A而言，（2）支持（1）；而（3）否定（2），进而否定（1）。所以，供词就变成了：

（1）乙说：甲没有偷东西。

（2）丙说：甲没有偷东西。

（3）甲说：甲是有罪的。

显然，A是不可能的。

对于B而言，（2）否定（1），（3）肯定（2），进而（3）否定（1）。所以，供词就变成了：

（1）丙说：甲没有偷东西。

（2）甲说：甲偷东西了。

（3）乙说：甲是有罪的。

根据已知条件得知：假设"甲有罪"，那么甲说了真话且是有罪的，显然这是不可能的。

假设"甲没有偷东西"，那么甲是无辜的，且乙和丙都撒了谎，所以他们两个人必有一个人是有罪的。由于甲是无辜的，所以，乙就是盗窃者。

🔑 失窃的公文包

电力工程师在说谎。日本国旗是白底加太阳的图案，无所谓正反的区别，更别说出现挂倒这种事情了。所以，电力工程师根本没有重新挂国旗，他有足够的时间作案。

在大多数时候，只要根据严密的逻辑推理和正确的判断，就能顺利解决问题，需要注意的是，不要遗漏任何细节。

 卡洛尔的难题

不能。

由1知：标有日期的信——用粉色纸写的。由2知：丽萨写的信——以"亲爱的"开头。由3知：不是约翰写的信——不用黑墨水。由4知：收藏的信——不能看到。由5知：只有一页信纸的信——标明了日期。由6知：不是用黑墨水写的信——做标记。由7知：用粉色纸写的信——收藏。由8知：做标记的信——只有一页信纸。由9知：约翰的信——不以"亲爱的"开头。

综上所知：丽萨写的信——不是约翰写的信——不是用黑墨水——做了标记——只有一页信纸——标明了日期——用粉色纸写的——收藏起来——皮特不能看到。所以，皮特不能看到丽萨写的信。

 愚昧的贵妇

工匠师只要在水平一排的两端各偷走一颗钻石，再将最底下的一颗钻石移到最顶端，即可蒙骗贵妇。

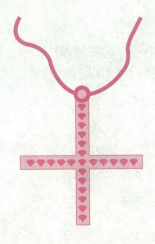

🔑 仙女和仙桃

西西最初有6个，吃了2个，剩下了4个；安安最初有7个，吃了1个，剩下了6个；米米最初有5个，吃了2个，剩下了3个；拉拉最初有4个，吃了2个，剩下了2个。

🔑 猜钻石

第一个魔球是红色的，第二个魔球是绿色的，第三个魔球是黑色的，第四个魔球是黄色的，第五个魔球是蓝色的。

🔑 楼梯上的凶案

管理员知道妮可是盲人，她从不乘电梯，每天都是走楼梯的，突然停电对她没有丝毫影响。倒是那男子整日乘电梯，突然停电，对他才会有影响。

分析类答案

🔑 转动的距离

小圆绕2圈的距离等于大圆的圆周长，因此答案为2圈。而内圈和外圈的答案相同，长度并不会因为换地方转动而改变。

🔑 天平如何平衡

三种。一边放15克，一边放7克和8克。一边放23克，一边放15克和8克。还有，就是不要放任何砝码。

🗝 各得多少分

甲的情况是可能的。因为6个飞镖都中靶，而总分又只有8分，因此不可能有一枚得5分以上，最多只有一枚得3分。这样其余5枚各得1分，即：8=1+1+1+1+1+3。而且这是唯一的答案。

乙的情况是不可能的。因为6枚飞镖都中靶，每镖最多得9分，$9 \times 6=54$(分)比56分小。所以，这是不可能的。

丙的情况是可能的，而且，有好几种可能性，即答案不是唯一的。从总分是28分，我们可以知道，最多有2枚是得9分的（如果有3枚得9分，共27分，其余3枚即使都得1分，也超过了28分）。所以，可能得到3种情况：9，9，7，1，1，1。9，9，5，3，1，1。9，9，3，3，3，1。

如果只有1枚得9分，这样又有6种可能的情况：9，7，7，3，1，1。9，7，5，5，1，1。9，7，5，3，3，1。9，7，3，3，3，3。9，5，5，5，3，1。9，5，5，3，3，3。

如果一枚9分也没有，又可得到7种可能得分情况：7，7，7，5，1，1。7，7，7，3，3，1。7，7，5，5，3，1。7，7，5，3，3，3。7，5，5，5，5，1。7，5，5，5，3，3。5，5，5，5，5，3。

所以，丙总分是28分的一共有16种情况。

丁的情况是不可能的，因为中靶的分数都是奇数，6个奇数的和一定是偶数，而27是奇数，所以不可能。

🗝 来自哪里

甲来自新德里，乙来自巴西利亚，丙来自罗马，丁来自华盛顿，戊来自费城。

🔑 走了多少米

简单地说，第一条线智者走了99米，第二条线走了98米，第三条线走了98米，第四条线走了96米，第五条线走了96米……最后一条线走了2米，所以，智者一共走了99+98+98+96+96+……+4+4+2+2=99+（98+2）×49÷2+（98+2）×49÷2=4999（米）。

🔑 现在是几点

1小时50秒。稍微动动脑筋就知道了，从11点的第一声响开始数似乎最费时了，但此时，听了11声响，小迪就以为现在是11点或12点，到下个点，如果钟响一下，就停了，则说明刚刚听到的就是1点；如果听到第二声响，那现在响的就是12点。小迪从11点的第二声开始听到钟声时，只听到10次，他不知道是10点、11点，还是12点。故在下个点开始响时，他不听完12次就无法确认现在是几点。小迪从11点的第三声开始听到钟声时，他必须听完下个点的钟声，此时，当然比从第二声开始听花的时间少。由上可知，从第二声开始计算，最多需1小时50秒。

🔑 怎样取回风筝

为了取回风筝，可先将40米长的拴船绳子，在中点处做一记号。假定船停泊在A处，见图，笑笑坐上小船，小丽拿着绳子的另一端绕着湖边行走，走到绳子绷直（即B处）时停下，此时两人相距40米，然后在岸上的小丽就用力拉绳子，使小船向小丽所在的B处靠拢，当停止时，小船前进了20米，并停在C处。接着，小丽拿着绳子继续绕湖边走，当她走到D处时，正巧小船与湖心礁石及小丽的立足点成一直线，此时拉绳，船必定经过礁石，船上笑笑便可俯身将礁石上的风筝取到手，然后小丽再将船拉回岸边。

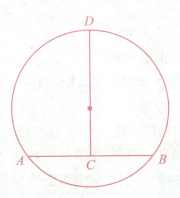

🔑 地毯的长度

其实，我们只需要把与楼梯构成直角三角形的地面长度和墙壁的高度测量出来就可以了，这两者之和就是所需地毯的长度。

因为每个台阶的高度之和就等于墙壁的高度，台阶的宽度之和就等于地面的长度，所以说只需要知道这两者就可以了。

🔑 灯泡的开和关

打开一个开关，过一会儿关掉，再打开另一个开关，接着马上走到乙屋里，亮着的灯泡开关就是第二次打开的开关。再用手摸两个没有亮的灯泡，因为其中一个开关事先打开了一会儿，所以有些余温，而它便对应第一个开关。剩下的开关就对应另一个没亮的灯泡。

🔑 机票的问题

甲买一张经由南极到B市的机票，乙买一张经由南极到A市的机票，当他们两人在南极相会时，把机票互换一下，这样他们只花了800美元就到了自己的城市。

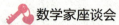 **数学家座谈会**

7个人一共有5040种排列方法。

而这3位有胡子的数学家坐在一起的情况一共有5种（如下图所示，B表示有胡子的数学家）。

对于这5种情况中的每一种，这3位数学家之间的排列方法为3×2×1＝6种。而没有胡子的数学家之间的排列方法为4×3×2×1＝24种。因此，这3位数学家坐在一起一共有5×6×24＝720种方法。

其概率为$\frac{1}{7}$（$\frac{720}{5040}$）。

B B B X X X X

X B B B X X X

X X B B B X X

X X X B B B X

X X X X B B B

 废挂历

挂历每月的日期一般分为5行书写，如果5行放不下，则把多出来的日期依次挤放在第5行下面。但是图中挂历把29日和22日如此放在一起是绝对不可能的。所以能断定挂历是废品。

 破损的钟

2点12分，如图所示。短针的一个刻度相当于长针的12分钟。当短针正好指到某一个刻度上时，长针所处的位置是0分、12分、24分、56分和48分，由此可以推断出结果。

 硬币的数量问题

如果能把不同类型的硬币平均分成4份、5份、6份（注意，把平均分的4堆中的2堆可以平均分成3份，另外2堆也一样可以分成3份，所以说可以分成6份），这样，每一种硬币至少有60枚。

 等分酒精

如果你仍用代数方式计算，那你受累了。因为从理论上说，无论来回倒多少次，都不能使烧杯A中的酒精同烧杯B中的酒精一样多。这个结论可以通过如下的分析获得。

一开始，烧杯A中的酒精浓度为0，当然小于烧杯B中酒精的浓度。以后，每次从烧杯A向烧杯B倒入溶液，A中的酒精浓度不变，而B中的酒精溶液是由一种浓度较低的酒精溶液（从A中倒来）和一种浓度较高的酒精溶液（原在B中的溶液）混合而成，它的浓度应介于这两个浓度之间，特别是应该大于A中的酒精浓度。每次从B中向A中倒入溶液后，B中的浓度不变，而A中的浓度则同样介于两个浓度之间而小于B中的浓度。因此无论怎么倒，烧杯A中的酒精浓度总是小于B中的酒精浓度。在这个过程中，烧杯A中的溶液重量最多为300克，烧杯B中的溶液重量最少为300克，故A中的酒精总是少于B中的酒精。

红球与白球

王子可以在盆里留1个红球，把另外9个红球倒入另一个盆里，这样一个盆里就只有1个红球，另一个盆里就有10个白球和9个红球。如果他选中了那个放1个红球的盆，选中的概率就是100%；如果选中放19个球的盆的话，摸到红球的概率是 $\frac{9}{19}$。

检查小球

在天平两端各放两个小球，次品的那端肯定重，然后在天平两端各拿走一个小球。如果这时天平是平衡的，那么刚才重的那端拿起来的小球是次品；如果天平还是不平衡，那么现在重的那端的小球就是次品。

跳绳比赛

D组实力最强，B组第二，A组第三，C组最弱。
由A+B=C+D，C+B<A+D，A<B，C<B，可得A+B−C=D，

B+C-A<D；所以C<A，B<D。综上可知C<A<B<D。

🔧 随机走步

掷36次硬币以后，他离起点的距离应该是6格。

这个人最终回到起点的概率是100%，尽管这需要经历相当长的时间。

一个非常有意思的问题就是："这个人从一边走到另外一边的概率是多大呢？"

由于题目中的路线是对称的，你很可能认为在一段随机走步中，这个人应该是一半时间在起点的一边，一半时间在另一边，答案却恰恰相反，这个人从起点的一边走到另一边的概率几乎为0。

🔧 手表上的谜

开始，乐乐假装深思熟虑，而实际上是随意点了7个数字，但是他点的第八个数字必定是12，第九个数字必定是11，第十个数字必定是10，以此沿逆时针方向按顺序点下去，当欣欣念到20并喊停时，乐乐点着的必定正好是欣欣最初默认的数字。不信，你不妨自己试试！

🔧 油桶交易

先从大桶中倒出5千克油至5千克的桶里，再把5千克桶里的油全部倒进9千克的桶里，再从大桶中倒出5千克油至5千克的桶里，接着把5千克桶的油将9千克的桶灌满。现在，大桶中有2千克油，9千克的桶已装满，5千克的桶里有1千克油。

之后再将9千克桶里的油全部倒回大桶，大桶则有11千克油。把5千克桶中的1千克油倒进9千克桶里，再从大桶中倒出5千克油到5千克的桶里；现在大桶中有6千克油，而另外6千克油也分换成两位主妇所需的1千克和5千克两份。

 奇怪的电梯

可以走遍所有的楼层。最少的步骤是19步，顺序如下：

1—8—16—5—13—2—10—18—7—15—4—12—1—9—17—6—14—3—11—19（见图）

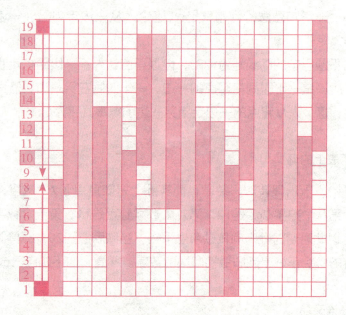

 黑暗中的手套

要解答这道题，首先要考虑到拿到的全部都是左手手套或者全部都是右手手套的情况。它们分别都有14只。

在这种情况下，如果拿15只一定会拿到一双手套。

但是可以做得更好。尽管是在黑暗中，还是能够通过触觉分清左右手套的。考虑到最差的情况，可以拿13只左手手套或者13只右手手套，然后再拿一只另一只手的手套。这样至少会有一对手套。也就是说，一共只需要拿14只手套就可以完成任务。

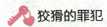

狡猾的罪犯

设35秒为一个时间单位。5道门两次开启的时间分别是3，2，5，4，1个时间单位，所以5道门同时开启的时间间隔是60个时间单位，即1，2，3，4和5的最小公倍数。盗窃犯穿过5道门的时间最多只允许有4个时间单位（2分20秒），否则会惊动警报器。只有在一种情况下盗窃犯才有可能逃脱，就是从第一道门开启算起，按顺序每两道相邻的门之间开启的间隔是一个时间单位。在警卫两次相邻出现的时间间隔内，即0和60个时间单位之间，5道门按顺序间隔一个时间单位连续开启的情况只在第33，34，35，36，37个时间单位内会出现，它们分别是3，2，5，4和1的倍数。所以，盗窃犯只要在警卫离开的第33个时间单位后穿过第一道门，以后每个时间单位穿过一道门，就能在第37个时间单位时逃脱。

凶案发生时间

作案时间是23点5分。

这是个看起来复杂其实很简单的问题。计算方法很容易，从最快的手表（23点15分）中减去快得最多的时间（10分钟）就行了。或者将最慢的手表（22点40分）加上慢得最多的时间（25分钟）也可以得出相同的答案。

礼服和围巾的问题

只需要检查"2件晚礼服、1条围巾"的盒子里装的是什么物品就行了。如果里面装的是3件晚礼服，那么"3条围巾"的盒子里装的就是"2件晚礼服、1条围巾"，另一个盒子里装的就是3条围巾；如果里面装的是3条围巾，那么"3件晚礼服"的盒子里装的就是"2件晚礼服、1条围巾"，另一个盒子里装的就是3件晚礼服。

兼职生活

如果按照正常计算，米兰和安瑞分别会卖得10元和15元，一共是25元。当安瑞带60只小鸡去集市时，每5只小鸡中，2只是自己的，3只是米兰的，这样直到把米兰的小鸡卖完。接下来，她开始卖自己剩下的10只小鸡。按理说，她自己的5只小鸡应该价值2.5元，但是，在最后两笔交易中她每次都损失了5角。所以，最终少了1元。

数字类答案

 数字卡片

129，把6变成9。

等式成立

（1）把62移动成2的6次方：$2^6 - 63 = 1$。

（2）将"−"与"="对调，使等式成为62=63−1。

数字城堡

4	6	11	13
9	15	2	8
14	12	5	3
7	1	16	10

梯形数塔

各行所乘的数是9，各行待加的数字分别为7，6，5，4，3，2，1，0。

字母算式

A=4，B=9，C=3。

移数字

将102改为10的2次方。

从规律中找到得数

由观察可知，A中的 $11^2=121$ ，$111^2=12321$ ，$1111^2=1234321$……据此类推，就可以得出：

$111111^2=12345654321$

$1111111^2=1234567654321$

$11111111^2=123456787654321$

$111111111^2=12345678987654321$

同理，B中的结果为：

$6666666^2=44444435555556$

$66666666^2=4444444355555556$

$666666666^2=444444443555555556$

神奇的加号

1.9+8+7+65+4+3+2+1=99；9+8+7+6+5+43+21=99

2.1+2+34+56+7=100；1+23+4+5+67=100

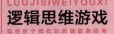
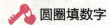
圆圈填数字

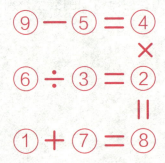

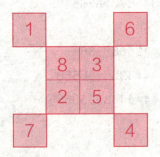
补充数字

♀ =12。

图形中左侧的1加2加3与4加6加8加3相差15，右侧的3加6加9与3加8加14加8相差15，所以1加4加7与2加6加♀加7也应相差15，7加8加9与6加14加♀加7也相差15。

和为18

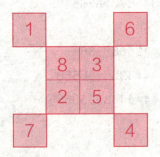

该填什么数字

3。互为对角的数字之和等于11。

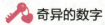 奇异的数字

会显示"666666"，其实诀窍就在于15873×7=111111。

🔑 创意的式子

(1+2)÷3=1

1×2+3−4=1

[(1+2)÷3+4]÷5=1

(1×2+3−4+5)÷6=1

{[(1+2)÷3+4]÷5+6}÷7=1

[(1×2+3−4+5)÷6+7]÷8=1

🔑 有趣的算式

2÷2+2×2×2=9

2−2+2×2×2=8

2×2×2−2÷2=7

2−2+2+2+2=6

2+2+2−2÷2=5

2×2×2−2−2=4

2÷2+2+2−2=3

2+2+2−2−2=2

2−2+2−2÷2=1

2−2÷2−2÷2=0

🔑 三个数

分别是1、2、3。1×2×3=6；1+2+3=6。

🔑 **重新排列**

如下图：

2	5	4	3	1
5	2	3	1	2
4	1	5	2	3
1	3	2	5	4
3	2	1	4	5

🔑 **抢30**

甲的策略其实很简单：他总是报到3的倍数为止。如果乙先报，根据游戏规定，他或报1，或报1、2。若乙报1，则甲就报2、3；若乙报1、2，甲就报3。接下来，乙从4开始报，而甲视乙的情况，总是报到6为止。以此类推，甲总能使自己报到3的倍数为止。由于30是3的倍数，所以，甲总能报到30。

🔑 **填数字**

每个"品"字形中数字的和都是19（如顶部5+5+9＝19），所以，问号处应该是19−8−4＝7。

🔑 **三重ABC**

111+999+888＝1998。

先看个位数，A+B+C的结果个位为C，就是说A+B＝10，并且A不能大于3（因为AAA，BBB，CCC的哪一个都不满1000，所以它们的和不可能到3000），所以A是1或2，那么B是9或8，然后加入等式看看：

111+999+CCC=1110+CCC=199C

看百位和十位，因为1+C=9，所以C=8，1110+888=1998（成立）。

222+888+CCC=1110+CCC=288C

看千位，因为是2，所以C只能是9，1110+999=2109（≠2889）。

还钱

认真审题，便可知道甲总账相当于借出300元，乙、丙、丁总账相当于各借入100元，那么要结清这笔账，只需要乙、丙、丁分别还100元给甲就可以了，所以，最少只需要移动300元。

水多还是白酒多

一样多。

因为两次从两个杯子中舀出的液体体积一样，所以都设为X。假设从第二个杯子中舀出的混合液中白酒所占体积为Y，那么，倒入第一个杯子中的水的体积为$X-Y$。因为第一次倒入水中的白酒体积为X，第二次倒回白酒杯子中的白酒是Y，所以留在水杯中的白酒体积为$X-Y$。所以，白酒中的水和水中的白酒一样多。

算算有几个人

是可以算出来的。有一个唯一的解法：

你只要记住，每条腿都数过了——凳子的腿、椅子的腿和人的腿！

这样，对于每张有人坐的凳子，有5条腿（三条凳子腿和两条人腿）。而每张有人坐的椅子都有6条腿。所以，5×（凳子数）+6×（椅子数）=39。

由此就很容易解出来了。最后算出有3张凳子、4张椅子和7个人。

🔑 聪明的海盗

512位。第一轮中被扔下船的人为1，3，5……599，第二轮中被扔下船的就是原来报2，6，10……598的人，以此类推，最后剩下512。其实，只要选择小于600的、最大的2的N次方即可得出答案。这种类型的题，不论题中给出的总数是多少，小于或等于总数的2的n次方的最大值就是最后剩下的数。

🔑 黑夜过桥

假设这四人分别为甲、乙、丙、丁。

甲、乙一起过桥用4分钟；

乙留在桥那边，甲返回用3分钟；

丙、丁一起过桥用9分钟；

留在桥那边的乙返回用4分钟；

甲、乙一起过桥用4分钟。

一共是4+3+9+4+4=24分钟。

你把所有可能的方案都列举一遍，就会发现这是最快的方案了。其实不用列举对比，掌握了方法就可以马上设计出最佳方案。解决这个问题的思路是：应该让两个走得最慢的人同时过桥，这样他们花去的时间只是走得最慢的那个人花的时间，而走得次慢的那个就不用另花时间过桥了。

🔑 真假钻石

这里有一个规律：无论从哪一颗钻石开始数起，每次拿走第17颗，依此进行，最后剩下来的，必然是最初开始数的第3颗钻石。

🔑 赔了多少钱

他损失的钱物是100元。这个问题的特点是不要把它想得太复杂了。

🔑 分金条

因为只允许两次弄断金条，那么我们先看看该怎么分才合理。

首先，由于是分两次弄断，就说明该金条被分成了三份。在分的过程中，我们要考虑到必须每天结束时给工人一段，那么第一天应得的是 $\frac{1}{7}$，所以其中一份必须是 $\frac{1}{7}$。

然后，我们考虑一下，剩下的 $\frac{6}{7}$ 我们该怎么分成两份，第二天工人也应该得到 $\frac{1}{7}$，两天他一共得到了 $\frac{2}{7}$。这时候，我们有两种分法：第一种是第二天再给工人 $\frac{1}{7}$；第二种是给工人 $\frac{2}{7}$，让工人找回 $\frac{1}{7}$。

显然第一种方法行不通，因为剩下的是 $\frac{5}{7}$，到第三天就没有办法了。所以，第二种方法可取，那么剩下的是 $\frac{4}{7}$，到第三天时，可以再给他 $\frac{1}{7}$，加上原先的 $\frac{2}{7}$ 就是 $\frac{3}{7}$；第4天给他那块 $\frac{4}{7}$，让他找回那两块 $\frac{1}{7}$ 和 $\frac{2}{7}$ 的金条；第5天，再给他 $\frac{1}{7}$；第6天给他 $\frac{2}{7}$，让他找回 $\frac{1}{7}$，和第2天一样；最后一天给他找回的那个 $\frac{1}{7}$，就可以了。

🔑 闹钟的时间

闹钟每小时慢5分钟，也就是闹钟走55分钟，相当于标准的60分钟。从早晨4点走到当天中午12点，闹钟走了 $60 \times 8 = 480$ 分钟，相当于标准时间$480 \times \dfrac{60}{55} = 523.6$分钟，即8小时43.6分。因为从早晨4点开始计算，所以，相当于标准时间12点43.6分。

🔑 点头的次数

共计400次，男员工之间点头90次，女员工之间点头90次，男员工和女员工之间点头200次，员工向领导点头20次。题目中，只说员工向领导点头致敬，并没有说领导也要点头。

🔑 蚂蚁调兵

14641只。

第一次：1+10=11(只)。

第二次：11+11×10=121(只)。

第三次：121+121×10=1331(只)。

第四次：1331+1331×10=14641(只)。

🔑 淘金者的时间

一只手表比另一只手表每小时快3分钟，所以经过60小时之后，它们的时间差为3小时。

🔑 解密码

不吃、不喝、不睡至少需要276.5天。

这是个排列组合题，5个圈上的字母全部组合一遍，次数是24^5，即7962624次，最快的操作以每次3秒钟计算，也需要276.5天。

🔑 分苹果

一开始最少有25个苹果。解题方法却是倒过来的。

1.假定最后剩下的两份为2个，即每份1个，则在小李醒来时共有4个苹果，在老张醒来时有7个苹果，而7个苹果不能构成两份，与题意不符。

2.假定最后剩下的两份为4个，即每份2个，则在小李醒来时共有7个苹果，也与题意不符合。

3.假定最后剩下的两份为6个，即每份3个，则在小李醒来时共有10个苹果，在老张醒来时有16个苹果，而大明分出的三份苹果中，每份有8个苹果。

🔑 天平分糖

很明显，7千克和2千克的砝码正常使用是无法按要求把糖分开的，要抓住盘式天平能等分物品的特性，予以利用。

这道题有多种分法，下面仅举一例：第一次把糖对半分开，每盘分别为70千克。第二次和第一次的分法一样，将第一次分开的两盘之中的一盘，即70千克，对半分开，每盘分别为35千克。第三次将7千克和2千克的砝码分别放到天平的两个盘上，同时，把35千克的糖也分开，放入两个盘里，使天平平衡，此时两盘里的重量（包括砝码）分别是22千克。这样，去掉砝码后，一盘里的糖是20千克，另一盘里的糖是15千克。再把这15千克的糖放到第二次称出的另一份35千克的糖中，变成了50千克，剩下的自然是90千克了。

🔑 糖果的数量

哥哥有糖果70颗，弟弟有糖果50颗。

从"如果我把我的糖果给你10颗，那么我们的糖果数量将是相等的", 可以看出哥哥比弟弟多了20颗糖果。

又由哥哥的话"如果你把你的糖果给我10颗, 那么我的总糖果数量将是你的两倍"可以看出, 在这种情况下, 弟弟再给哥哥10颗糖果, 哥哥的糖果的数量比弟弟多了30颗, 而这时弟弟的糖果比原来少了10颗, 所以, 此时哥哥的糖果实际是多了40颗, 此时, 哥哥的糖果数量是弟弟的两倍, 那么这多了的40颗就是其中的一倍。

因此, 可以知道弟弟的原来糖果数量是: 40+10=50 (颗) ;

所以哥哥的糖果数量是: 50+20=70 (颗) 。

 母鸡下蛋

母鸡能在格子里下12颗蛋。

 二马三牛四羊

根据条件, 可列出如下三个含有文字的等式:

2马+1牛=10000文 ①

3牛+1羊=10000文 ②

4羊+1马=10000文 ③

①式和②式等号两边分别相加, 等式仍成立:

2马+4牛+1羊=20000 ④

同样, ②式+③式, 得:

1马+3牛+5羊=20000 ⑤

把⑤式等号两边各乘以2，减去④式，得：

2牛+9羊=20000　⑥

仔细观察②式与⑥式，如果将②式乘以9，减去⑥式，就得：

25牛=70000

于是可得：

牛=70000÷25=2800(文)

把每头牛的价格代入①式，可得每匹马是3600文，从而得每只羊是1600文。

露西小姐的年龄

露西小姐24岁，她的小弟弟麦迪只有3岁。

自作聪明的盗墓者

盗墓者在说谎。假如100这个数可以分成25个单数的话，那么就是说奇数个单数的和等于100，即等于双数了，而这显然是不可能的。

事实上，这里共有12对单数，另外还有一个单数。每一对单数的和是双数——12对单数相加，它们的和也是双数，再加上一个单数，不可能是双数。因此，100块壁画分给25个人，每个人都不分到双数是不可能的。显然，自首的盗墓者说了谎话。

对调位置

对调"9"和"6"，那么黑色三角形上的3个数之和都能相等。即6+9+2 = 9+7+1 = 1+11+5 = 5+4+8 = 4+10+3 = 3+12+2 = 17。

身份验证

由于法官和律师的总数是16名，从①和④得知，律师至少9名，男法官最多6名。根据②得知男律师必定少于6名。根据③得知女律师少于男律师，所以男律师必定超过4名。因此，男律师正好是5名。由于男律师多于女律师，且律师总数不少于9名，所以有4名女律师、5名男律师。又因为男法官不能少于男律师，则男法官正好6名，这样还有一位就是女法官。因此16人中有6名男法官、5名男律师、1名女法官和4名女律师。如果说话的人是男法官，也就是说少一名男法官，则陈述②就错误；如果说话的人是男律师，也就是说少一名男律师，则陈述③就错误；如果说话的人是女法官，也就是说少一名女法官，则陈述④就错误。如果说话的人是女律师，也就是说少一名女律师，则4种陈述仍然成立。所以，说话的人是一名女律师。

几何类答案

 火柴游戏

如图所示：

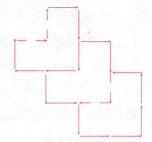

 变三角形

如图所示：

多变少

如图所示，只要将图转90度就可以很容易得出答案了。

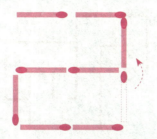

 1个变3个

利用三根火柴棒将长方形分成四等份就可以做出三个正方形。

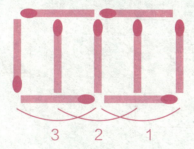

 倒转酒杯

如图所示：

🔑 三分天下

如下图所示。爱因斯坦把它分成了3个完全一样的"桥形"。

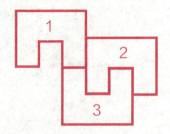

🔑 最短的路程

从A点爬到EF的中点M，再从M爬到G点。

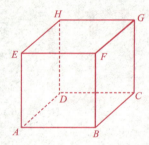
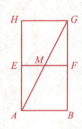

🔑 等分方孔图

有两种方法，如图：

(1)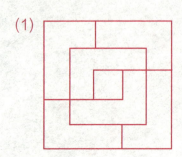

(2)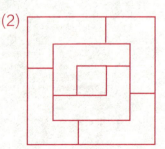

高斯解题

如图所示，共有3种拼法，其中A、B、D、F四块要翻过来用。

 九个点

如图所示：

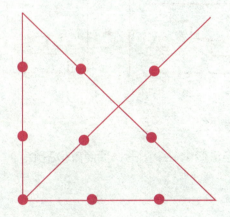

 几个正方形

最多可连成20个正方形。

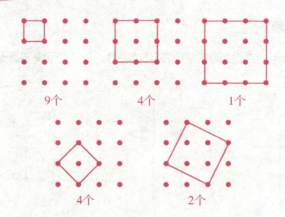

9个　　　　4个　　　　1个

4个　　　　2个

🗝 组成长方形

沿着红线进行切割。

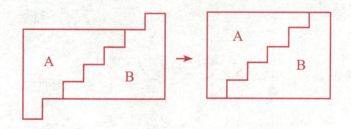

🗝 找规律，选图形

C。由左向右每变化一个图形，顶点就少三个。

🗝 拼图游戏

F。如图所示：

🔑 分割铜钱

铜钱上的孔为正方形，将铜钱切割成四块，每块应占有该正方形的一个边。围绕这个中心思考，才能找到解决问题的途径。可按下图中虚线所示进行切割。

🔑 消失的正方形

图1切割的5块图形中最大两块对换位置后，被那条对角线切开的每个小正方形都变得高比宽大了一点。这意味着此块大正方形不再是正统的正方形。它的高增加，使得面积也随之变大，而所增加的面积恰好等于空白方洞的面积。

🔑 替代图

C。如图所示：

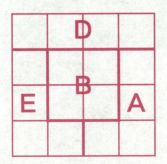

棋盘

如图所示：

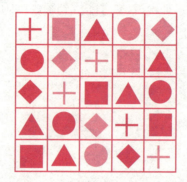

 小纸盒

D。不信你就折折看。

14个正三角形

如图所示：

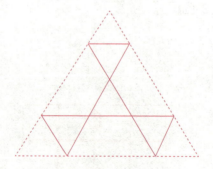

 开环接金链

只要打开3个环。

随意打开其中一个环，只需要将3个环和其他的金链首尾相接就能相连成一个金链圈。

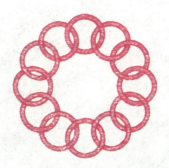

🔑 **填色游戏**

如图所示：

🔑 **角度排列**

所有的角都是90度直角，在人类的视觉反应中，右边第一个看起来要大一些，第二个则要小一些。

找伙伴

如图所示：

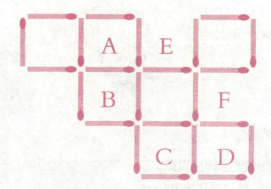 移动火柴

从A，B，C或D中的任意一个正方形的外侧移走2根火柴，使E和F分别组成正方形。

科学类答案

🔑 天平称盐

先在任意一头秤盘上放上去两个500克的砝码，另一头填上盐A使它平衡。然后，取下砝码以盐B代替砝码，使它再平衡。此时，盐B就是1000克。如果左右秤杆长度相等，那么盐A就是1000克。

🔑 哪个冷得快

温度高的一杯冷得快。这是姆潘巴现象。冷却的快慢不是由液体的平均温度决定的，而是由液体上表面与底部的温度差决定的，热牛奶急剧冷却时，这种温度差较大，而且在整个冻结前的降温过程中，热牛奶的温度差一直大于冷牛奶的温度差。上表面的温度愈高，从上表面散发的热量就愈多，因而降温就愈快。

🔑 硬币如何落下

在火柴棒上滴几滴水，使水分沿着木质纤维的导管渗进去。火柴弯曲处的纤维受潮后膨胀，火柴棒自然就会渐渐伸直。这样，硬币就会自动掉进瓶子里去了。

🔑 桶里究竟有多少水

要使桶内的水刚好是半桶，只需要把桶倾斜在使水刚好到达桶口边缘的程度，这时水面必须和桶底的最高点等高才行。因为桶的上下圆周所相对的点的连线，刚好把木桶分成两半，如果水不及半桶，那么，底的一部分就会露出水面，反过来说，假如桶内的水超过一半，那水面就会高过于底部。

识别纯金台秤

把所有台秤倒置过来，摆针由纯金制成的台秤所显示的刻度会与其他秤不同。纯金制的摆针比其他摆针要重。当开始考虑怎样才能找出台秤的基座部分的重量差异的时候，就已经找到通向答案的途径了。

为何装锌块

由于船壳是铁的，装上锌块就形成了原电池，锌比铁活泼，因此被腐蚀的将是锌而不是铁了。

杯底不湿

把杯子倒着放进水里，此时由于杯中充满空气而产生压力，使得水不能流进去，杯子底部也就不会弄湿。

装蜜蜂的瓶子

重量是一样的，称得的重量取决于瓶子和其中装的东西，而这些并不改变。当蜜蜂在飞时，它们的重量被气流传递，作用在瓶子上，尤其是翅膀扇出的向下的气流。

弹簧的平衡

如果把50千克或100千克的砝码挂在弹簧上，指针仍旧将指向100千克，因为挂上去的砝码产生的力会抵消绳子上相应的拉力。当重量超过100千克的砝码被挂上去后，绳子就会松掉，指针的读数将和挂上去的砝码的实际重量相同。所以当挂上一个150千克的砝码后，指针将指向150千克。

四金砖

因为四块金砖全是用24K黄金打造的，比重相同，所以它们的重量之比等于体积之比。计算表明：

$3^3+4^3+5^3=27+64+125=216=6^3$。

由此可见，最大正方体的体积，恰好等于另外三个体积的和。

所以，最简便的方法是：将最大的一块金砖给一个儿子，其余三块给另一个儿子，就实现了平均分配。

在风中飞行的飞机

由于风速不变，因此，飞机在顺风时受到的推力，和在逆风时受到的阻力是一样的。这使人容易得出结论：飞机在有风但风速不变的情况下往返航程所需的时间，和无风速时相比保持不变。

但这个结论是错误的。上述思考有一个重要的忽略，即飞机在顺风时飞完一半航程所需的时间比在逆风时飞完另一半航程所需的时间少。也就是说，在往返航程中，飞机有更多的时间是在逆风中航行，因此，飞机在有风但风速不大的情况下往返航程所需的时间，比无风速时要更多。

解答思路为：设飞机的速度为 v，A、B之间的路程为 s，风速为 a，则无风时飞机往返所需时间为 $\dfrac{2s}{v}$，

有风时飞机往返所需时间为 $\dfrac{s}{v+a}+\dfrac{s}{v-a}$，

$$\dfrac{s}{v+a}+\dfrac{s}{v-a}=\dfrac{s(v-a)+s(v+a)}{(v+a)(v-a)}=\dfrac{2vs}{v^2-a^2}=\dfrac{2s}{v}\times\dfrac{v^2}{v^2-a^2}$$

所以，只需要比较 v^2-a^2 与 v^2 的大小。显而易见，$v^2>v^2-a^2$，分母越大，分数越小，所以无风时所用时间少于有风时所用时间。

环球旅行

没道理。飞机越过南极和北极之后，会改变方向。

古堡奇案

午夜，只见一团团黑影从古堡顶部飞下来，向猴子猛扑过去，只听苏醒过来的猴子一声惨叫，彼特利克迅速收紧了渔网，古堡内又静了下来，彼特利克在铁箱里安安稳稳地睡了一觉。次日早晨，他从古堡里胜利走出，被欢呼的人群团团围住。他指着渔网说："凶手就在里面，它就是这种奇特的红蝙蝠，长着像钢针一样锋利的嘴，夜间出来觅食，乘人畜不备，瞬间能将尖嘴插入人和动物的大脑，吮吸脑汁，可立即致死人命。由于红蝙蝠具有这种杀人绝招儿，所以，难以在死者尸体上找到伤处。"

当局正要论功行赏，老人拿出了证件。原来这位"乞丐"正是英国剑桥大学著名生物学教授汤恩·维尔特。他观察古堡研究红蝙蝠已经20多年，这才一举破了神秘古堡的百年疑案。

阿基米德的巧计

阿基米德叫大家拿起镜子，千万面镜子把阳光集中反射到一个点——敌船的风帆上，使这个点温度迅速升高，上过油的风帆很容易就起火燃烧了。

面不改色的阿凡提

水面不会升高，因为冰块融化后水的体积正好等于它排开水的体积。

偷古钱的猫头鹰

猫头鹰抓住小鸟或老鼠后是整个吞食的，然后再把消化不了的骨头吐出来。格罗德在食饵肉中夹上三枚古钱喂了猫头鹰，猫头鹰是整吞的。第二天早晨，猫头鹰吐出不消化的古钱，格罗德将它们藏起来，然后再杀了猫头鹰，并剖腹检查好证明自己的清白。

泄密的玻璃杯

根据口供，露丝和卡罗喝的都是冰镇饮料，而刘易斯喝的是白开水。在炎热的天气里，冰镇饮料会让杯子外表面迅速结出一层水珠，这样死者留下的指纹就应该是模糊的。而常温下手触碰杯子后留下的指纹应该是清晰的。所以，死者最后见的人是刘易斯，由此推断凶手是喝了白开水的刘易斯。

最后的弹孔

最后一枪的弹孔是C。后发射的子弹射在玻璃上的裂纹被前面击碎的玻璃裂纹挡住停下。因此按顺序查看，便可得知子弹发射的顺序是D，A，B，C。

智拿小偷

封条上的糨糊是刚刚刷上去的，如果揭开，一定会沾到手上，而糨糊的主要成分是淀粉，碰到碘酒会变成蓝色。波洛正是利用了这个简单的科学原理，轻而易举地让偷窃者交出了祖母绿。

综合类答案

 猜牌

通常的反应是翻转有三角形的牌和有条纹的牌，然而正确的答案是需要翻转有三角形的牌和有点的牌。如果你翻转有点的牌而背面是三角形，这人的话就是假的；翻转有条纹的牌发现正方形或翻转有正方形的牌发现条纹并不证明什么。

这里混淆之处在于"所有有三角形的牌背面都是条纹"这句话和"所有有条纹的牌背面都是三角形"是不一样的。

多余的第四个

本题要找出多余的第四个，不但要求有概括的思维能力，同时还要求有一定的适度能力。如第一组中，假如把它们概括为"吃的东西"，当然没错。但经过观察，发现其中的苹果、梨、橘子只需要概括至"水果"就可以了。这样，没有水果属性的西红柿，就是多余的第四个了。所以答案是有，分别如下：

第一组中，苹果、梨、橘子为水果，多余的第四个为西红柿，它是蔬菜。

第二组中，刮脸刀、剪刀、铅笔刀为刀具，多余的第四个是铅笔，它是书写工具。

第三组中，斧子、电锯、电钻是木匠工具，多余的第四个是钉子，为钉接物。

第四组中，小号、大号、萨克斯管为管乐器，多余的第四个是小提琴，为弦乐器。

🔑 巧算数字和

第一组数字之和和第二组数字之和相同。

两组数字均由1，2，3，4，5，6，7，8，9组成，只是各数字出现的顺序不同罢了。

如果注意力一开始就被"数字之和"所吸引，思维就会忽略问题的关键。思考问题时，不被无关细节干扰，直接抓住问题的关键，这也是思维灵活的一种表现。

此题考查了对事物从不同层面、不同角度进行观察。对同一事物，从不同的角度加以观察、思考，人们可以看到它的不同方面，并对这些方面进行综合，从而得到对事物的全面性认识。

🔑 12的一半

把罗马数字12（ⅩⅡ）拦腰切成两半，就成了两个罗马数字7（Ⅶ）。

🔑 合理分钱

每个人500元。因为农场主让"甲、乙各承包一半的土地"，所以，他们开垦和种植的土地的面积是一样的。

🔑 听纸知字

H先生先偷偷地把A女士的纸条放在所有纸条的最下面。他第一次拿起来"听"的是另外一位女士的纸条，但他把它当作A女士的"听"出来，再拆开看时，就知道第二位女士写的是什么了。当拿起第二张纸条时，就把刚才看到的那张纸上的字"听"出来，然后又拆开看，看后又拿另一张来"听"，"听"后又把刚才看到的字说出来。就这样一张张"听"下去，最后才拆开A女士的，结果就全

"听"对了。

🔑 一个关键的指纹

这是一道测试你阅读是否够仔细的题目，如果你粗心大意的话，可就犯下和汤姆一样的错误了。欧文斯是按门铃进来的，所以，门铃按钮上还留有一个指纹，而警察敲门进来的原因，就是不破坏这最后一个没有被清除掉的指纹。

🔑 小偷的选择

从选择心理上讲，在竞争性的互动选择中，每个人都希望自己受益最大。每个小偷选择的结果——是当场释放还是被判刑（10年、5年、半年），不能想当然地只考虑自己的困境，同时也要考虑另一个小偷的困境。任一小偷的最佳选择，不仅取决于自己的决定，还取决于另一个小偷的决定。这就涉及博弈论问题和意志自由的问题。

首先，小偷如何选择，必须符合博弈论的原理。所以，在小偷的选择中，每一个小偷如何确定自己的策略选取，只能从另一个小偷的各种选择策略分析中，"归纳地"得出在任何情况下，自己的最佳选择是什么。

其次，小偷如何选择，也必须受合乎理性的意志自由地支配与调节。

虽然小偷完全可以按照自己的意志，决定"坦白"或者"不坦白"。从这个意义上说，小偷的意志也是自由的。但是，诚如前述，意志的自由，并不等于说意志是随意的。意志自由必须是合乎理性的自由，意志的选择必须合乎事物之间的普遍联系。因此，小偷的选择也必须符合意志对于意识的调节作用。

所以正确答案是：这两个小偷都将做出"坦白"的选择。

🔑 见面分一半

小猴子原来有94个桃。

🔑 小花猫搬鱼

把盘子分别编号为甲、乙、丙、丁。

1.先取出甲、乙盘中的各一条鱼放在丙盘中。

2.再把甲、丙盘中的各一条鱼放到乙盘中。

3.再把甲、丙盘中的各一条鱼放在丁盘中。

4.把乙、丁盘中的各一条鱼放到甲盘中。

最后，把乙、丁盘中各剩下的一条鱼都放到甲盘中。

🔑 单只通过

由一只蚂蚁把沙粒拉出凹处，放在通道里；然后，另一只蚂蚁进入凹处；再由那只蚂蚁推着沙粒过凹处后暂停；然后，另一只蚂蚁爬出凹处，沿通道爬走；最后，那只蚂蚁将沙粒拖回凹处，自己走开。

🔑 美酒和毒酒

数学家应该问他们中任意一个："请告诉我，另一个士兵将如何回答他手里拿的是美酒还是毒酒这个问题？"

如果这个士兵回答的是："他说他手里拿的是毒酒。"事实上另一个人手里拿的肯定是没有毒的酒；如果这个士兵说另一个士兵会回答他手里拿的是没毒的酒，事实上手里拿的肯定是毒酒。

原因是两个人中有一个说真话一个说假话，现在让一个士兵传达另一个士兵的回答，所说的一定是假话。

巧移棋子

第一步：把第一行的7枚棋子移到第二行。如下图：

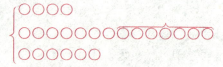

第二步：把第二行中的6枚棋子移到第三行。如下图：

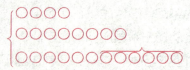

第三步：把第三行中的4枚棋子移到第一行。如下图：

邮票的面值

将题干条件形式化：

1.A=2B；

2.B=4.5C；

3.C=0.5D；

4.D=0.5E。

条件2可改为：2B=9C。

条件3可改为：D=2C；4.5D=9C。

条件4可改为：E=2D；2.25E=4.5D。

综合上述各条件关系，可将它们整理为

A=2B；

2B=9C；

9C=4.5D；

4.5D=2.25E。

由此可得：A=2B=2.25E=4.5D=9C。

所以，这五枚邮票的面值由大到小的排列顺序为：A，B，E，D，C。

🔑 分月饼

此题需逆向思考。最后一个同学取走的月饼数目应与全班的人数相同。他前面一个同学取走全班人数减1块月饼和剩余月饼的 $\frac{1}{9}$。由此可知最后一个同学得到的是剩余月饼的 $\frac{8}{9}$。即，在最后一个同学取月饼的时候，剩余月饼应是8的倍数。

假设最后一个同学取走的是8块月饼；那么，全班共有8个同学。第7个同学取走7块月饼再加上剩余9块月饼的 $\frac{1}{9}$ 共8块月饼。第7、第8个同学一共取走16块月饼，这应该是第6个同学取走6块月饼后剩余月饼的 $\frac{8}{9}$。我们可以得到第6个同学取走6块月饼后剩余的月饼数为 $16 \div \frac{8}{9} = 18$。第6个同学取走的月饼数为 $6+18 \times \frac{1}{9} = 8$。

第5个同学取走5块月饼后剩余月饼的 $\frac{8}{9}$ 为8+8+8=24块。则第5个同学取走5块月饼后剩余的月饼数为 $24 \div \frac{8}{9} = 27$块。第5个同学共取走5+27×$\frac{1}{9}$=8块月饼。

第4个同学取走4块月饼后剩余月饼的$\frac{8}{9}$为8+8+8+8=32块。则第4个同学取走4块月饼后剩余的月饼数为32÷$\frac{8}{9}$=36块。第4个同学共取走4+36×$\frac{1}{9}$=8块月饼。

第3个同学取走3块月饼后剩余月饼的$\frac{8}{9}$为8+8+8+8+8=40块。则第3个同学取走3块月饼后剩余的月饼数为40÷$\frac{8}{9}$=45块。第3个同学共取走3+45×$\frac{1}{9}$=8块月饼。同样，第2、第1个同学也分别取走8块月饼。

综上所述，每个同学都取走8块月饼。因此，共有8个同学，64块月饼。

聪明孩子 都在玩的脑筋急转弯

逻辑思维游戏

判断专家

思考力

 记忆力

创新力

时间岛图书研发中心◎编著

 想象力

观察判断力

北京时代华文书局

逻辑思维，开启智慧之门的金钥匙。

前 言
QIAN YAN

　　判断能力，对任何人来说都是重要的。准确的判断，有利于我们掌握事物的发展趋势，并做出正确的决策。当我们对自己的生活、工作、学习等各方面的事情都有了准确的判断后，就会透过一切扑朔迷离的现象，清晰地看到事物的本质，并因此而做到明察秋毫，运筹帷幄！

　　为了提高广大青少年的判断能力，我们组织编写了本书。我们相信，广大青少年朋友在阅读了本书以后，判断能力一定会得到很大的提升。但是大家也应该明白，判断能力的培养并不是一朝一夕的事情，也不是看一本"思维游戏"就可以大功告成的。所以，广大青少年朋友还应在生活中养成良好的思维和行为习惯，这样才能最大限度地提升自己的判断能力。

　　首先，做好准备。不打无准备之仗，不做无把握之事，做好充分的准备工作是我们做任何事情的前提，是一切事情成功的关键。你是不是一个有主见的人，这与你是否具有充足的自信是分不开的。除了充足的自信，还要勤于思考和善于调查研究，这对于我们是否能够准确判断是至关重要的。心急吃不了热豆腐，判断需要一个过程，"事情总会水落石出"，我们应该坚信这一点。

其次，搞清楚眼前的事情。生活中，因为面对的事情纷繁芜杂，所以我们必须弄清楚眼前的事情，厘清乱麻，才能找到出路。要搞清楚眼前的事情，就要从自己的实际情况出发，认真分析，抓住本质，对事情深思熟虑，然后才能做出判断。凭冲动去做事情，急于求成的做法是不可取的，也是行不通的。

再次，纵观事物的形成过程和发展趋势。从哲学上讲，凡事都有前因后果。事物的发生、发展都有一个合乎逻辑的过程。在生活中，我们不但要学会善于了解，还要学会全方位地认识事物，对事物的形成过程仔细观察、认真研究，有利于对事物的发展趋势做出准确的判断。

最后，养成综合看问题的习惯。辩证唯物主义要求我们，全面看待问题、分析问题。只见树木，不见森林的人永远无法了解森林的全貌。世界上的一切事物都不是孤立存在的，它们彼此之间存在着千丝万缕的联系。我们只有对事物进行综合分析，把一切有联系的因素都考虑进来，然后详加分析、考察、比较，再做出判断，才会使事物的本质清晰地呈现出来。

目　录

MU LU

PART TWO　　观察判断能力

PART THREE　　分析判断能力

PART FOUR 逻辑判断能力

PART FIVE　类比判断能力

PART SIX　综合判断能力

PART SEVEN　　参考答案

PART ONE

直觉判断能力

口中的烟

难度等级 ★★☆☆☆

居住在印第安人保护区的酋长卡马霍克是个大烟鬼，一天到晚烟不离口。

有一次，他应邀访问了位于加利福尼亚的一家石油冶炼厂。宽大的厂区里，到处都挂着"禁止吸烟"的牌子。然而，在整个参观期间，他一直是烟不离口。陪同的导游人员大概是出于客气，一直都不制止他。

在严禁烟火的石油冶炼厂中，这种事有可能吗？

奇怪的公路

　　曾开汽车周游了全世界的小李，说了这样一句话："我试着跑遍了A国的所有公路，很明显，该国公路的左转弯比右转弯多。"

　　你说会有这种事吗？

鸡蛋不破

　　你拿一个生鸡蛋，让它自由下落。在地上没有任何铺垫物的情况下，你能够使鸡蛋下落1米而不破吗？

还剩几只兔子

　　一天，猎人张老爹带着猎枪来到山里打猎。找了半天，终于在一片草丛里发现了9只兔子。张老爹不慌不忙，拿起猎枪"砰"的就是一枪。结果当场打死了一只，还有一只奄奄一息了。

　　那么请问，此时还剩下多少只兔子？

哪个星球

难度等级 ★★☆☆☆

　　一个晴朗的夜晚，小刚和小美坐在屋顶上看星星。这时，小刚指着夜空说："小美，有这样一个星球，当你扔出一块石头后，在没有碰到任何障碍物的情况下，石头只在空中飞行了一段距离后就在半空中停顿，然后再向你的方向飞回来，猜猜这是哪个星球？"

　　读者朋友们，你也来猜猜吧！

火车的位置

难度等级 ★★☆☆☆

　　一列满载的火车，从沈阳开到山海关需要7个小时。那么，在乘客只有一半的情况下，列车行驶3个小时，这列火车应该在什么地方？

剩下的蜡烛　　难度等级　★★☆☆☆

一个停电的夜晚，大岛先生点燃了8根蜡烛照明。但是突然吹来的一阵风把两根蜡烛吹灭了。过了一会儿，又被风吹灭了一根。大岛先生便把窗子关好。这样，剩下的蜡烛就没有再被吹灭的了。

那么，请问最后能剩下几根蜡烛？

空水壶　　难度等级　★★☆☆☆

有这样一个水壶，装得满满的时候足有8千克重。按照我们正常的喝法，一口只能喝半杯。可是小明却说他能在10秒钟内就把水壶变空，请问他能做到吗？

羊吃草　　　　难度等级 ★★☆☆☆

　　放羊娃牵着羊来到一棵树下，他用3米长的绳子拴住羊脖子，让它在树下吃草，自己就割牧草去了。他把割来的牧草放在离树5米远的地方，又去继续割，但是，等他再回来时，羊却把他割好的牧草吃光了。当然，绳子很结实，也没有断，更没有人解开它。

　　你知道羊是怎样吃到牧草的吗？

奇怪的价格　　难度等级 ★★☆☆☆

　　小兰在一个饭店吃某种东西，吃2个30元，吃4个60元，但吃12个是120元。

　　饭店是怎么计价的？

奇怪的礼物

难度等级 ★★☆☆☆

　　小明和小涛是最要好的朋友。今天是小明的生日，小涛兴冲冲地来小明家参加他的生日宴会，并送给小明一件他渴望已久的礼物。小明高兴极了。谁知，小明把礼物突然扔在地上，还加了一脚。小涛见了，不但毫不生气，反而喜不自禁。

　　请问，这究竟是怎么回事？

胡萝卜汁哪去了

难度等级 ★★☆☆☆

　　农场主亚历山大的家里总是有很多刚榨的胡萝卜汁。他的儿子汤姆是个淘气包。一天，汤姆把一罐胡萝卜汁倒向站在窗外的弟弟约翰。胡萝卜汁像一条线一样准确无误地落在约翰的头上。但奇怪的是，约翰的头上和身上都没溅上一滴胡萝卜汁，地上也没有胡萝卜汁溅落的痕迹。

　　你说会有这种事吗？

水手

难度等级 ★★☆☆☆

一个小伙子一进餐厅，服务生小丽就对他产生了兴趣。在小伙子结账的时候，小丽总算找到了机会接近他。

让小丽更兴奋的是，她发现小伙子在账单的背面画了一个三角形。在三角形的底下，还写了一个算式：19×2=38，这当然与账单无关。

小丽冲着小伙子嫣然一笑道："我看你是个水手。"

那么，小丽怎么会知道他是水手的呢？

汽车大赛

难度等级 ★★★☆☆

一年一度的国际汽车大赛就要开始了。比赛中，汽车总是沿着一定方向奔驰的，所以汽车内侧的轮子和外侧的轮子所跑的距离是不同的。如右图所示，假设现有一条直径为50米的圆形跑道，内侧与外侧轮子间的宽度为2米，则汽车跑一圈，外侧的轮子比内侧的轮子多跑约12.56米。

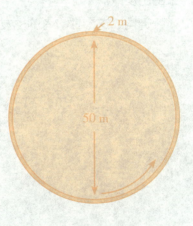

如果这是条直径为500米的圆形跑道，那么跑一圈，外侧的轮子比内侧的轮子多跑多少米？

喝咖啡　　　　　　　　　　　难度等级 ★ ★ ☆ ☆ ☆

　　客人来到一家餐厅，要了一杯咖啡，当喝到一半时又兑满开水；又喝去一半时，再次兑满开水；又经过同样的两次重复过程，最终喝完了。

　　请计算这位客人一共喝了多少杯咖啡。

寻找出发点　　　　　　　　　难度等级 ★ ★ ☆ ☆ ☆

　　有一个探险者，从某个地点出发，朝南走了1000米，接着朝东走了1000米，再接着朝北走了1000米，结果发现自己回到了原来的出发点。

　　请问，这个探险者的出发点是在什么地方？

猜准扑克牌　　　　　　　　　难度等级 ★ ★ ☆ ☆ ☆

　　每副扑克牌的背面都是一模一样的。现在有一张扑克牌背面朝上扣在桌面上。下面来猜测这张扑克牌的正面。

　　你能想出一个一猜就中的方法吗？

奇怪的交通工具　　　难度等级　★★☆☆☆

　　小赵和几个人一块乘坐某种交通工具，周围的人都说："哇，真勇敢哪！"可中途，其他人都陆续下去了，只剩小赵和另一个人。小赵下来时，周围的人都说小赵"你太不勇敢了"。

　　请问，小赵乘坐的究竟是什么交通工具呢？

谁的照片　　　难度等级　★★☆☆☆

　　王强既没有兄弟，又没有姐妹。有一天，他看着一张照片发呆。他的一个朋友问他："你看的是谁的照片？"他如实回答："照片上的男人的父亲，是我父亲的儿子。"

　　他看的是谁的照片？

圣彼得堡的飞艇

难度等级　★ ★ ☆ ☆ ☆

　　一架飞艇从圣彼得堡起飞，径直向北飞行。在向北飞了500千米以后，飞艇转弯向东飞，在这个方向上飞了500千米。然后飞艇转向南，飞行500千米后，又转弯向西飞行500千米，就降落到地面上了。请问飞艇是否降落到原出发点？

　　你一定会说："向前走500步，向后走500步，再向右走500步，再向左走500步，我们一定能回到出发的地方。"

　　你认为上面这个问题的答案是这样的吗？

妈妈的好办法

难度等级　★ ★ ☆ ☆ ☆

　　丁丁和当当兄弟俩每天放学回来都要吃零食。一天，妈妈为他们准备的零食是1根香蕉（净重150克）、1个苹果（380克）和8颗草莓，哥俩回来一人一半。没想到，今天放学后，他们还带了一个同学回来。

　　那么原来准备好的两人分的东西能不能等量地分给3个人呢？

孤独的沙漏　　　难度等级　★★☆☆☆

科学院的宇航员杨先生有一个习惯，每天早晨刷牙用时1分钟，时间则靠沙漏计时器控制。可是有一天，杨先生要出差一周，于是他嘟囔道："这回用不上沙漏计时器了，真扫兴。"

沙漏计时器体积小，重量轻，携带方便，可是杨先生为什么不带上它呢？

神枪手　　　难度等级　★★☆☆☆

猎人老田有一支质量相当好的猎枪，卖枪人说这种枪的最大射程是600米。可是，用了这么多次，到目前为止，这支枪的子弹还从没有射过那么远。也就是说，不论是对空射，还是在大平原上射，子弹都没有飞出600米远过。

这究竟是为什么呢？

用何种语言

难度等级　★ ★ ☆ ☆ ☆

在瑞士居住着讲德语、法语、意大利语、罗马尼亚语等语言的国民。有一次，4个中国人到瑞士旅游。4人中，A会讲罗马尼亚语和德语，B会讲德语和法语，C会讲法语和意大利语，D会讲西班牙语和英语。他们来到某个地方，那儿有一块写着罗马尼亚文的广告牌。A看了后用德语转告了B。

请问，B能把广告牌上的意思转告给C和D吗？

奇怪的钟

难度等级　★ ★ ☆ ☆ ☆

小威家的钟坏了，爸爸请来一位朋友修理。修完后过了12小时，确认这个时钟已完全修好。之后，又过了3小时，发现时钟只走了15分钟，但并不是时钟停了。

你知道到底是怎么回事吗？

骆驼商队

难度等级　★★☆☆☆

　　沙漠中有一支骆驼商队，人们把体弱的骆驼放在队列的中间，强壮的骆驼位于队列的前头和末尾。然而由于难以区分这些骆驼，人们就在骆驼身上按1、2、3…的顺序打上烙印。打烙印时由于疼痛，每头骆驼叫唤5分钟。

　　如果这支商队由10头骆驼组成，假设叫唤声不重叠，最少要听到多少分钟骆驼的叫唤声？

买剪刀

难度等级　★★☆☆☆

　　一天，一个哑巴来到商店买钉子。他先用右手食指立在柜台上，然后左手握拳做出向下敲击的动作。售货员给他拿来了一把锤子，哑巴摇了摇头，于是售货员明白了原来他是要买钉子。哑巴买了钉子后高兴地走了。不一会儿，商店又来了一个瞎子，他打算买一把剪刀，请问他应该怎么做才能让售货员明白？

画中的窗户

难度等级 ★★☆☆☆

A先生是著名的画家。这一天电视台正在实况转播A先生创作大型风景画的全过程，突然画中的窗户打开了，露出一个人头来。

请问，可能出现这种情况吗？

沉船逃生

难度等级 ★★☆☆☆

一艘客船在海上遇难，20分钟后将会沉没。船上有乘客20名。船长命令用唯一的一艘定员5人的小艇载乘客到附近的无人岛上避难。小艇到无人岛的往返时间是9分钟。附近海里有吃人鲨出没，不能游泳渡海。那么最终将有15人能顺利获救。

你觉得这个说法对吗？

智取跳板   难度等级 ★★☆☆☆

在两处相隔8米远的地点，同时建了两幢距地面高度为80米的高层建筑。现在，在一幢楼顶上作业的建筑工人将一块2米长的跳板忘在了另一幢楼的楼顶上，他的脚下只有一个5米的木梯子和一根2米的绳子，此外什么也找不到。两幢楼的楼顶都很平坦，上空却刮着风速为30米/秒的大风。但是，这个建筑工人却轻而易举地把忘在对面楼顶上的跳板搬了过来。

你认为这种事情可能吗？

是否高兴   难度等级 ★★☆☆☆

西乡先生走在路上捡到了500元钱，旁边的路人说道："恭喜啊，意外之财。"但是西乡先生却说："我一点儿都不高兴。"走着走着，西乡先生又捡到了200元钱，这次他自己就说了："我很高兴。"虽然两次捡到的钱都是真的，但是西乡先生为什么两次的态度不同呢？

赛马

难度等级　★ ★ ☆ ☆ ☆

　　有甲、乙、丙、丁4匹马赛跑，它们共进行了4次比赛。结果是甲快乙3次，乙又快丙3次，丙又快丁3次。很多人会以为，丁跑得最慢，但事实上，丁却快甲3次，这看似矛盾的结果可能发生吗？

哪座钟坏了

难度等级　★ ★ ☆ ☆ ☆

　　在某城市，有10座钟发生故障，时快时慢时，就会有10个人到钟表店修理坏钟。在同一城市，当5座钟发生同样故障时，就有5个人到钟表店修理坏钟。可是仍在同一城市，只有1座钟发生故障时，却有无数的人来到钟表店里修理钟表。

　　请问，这到底是怎么一回事？

奇怪的折纸

难度等级 ★★☆☆☆

　　小林把一张细长的纸折成两半，结果一边比另一边长了1厘米。反过来重折一次，这次是另一边长了1厘米。

　　那么，这张纸正中折起的两条痕迹的间隔应该是几厘米？

鱼饵

难度等级 ★★☆☆☆

　　小明的爸爸很喜欢养鱼。在他家透明的水缸里，漂亮的鱼儿游来游去快乐极了。不过，小明却发现了一件百思不得其解的事：水缸里有两种鱼，可是爸爸每次只买一种鱼吃的饵料。

　　这是为什么呢？

神秘之物

难度等级 ★★☆☆☆

　　有一个东西，它一旦消失，9天之内再不会出现；当下一次再消失时，又在2天后出现，然后又消失；之后，一般是10天后再现，一年只有一次是8天或9天后再现。这个东西就在我们身边。

　　请问，它是什么？

外星人的描述

难度等级 ★★☆☆☆

外星人在观察了地球人的生活工作状况之后，说了这样一番话："在纸上打个眼，而且同时为了便于知道这个眼在什么地方，就在它周围用线圈起来，这真是神奇的工具呀……"

你知道外星人到底在描述什么东西吗？

简易计量法

难度等级 ★★☆☆☆

这里有一个有100cc刻度的药瓶，里面装有100cc的药水，我们不知道瓶中的空隙还能装进多少药水。

请问，不借助任何工具，怎样才能知道药瓶还能装入多少药水？

高兴的事   **难度等级** ★★☆☆☆

一天，安田先生在收拾抽屉的时候找到了一个以前买的东西。虽然从来没有用过，但是这个东西却已经过期了。安田先生买的时候花了很多钱，但是他在把这个东西扔掉时却一点儿都不难过，还很高兴。

这究竟是为什么呢？

跷跷板   **难度等级** ★★☆☆☆

夏季的某一天，在跷跷板上进行了一个平衡实验，跷跷板由一方的西瓜与另一方的冰块保持平衡。

如果此后没有人再去碰跷跷板，跷跷板会怎样？

PART TWO
观察判断能力

相交的直线

难度等级 ★ ★ ★ ☆ ☆

我们都知道2条直线相交于1点；3条直线最多可以相交于3个点；4条直线最多可以相交于6个点。

如下图所示的5条直线相交于9个不同的点。你能否画出5条直线相交于10个点？5条直线最多可以相交于几个点呢？

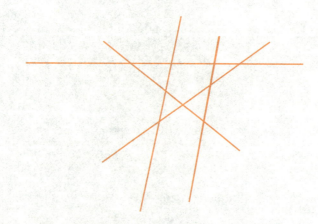

改变楼房形状

难度等级 ★ ★ ★ ☆ ☆

马林和朋友小军在阳台上玩火柴游戏，他看见窗外的楼房，就用火柴摆了两个楼房的模型，如下图所示。小军看后对他说："移动其中的4根火柴，就能让这个大楼房变成两个不一样大的正方形，你知道怎么移动吗？"

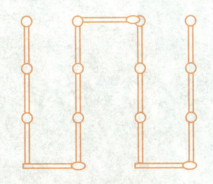

正方形的面积

难度等级 ★ ★ ★ ☆ ☆

一个边长为5厘米的正方形，它的内部还有一个正方形，如下图所示。

你能快速说出中间那个正方形的面积吗？

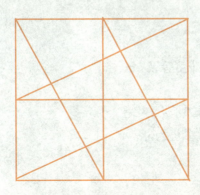

能穿洞的立体物   难度等级 ★★☆☆☆

如下图所示，在一块厚板上有4个洞，当一个立体物穿过这些洞时，不论是哪个洞，都能没有缝隙地正好穿过。

请问，这个立体物究竟是什么东西？

12根火柴

难度等级 ★★★☆☆

一共有12根长度相同的火柴，不准折断，最多可以组成几个正方形？

隐藏的五角星　　　　难度等级　★ ★ ☆ ☆ ☆

　　下图中有颗漂亮的五角星，你能找到吗？

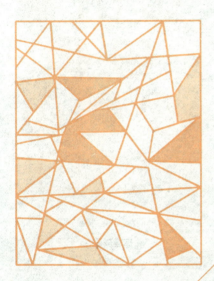

分割立方体　　难度等级　★ ★ ★ ☆ ☆

　　有一个六面全是黑色的立方体，有人从纵横方向将它均匀分割成27个小的立方体。

　　符合下列条件的小立方体各有多少？

　　（1）3面黑；

　　（2）2面黑；

　　（3）1面黑；

　　（4）无色。

哪座钟准确

难度等级 ★★★☆☆

在一家钟表店里，放有5座时钟，但只有一座时钟的时间是准确的。如右图中A、B、C、D、E与a、b、c、d、e为同样5座时钟，但是摆放顺序不同。它们显示的时间为相邻两天的同一时间。

哪座时钟的时间是准确的呢？

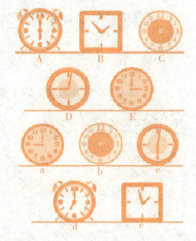

比大小

难度等级 ★★☆☆☆

请你仔细观察后回答，如下图所示的两个图片中，哪个的阴影部分面积大些？

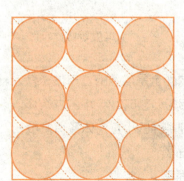 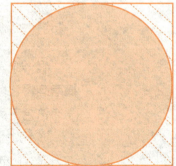

黑白天平　　　　　　　　难度等级　★ ★ ☆ ☆ ☆

下图中有7座天平，其中一座与其他6座不同，区别不在于形状，而在于黑砖、白砖的重量。

你能找出是哪座吗？

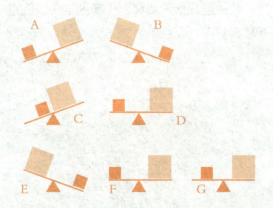

旋转的圆圈　　　　　　　　难度等级　★ ★ ☆ ☆ ☆

下图是一张视错觉图，它是巴黎一位著名艺术家受到视幻艺术的启发所创作的。如果盯着这些同心圆看，你会看到什么？

神秘的洞

　　谜题大师约翰·P·库比克为了对自己的能力加以证明，他向人们展示了一张正方形的纸板，在纸板上偏离中心的位置有一个洞，如下图所示。"通过将这张纸板剪成两部分，并且将这两部分重新排列，我就能把这个洞移到正方形中心的位置上。"

　　你能想出他是怎么做的吗？

狗熊的足迹

　　下图中有重大错误，你能指出来吗？

异样的立方体

难度等级 ★★☆☆☆

下图中四个立方体，有三个是完全一样的，另一个有点异样。你能把这个异样的立方体找出来吗？

鱼形图案

难度等级 ★★☆☆☆

你能数清如下图所示的鱼形图案中有多少个三角形吗？

封门

约翰叔叔最近管理的一个小型展览会共有6个房间、14道门，外围又有1条走廊，如右图所示。他有一个习惯，每晚临睡前要把所有的门都锁上。他喜欢这样做：从接待室里起

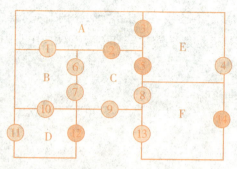

步，每一道门通过一次，并随手把通过的那道门锁上。这样，当他锁上最后一道门的时候，正好进入卧室。不过，从图上看来，现在还办不到，必须将其中一道门封死才行。

请问，约翰叔叔的接待室是哪间？卧室又是哪间？该封死哪道门？

送通知

某乡管辖21个村庄，分布如右图所示。每个村分别用数字表示，连接的线表示村与村之间的道路。有一次开紧急会议，通讯员从乡政府出发，到各村去通知。

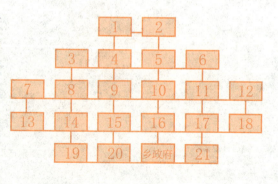

你能设计出一条最短且不重复的路线吗？

上学的路线

难度等级　★ ★ ★ ☆ ☆

下图是一张街道道路示意图，小马的家住在 *A* 点，学校在 *B* 点。每天，小马走最近的路线去上学（不走回头路）。

请问，一共有多少种不同的走法？

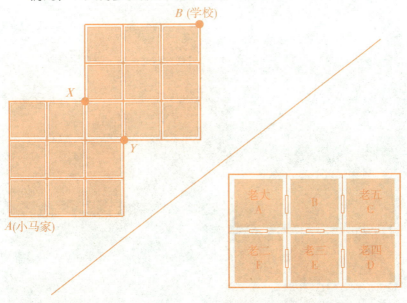

布娃娃换位子

难度等级　★ ★ ★ ☆ ☆

小莉有5个布娃娃，被她称作老大的布娃娃想换一下自己在玩具柜中的位置，老二和气地说："我和你换吧！"老三也喊道："我早就住烦了，我要搬家!"老四说："那我和你换吧！"

布娃娃的位子如右上图所示。现在6个地方只有一个是空的，每个地方都留有门，换的时候只许从门进出，且不能在一个地方挤2个布娃娃。

这些布娃娃该怎样换呢？

木头的体积　　难度等级 ★ ★ ★ ☆ ☆

　　下图为木匠师傅要锯掉的一块木头。仔细观察它的构造。请问，这块木头的体积是大于还是小于1000立方厘米？

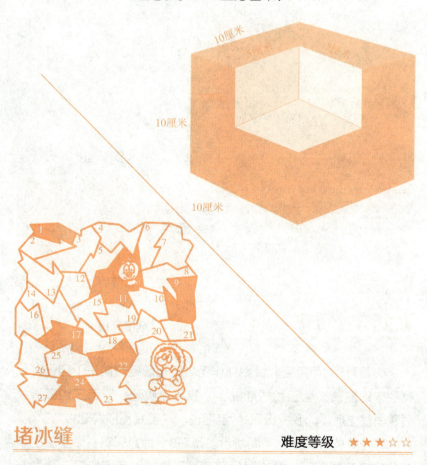

堵冰缝　　难度等级 ★ ★ ★ ☆ ☆

　　左上图中有27块浮冰，一只小蜜蜂正在冰缝处四处观望。你知道哪块浮冰能正好堵住这个冰缝吗？

换个角度看世界

难度等级　★ ★ ★ ☆ ☆

　　下面各图是一些简单却很奇怪的图画。想要看明白它们，你得稍微改变一下老眼光，这样才能找到答案。

　　你知道这些图案表达的是什么吗？

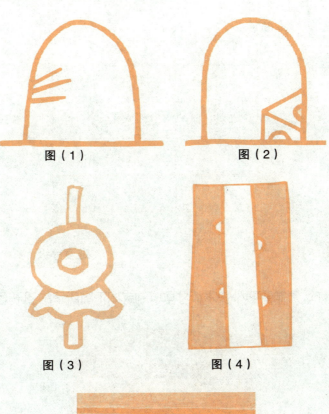

图（1）　　　　　　　　图（2）

图（3）　　　　　　　　图（4）

图（5）

挖方格

难度等级 ★ ★ ★ ☆ ☆

　　一个5×5的方格纸，每个方格已编了号码（见下图），在挖去一个方格后，可以剪成8个1×3的长方形，那么应该挖去的方格的编号是多少？

1	2	3	4	5
6	7	8	9	10
11	12	13	14	15
16	17	18	19	20
21	22	23	24	25

奇怪的图形

难度等级 ★ ★ ☆ ☆ ☆

　　你认为需要多少块木板才可以制成如下图所示的图形呢？

垒积木   难度等级 ★★☆☆☆

有9块积木，每块积木上分别写有1至9九个阿拉伯数字中的一个，如下图所示。

请你在具体操作前做出分析。

（1）如何把它们分成三摞，每摞三块，使得每一摞积木上的数字之和都相等？

（2）如何把它们分成三摞，每摞三块，使得第一摞积木上的数字之和比第二摞多1，比第三摞多2？

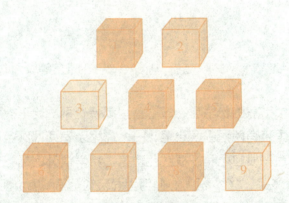

猜猜背面   难度等级 ★★☆☆☆

右图为一个立方体的三个不同角度的3张照片。

你能根据这几张照片，判断出黑点数为2的背面有几个小黑点吗？

PART THREE
分析判断能力

粉笔盒

难度等级 ★★☆☆☆

有三个带盖的粉笔盒，每个盒里都装有两根粉笔。知道其中的一个盒里装有两根白色粉笔，一个盒里装有两根红色粉笔，一个盒里装有一根白色和一根红色粉笔。粉笔盒外的标记有"白、红""白、白""红、红"，但与里面装的粉笔颜色全都不符。

要求只能从其中的一个粉笔盒里取出一根来看，用这个办法搞清楚每个盒里所装粉笔的颜色，至少要几次？为什么？

过山涧

难度等级 ★★★☆☆

　　有一个山涧4米宽，下面是万丈深渊。山涧上没有桥，来往的人都是带着木板过桥。一次，一个人带了3.9米长的木板，另一个人带了3.1米长的木板。两个人的木板都太短了，搭不了桥。

　　他们应该用什么方法才能够过山涧呢?

丢掉的袜子

难度等级 ★★☆☆☆

　　假设你有10双袜子，丢掉了其中2只。请问下面这两种情况哪个可能性更高：

　　（1）最好的情况：你丢掉的2只正好是1双，因此你还有9双完整的袜子。

　　（2）最差的情况：你丢掉的2只都是单只，因此你只剩下了8双完整的袜子和2只单独的袜子。

　　这两种情况哪个更可能发生呢?

倒硫酸

难度等级 ★ ★ ★ ☆ ☆

有一只形状不规则的透明玻璃瓶，瓶上只有5升和10升两个刻度。瓶内盛有硫酸，它的液面在5升和10升之间，如下图所示。硫酸很危险而且极易挥发，所以不能将它倒入量杯等容器里。

现在你能否用简易的办法，从瓶内倒出5升硫酸呢？

三人赛跑

难度等级 ★ ★ ☆ ☆ ☆

甲和乙比赛100米跑，结果甲领先10米到达终点。乙再和丙比赛100米跑，结果乙领先10米取胜。

现在甲和丙进行同样的比赛，结果会怎样呢？

青蛙也浪漫

池塘中有10块等距离排列的露出水面的石头，这些石头排列成了一个圆，相邻的两块石头上分别蹲着青蛙王子和青蛙公主（青蛙公主在青蛙王子的顺时针方向），王子当然很希望自己能和公主蹲在同一块石头上，享受青蛙式的浪漫。不过王子一次能蹦过两块石头，落在第三块石头上；公主一次只能蹦过一块石头，落在第二块石头上。因为受到魔法的限制，它们只能同时起跳，并且只能始终按一个方向蹦跳，而青蛙公主的蹦跳方向是逆时针的。

那么，为了尽快和青蛙公主跳到同一块石头上，青蛙王子应该选择什么方向蹦跳，顺时针还是逆时针？

鸭梨怎么分

蕾蕾家里来了5位同学。蕾蕾想用鸭梨招待他们，可是家里只有5个鸭梨，怎么办呢？谁少分一份都不好，应该每个人都有份（蕾蕾也想尝尝鸭梨的味道）。那就只好把鸭梨切开了，可是又不好切成碎块，蕾蕾希望每个鸭梨最多切成3块。于是，这就又面临一个难题：给6个人平均分配5个鸭梨，任何一个鸭梨都不能切成3块以上。蕾蕾想了一会儿就把问题给解决了。

你知道她是怎么分的吗？

摸石子

难度等级 ★★★☆☆

国王对一个聪明的家臣说："这个罐子里有101颗大小、重量、手感完全相同的石子，其中黑石子50颗，白石子51颗。你把眼睛蒙住，从罐子里掏石子。如果掏出的黑白石子数相同，我就赏赐你相同数目的钻石。"家臣想了又想，只听侍女低声说："不要太贪了，掏出两颗就行，这样就有50%的可能性得到钻石。"

你还有比侍女说的方法更好的方法吗？

算年龄

难度等级 ★★★☆☆

今天是我13岁的生日。在我的生日PARTY上，包括我共有12个小孩相聚在一起。每4个小孩同属一个家庭，12个小孩分别来自A、B、C这3个不同的家庭，当然也包括我所在的家庭。有意思的是，这12个小孩的年龄都不相同，但都不到13岁。换句话说，在1~13这13个数字中，除了某个数字外，其余的数字都表示某个孩子的年龄。我把每个家庭的孩子的年龄加起来，得到以下的结果：

家庭A：年龄总和41，包括一个12岁；
家庭B：年龄总和22，包括一个5岁；
家庭C：年龄总和21，包括一个4岁。
只有家庭A中有两个孩子相差1岁。
请问，每个家庭中的孩子各是多少岁？

夫妻采购
难度等级 ★★★☆☆

　　钱德叔叔同莫妮卡婶婶到市里买东西。钱德买了一套衣服、一顶帽子，花了15美元。莫妮卡买了一顶帽子，她所花的钱同钱德买衣服的钱一样多。然后她买了一件新衣，把他们的余钱统统用光了。

　　回家途中，莫妮卡要钱德注意：他的帽子要比她的衣服贵1美元。然后她说道："如果我们把买帽子的钱另做安排，去买另外的帽子，使我的买帽子的钱是你买帽子的钱的1.5倍，那么我们两人所花的钱就一样多了。"钱德说："在那种情况下，我的帽子要值多少钱呢？"

　　你能回答钱德的问题吗？这对夫妻一共花了多少钱？

某城居民
难度等级 ★★★☆☆

在某城，假设以下关于该城居民的断定都是事实：

（1）没有两个居民的头发数量正好一样多；

（2）没有一个居民的头发正好是518根；

（3）居民的总数比任何一个居民头上的头发总数都要多。

那么，该城居民的总数最多不可能超过多少人？

两个孩子的家庭

难度等级 ★★★☆☆

一个女人和一个男人各自有两个孩子。

女人的孩子中至少有一个是男孩。

男人的孩子中年纪大一点的是男孩。

请问，女人和男人各自有两个男孩的概率相等吗？

旅行花销

难度等级 ★★★☆☆

A、B、C、D、E、F 6人想在旅行地将带去的外币用完，所以要买些东西，不巧，钱不够了，于是A和B凑钱买了一件；C、D、E凑钱买了两件与A、B同样的东西。5个人的钱都花光了，只有F的钱一个子儿也没花，又把它带了回来。当初，6个人所有的钱分别是15美元、16美元、18美元、19美元、20美元、31美元，但不知谁各有多少。

从这些数字中，你可以推算出F带了多少钱吗？

吃荞麦面

难度等级 ★★★☆☆

小林和爸爸、妈妈去某地游玩时见到了一种长10米的荞麦面。爸爸和小林同时开始各吃一根，爸爸吃完时，小林还剩最后1米没吃完。当小林和妈妈同时开始各吃一根，小林吃完时，妈妈也是剩最后1米没吃完。

现在，爸爸和妈妈同时开始各吃一根面条，当爸爸吃完时，妈妈还剩多少没吃完？

考试

难度等级 ★★★☆☆

小王参加考试。试卷上共有30道选择题，要求从3个选项中选择一个正确答案，每题1分，15分以上就及格。从概率上来说，即使胡乱填写，也可答对其中的 $\frac{1}{3}$，即10道，况且小王有绝对信心答对的有6道。小王认为，无论如何自己也会及格。

这种想法正确吗？

漆上颜色的立方体

难度等级 ★ ★ ★ ☆ ☆

假如你有一罐红漆，一罐蓝漆，以及大量同样大小的立方体木块。你打算把这些立方体的每一面漆成单一的红色或单一的蓝色。例如，你会把第一块立方体完全漆成红色。第二块，你决定漆成3面红色3面蓝色。第三块也是3面红色3面蓝色，但是各面的颜色与第二块相应各面的颜色不完全相同。

按照这种做法，你能漆成多少块互不相同的立方体？如果一块立方体经过翻转，它各面的颜色与另一块立方体的相应各面颜色相同，这两块立方体则被认为是相同的。

年薪的选择

难度等级 ★ ★ ★ ☆ ☆

A、B两家公司刊登招聘广告，除了下面所列的两点不同之外，其他的条件完全相同。

A公司：年薪100万元，每年加薪20万。

B公司：半年薪50万元，每半年加薪5万元。

若以三年工作期的薪水高低来选择，应选哪家公司？

鞠躬

难度等级 ★ ★ ☆ ☆ ☆

在日本，表示敬意的传统礼节是鞠躬。我们假设在某一所学校的一个班级里有10名男生和10名女生，还有一位老师。每天早上，学生们每人要向其他男生、女生和老师各鞠一躬。

那么，每天早上他们总共要鞠多少次躬呢？

检查小球

难度等级 ★ ★ ☆ ☆ ☆

一家玩具公司生产的一盒玩具球中，有4个小球，每个小球都是按照一定标准的重量制造的。在质检过程中，工作人员发现其中一个小球是次品。现在知道那个次品的重量要比其他合格品的重量重一些。

如果让你用天平只称一次，你知道如何判断哪个小球是次品吗？

需要多少场比赛

难度等级 ★ ★ ★ ☆ ☆

　　某市中学生足球联赛共有32支队参加，每场比赛的参赛队配对由抽签决定。比赛采取淘汰制：胜者进入下一轮，败者淘汰出局。

　　假设没有任何队弃权，那么，为了决出冠军，需要进行多少场比赛？本题可以通过多种方式找到答案，但有一种方式非常简明、快捷，你知道是什么方式吗？

需要跑多快

难度等级 ★ ★ ★ ☆ ☆

　　小路从A城跑到B城的平均时速为30千米/小时，准备由B城返回A城时他说："一定要使往返的平均速度提高到60千米/小时。"

　　请问，小路返回时平均时速需多少才能达到预想结果？

现在是什么时间

难度等级 ★★★☆☆

有4个人坐在火车站的候车室的一条长椅上。一老者走上前去，问道："请问，现在是什么时间？"4个人同时看了一下自己的手表，然后分别做了回答：

（1）甲说："现在是12点54分。"

（2）乙说："不，是12点57分。"

（3）丙说："我的表是1点零3分。"

（4）丁说："我的表是1点零2分。"

事实上这4个人的表显示的时间和准确时间分别相差2分钟、3分钟、4分钟和5分钟（这一顺序并非对应于他们回答时的顺序）。

你能够计算出当时的准确时间吗？

购买土特产

难度等级 ★★★☆☆

一个到非洲东部旅行的游客向当地的土著人购买一种当地特产。买1个这种产品需付3美元60美分，加上付给中介人的手续费36美分，共计3美元96美分。而土著居民没有所付货币的零钱。

假设现在只有10美元和1美元这两种钞票，为了不剩零钱，就必须最少买25个（99美元）这种土特产。

那么，假设只有10美元的钞票和1美分的硬币，最少必须买几个这种土特产？

三个牛仔

难度等级　★★★☆☆

阿莫斯、巴奇和考蒂这三个牛仔之间有深仇大恨，不得不以手枪决斗了结。三个牛仔抽签决定决斗顺序，并约定他们每人开一枪，直到只剩一个人活着。

阿莫斯和巴奇都是百发百中的神枪手，但考蒂打中的概率只有50％。从这些条件中，你能算出谁最可能活下来吗？

骑车去农场

难度等级　★★★☆☆

迈克和约翰准备去朋友家的农场玩，可是他们家与朋友家相距很远。于是，他们准备骑车20千米去农场。当骑过4千米的时候，迈克的自行车出了问题，他不得不把车子用链子拴在树上。由于很着急，他们决定继续向前走。他们有两种选择：要么2人都步行，要么1个人步行，1个人骑车。他们都能以4千米/小时的速度步行或者以8千米/小时的速度骑车前进。他们决定制订一个计划，即在把步行保持在最短距离的情况下，利用最短的时间同时到达农场。

那么，他们是如何安排步行和骑车的呢？

脸上的煤灰

难度等级　★ ★ ★ ☆ ☆

　　在一节列车车厢里，有两个打扮时髦的女郎相对而坐。她俩互不认识，所以并不说话。不久，列车驶入隧道，又出了隧道，一个女郎满脸煤灰，黑乎乎的，大概是坐在逆风位置的缘故。而另一个女郎的脸一点儿都不脏。但是，最后去洗脸的却是那位脸不脏的女郎，脸上沾满煤灰的女郎仍若无其事地坐在那里。

　　你能说出她俩做出这种奇怪行为的原因吗？

狄利克雷的房间

难度等级 ★ ★ ★ ☆ ☆

有一个关于"狄利克雷房间分配法"的故事。

有一家旅店，共有12个房间，依次为1号、2号、3号……12号。一天，来了13位客人，要求各自单独住一间房间。

旅店老板思索一番，想出了一个解决办法：他先让两个客人暂时住进1号房间，然后把其余的客人按顺序依次分配到剩余房间里。于是1号房间住进了两个人，3号客人住在2号房间，4号客人住在3号房间，5号客人住在4号房间……12号客人住在11号房间。最后，再把最先安排的13号客人从1号房间转到空着的12号房间里。于是皆大欢喜，13位客人都满意地单独住进了12个房间里。

这样的安排显然不怎么对劲儿，可问题出在哪儿呢？

个个撒谎

难度等级 ★★★☆☆

一个精神病医生在寓所被杀，他的4个病人受到警方传讯。警方根据目击者的证词得知，在医生死亡那天，这4个病人都单独去过一次医生的寓所。在传讯前，这4个病人共同商定，每个人向警方提供的供词条条都是谎言。

每个病人所提供的两条供词分别是：

甲：

（1）我们四个人谁也没有杀害精神病医生；

（2）我离开精神病医生寓所的时候，他还活着。

乙：

（1）我是第二个去精神病医生寓所的；

（2）我到达他寓所的时候，他已经死了。

丙：

（1）我是第三个去精神病医生寓所的；

（2）我离开他寓所的时候，他还活着。

丁：

（1）凶手不是在我去精神病医生寓所之后去的；

（2）我到达精神病医生寓所的时候，他已经死了。

从否定这八条供词入手，就可以判定这4个病人到达医生寓所的先后顺序以及医生被害的时间，你能判断出这4个病人中是谁杀害了精神病医生吗？

帽子的颜色

　　首先，三个人站在位于垂直于墙的一条直线上，眼睛被蒙上。然后从装有三顶红色帽子和两顶黑色帽子的箱中取出三顶让他们三人戴上，并将以上信息告知他们。接着把蒙在他们眼睛上的布拿掉，要求每个人确定各自所戴帽子的颜色。

　　离墙最远的那个人看到前面两人的帽子的颜色后说："我不知道我所戴的帽子的颜色。"离墙第二远的那个人听到上面的回答，又看了前面一个人戴的帽子的颜色，也回答自己不知道。第三个人虽然看到的只是墙，但他听到了前面两人的回答后，说："我知道自己所戴帽子的颜色。"

　　试问，他戴的帽子是什么颜色？他又是怎样确定的呢？

八个金币

难度等级 ★★★☆☆

　　一共有8个金币，其中1个是假币，其余的7个重量都相等，只有假币比其他的都要轻。

　　请问用天平最少几步能够把假币找出来？称重量的时候只能使用这8个金币，不能使用砝码。

白马王子

难度等级 ★★★☆☆

小丽心目中的白马王子是高个子、小麦肤色、相貌英俊的人。她认识李、孙、钱、赵四位男士，其中有一位符合她要求的全部条件。

（1）四位男士中，只有三人是高个子，只有两人是小麦肤色，只有一人相貌英俊；

（2）每位男士都至少符合一个条件；

（3）李和孙肤色相同；

（4）孙和钱身高相同；

（5）钱和赵并非都是高个子。

谁符合小丽要求的全部条件，也就是说谁有可能成为小丽的男朋友呢？

死囚

难度等级 ★★★☆☆

一位法官判处一个人为死罪，这个人听到消息后非常恐惧。法官下令：从明天开始，到第七天傍晚，必须把这个死囚拖到刑场绞死。但如果在处决他的那一天早晨死囚知道了自己要被处以绞刑，那么这一天就不能处死他。

谁知死囚听到这个规定后非常高兴，认为自己不可能被处死了。你觉得可能吗？

谁说了真话

难度等级 ★ ★ ★ ☆ ☆

我抓了5个犯罪嫌疑人，对他们的谈话做了
记录：

A说：5个人中有1人说谎。

B说：5个人中有2人说谎。

C说：5个人中有3人说谎。

D说：5个人中有4人说谎。

E说：5个人都在说谎。

最后我只释放了说真话的人，你知道释放了
多少人吗？

他们是什么关系

难度等级 ★ ★ ★ ☆ ☆

A、B、C、D、E是亲戚，其中4个人每人讲了一个真实情
况，如下：

（1）B是我父亲的兄弟；

（2）E是我的岳母；

（3）C是我女婿的兄弟；

（4）A是我兄弟的妻子。

上面说话的每个人都是这5人中的一个。

请问，这5人分别是什么关系？

谁拿了谁的伞

难度等级 ★ ★ ★ ☆ ☆

一天，甲、乙、丙、丁、戊5人聚会。由于下雨，每人带了一把雨伞。聚会完回到家后，每个人都发现自己拿回来的雨伞是别人的。

现已知：

（1）甲拿回去的雨伞不是丁的，也不是乙的；

（2）乙拿回去的雨伞不是丁的，也不是丙的；

（3）丙拿回去的雨伞不是戊的，也不是乙的；

（4）丁拿回去的雨伞不是丙的，也不是戊的；

（5）戊拿回去的雨伞不是丁的，也不是甲的。

另外，还发现没有两个人互相拿错了雨伞（例如，甲拿乙的，乙拿甲的）。

试问，丙拿回去的雨伞是谁的？丙的雨伞又被谁拿去了？

两个部落

难度等级 ★ ★ ★ ☆ ☆

说谎比识别谎言容易多了，不过这两种情况都考验人的智慧。说谎者更像艺术家，辨谎者更像哲学家。下面题中说谎者的谎言毫无艺术可言，这只是想让你成为一个善于辨别谎言的人。

有个海岛上住着两个部落，一个部落的成员总是说实话，另一个部落的成员总是说谎话。

一位旅游者碰到两个土著人，一个是高个子，另一个是矮个子。

"你说的是实话吗？"旅游者问高个子。

"是。"高个子回答道。

"他是一个说谎部落的人。"矮个子对旅游者说。

你能猜出他们各属于哪一个部落吗？

小岛方言

难度等级 ★★★☆☆

　　一个晴朗的日子，一条船由于缺乏饮用水，在一个岛上靠了岸。这个岛上的人一部分总是说真话，另一部分总是说假话。可是，从表面上却无法将他们区分开来。他们虽然听得懂汉语，却只会说本岛方言。船员们登陆后发现一眼泉水，可是，不知这里的水能不能喝。这时，恰巧碰到一个土族人，海员们便问道："今天天气好吗？"土族人答道："梅拉塔——迪。"再问："这里的水能喝吗？"土族人答道："梅拉塔——迪。"已知"梅拉塔——迪"这句话是岛上方言的"是"或"不是"中的一个。

　　这里的水究竟能不能喝呢？

猫和鸽子

难度等级 ★★★☆☆

　　赵、钱、孙、李和陈5个单身老头是养鸽迷，每人都有一只心爱的鸽子。另有5个单身老太太是养猫迷，每人都有一只宠猫。猫对鸽子造成严重的威胁。后来，这5对老人分别结了婚，这给了老头们控制老伴的猫以保护自己的鸽子的机会。然而，结果是，他们之中虽然每对老夫妻自己的猫和鸽子之间相安无事，但最终还是每只猫都吃掉了一只鸽子，每个老头都失去了自己心爱的鸽子。

　　事实上，赵夫人的猫吃了某位老先生的鸽子，而这位老先生正是和吃了陈老先生的鸽子的猫的主人结了婚。赵老先生的鸽子是被钱夫人的猫吃掉的。李老先生的鸽子是被某位老太太的猫吃掉的，而这位老太太正是和被孙夫人的猫所吃掉的鸽子的主人结了婚。

　　李夫人的猫吃了谁家的鸽子？

巧断性别与职业

难度等级 ★ ★ ★ ☆ ☆

王家有三个儿女：老大色盲；老二患过小儿麻痹症，左脚略微有点跛；老三口吃。但他们从小就刻苦学习，长大后都有所作为。

三人中有一位是画家，有一位是篮球运动员，还有一位是翻译。他们在各自成家后还相处得非常和睦。画家外出，把孩子留在孩子的姑妈家，与姑妈的孩子为伴。一天晚上，电视转播篮球比赛实况，两个小家伙兴奋地指着电视屏幕大叫，一个说："那是舅舅！"另一个说："那是伯伯！"

你能判断出老大、老二和老三的性别和职业吗？

酒鬼和礼品

难度等级 ★ ★ ★ ☆ ☆

有5个酒鬼，他们的绰号分别是"茅台""五粮液""西凤""花雕"和"二锅头"。某年春节，他们之中的每一个人，都向其他4人中的某一个人赠送了一件礼品；没有两人赠送相同的礼品的情况；每一件礼品，都是他们中某个人的绰号所表示的酒；每人赠送或收到的礼品都不是用他自己的绰号表示的酒。已知："茅台"先生送给"二锅头"先生的是花雕；收到二锅头的先生把西凤酒送给了"茅台"先生；绰号和"花雕"先生所送的礼品名称相同的先生把自己的礼品送给了"西凤"先生。

"花雕"先生所收到的礼品是谁送的？

谁的年龄大

难度等级 ★★★☆☆

在一次聚会上，有4个人在讨论他们的年龄问题。他们分别是20岁、40岁、60岁和80岁。其中，有一个是总讲真话的纽约人，另外3个是一会儿讲真话一会儿讲假话的东京人。他们的陈述如下：

A：

（1）我是4个人中最老的；

（2）我是纽约人；

（3）C比D要年轻。

B：

（1）C是4个人中最年轻的；

（2）B和D的年龄相差20。

C：

（1）我比A老；

（2）B比D老20岁。

D：

（1）C没有A老；

（2）我比B老。

你能准确说出每个说话的人各属于哪个地区，年龄有多大吗？

小熊的朋友是谁

难度等级 ★★★☆☆

小兔、小猴、小鸡、小鸭、小狗和小熊在除夕夜会餐。一阵鞭炮声响过，大家围着一张圆桌按A、B、C、D、E、F的顺序坐了下来，如下图所示，只有小熊没到。于是小熊的朋友马上从A凳上站了起来，说："我知道小熊的家，我去把小熊接来。"不一会儿，小熊的朋友果然把小熊接来了。

位置安排如下所述：

（1）小兔坐在小狗的对面；

（2）小鸡坐在小熊的朋友的对面；

（3）小熊的朋友坐在方凳子上；

（4）谁坐在小熊朋友的对面，谁就与小狗邻座；并且小狗坐在它左边，它右边的座位正好与小熊的座位相对；

（5）小鸭坐在小兔与小鸡之间。

你知道小熊的朋友是谁吗？

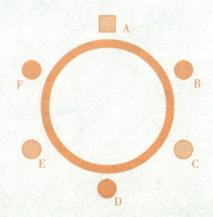

释放犯人

难度等级 ★★★☆☆

有10个犯人被带到国王那里，他们都戴着彩色帽子，而且，自己看不见自己的帽子，只能看见别人的。国王对犯人说："你们好好看看周围的人，如果谁看见3个以上戴黄帽子的人，我就当场释放他。"说完，让人给几个犯人戴上了黄帽子。

你知道国王最后释放了几个人吗？

谁偷了吉祥物

难度等级　★★★☆☆

两支半职业橄榄球队是赛场上的劲敌。雄狮队的一个队员在大赛的前夕偷了对手山羊队的吉祥物，直到比赛结束的那一天也没有送回来。现在有4个嫌疑人：四分卫、中锋、流动后卫、底线后卫。每个人都做了两次陈述。

四分卫和中锋的两次陈述都是假的，流动后卫的陈述有一次是真的，一次是假的，底线后卫的两次陈述都是真的。

A：

（1）我不是流动后卫；

（2）中锋偷的。

B：

（1）我不是四分卫；

（2）流动后卫干的。

C：

（1）我不是中锋；

（2）底线后卫干的。

D：

（1）我不是底线后卫；

（2）四分卫干的。

根据上面的陈述，猜猜哪个陈述是哪个嫌疑人的。山羊队的吉祥物是谁偷的？

多才多艺的姐妹　　　难度等级　★★★☆☆

　　一位加拿大外交官的4个女儿艾伦、雷妮、谢莉、特莱莎，都是音乐家，每个人演奏一种不同的乐器（这4种乐器分别是单簧管、笛子、钢琴和小提琴），每个人都讲一种不同的语言（法语、德语、西班牙语、意大利语）。

　　（1）演奏单簧管的女儿不讲法语或德语；

　　（2）讲西班牙语的女儿特别喜欢她的乐器，因为她不必把它带去上音乐课；

　　（3）谢莉不讲德语或西班牙语，她也不演奏单簧管；

　　（4）艾伦不是那个讲德语的女儿；

　　（5）特莱莎不吹笛子，不演奏单簧管，艾伦也不演奏单簧管。

　　根据上面的信息，你能猜出4个人分别演奏哪种乐器，讲什么语言吗？

哪种花色是王牌　　　难度等级　★★★☆☆

　　扑克牌有4种花色：黑桃、草花、红桃、方块。一副牌局中，某种花色比其他花色同点数的牌大，则称这种花色为王牌。例如，如果方块为王牌，则方块5比黑桃5大。

　　在某副牌局中，有一手牌包括：

　　（1）正好13张牌；

　　（2）每种花色至少有一张牌；

　　（3）每种花色的牌的数目不一样；

　　（4）红桃和方块的总数是5张；

　　（5）红桃和黑桃的总数是6张；

　　（6）王牌的数目是两张。

　　哪种花色是王牌？

猜名字

　　智力晚会开始了，主持人小燕对观众说："A、B、C三位同学中，一个叫'真真'，从来不说假话；一个叫'假假'，从来不说真话；一个叫'真假'，有时说真话，有时说假话。现在，我们开始向这三位同学提问，请大家注意他们的回答。"

　　小燕问同学A："请问，B叫什么名字？"

　　"他叫真真。"同学A回答。

　　小燕问同学B："你真是真真吗？"

　　"我不是真真，我是假假。"同学B回答。

　　小燕又问同学C："请问，B到底叫什么名字？"

　　"他叫假假。"同学C回答。

　　小燕最后问观众："请大家想想，A、B、C三位同学中，究竟谁是真真，谁是假假，谁是真假呢？"

记错的血型

　　张三、李四、小赵、小钱四人的血型分别是A型、B型、O型、AB型四种血型中的一种，而且各不相同。根据四人自述：

　　张三说："我是A型。"

　　李四说："我是O型。"

　　小赵说："我是AB型。"

　　小钱说："我不是AB型。"

　　其中有三人讲的是对的，只有一人把自己的血型记错了。

　　你能推断出究竟是谁记错了吗？

邻居的房子

难度等级 ★★★☆☆

有五家邻居，他们分别是奎格利夫妇、罗德尼夫妇、史密斯夫妇、泰勒夫妇和翁格尔夫妇。他们或者是隔壁邻居，或者是街对面的邻居。他们中有两家的房子是白色的，一家是灰色的，一家是绿色的，还有一家是蓝色的。

（1）两座白色的房子分别在街的两边，都在街道的西头；

（2）奎格利夫妇的房子与别的房子都不对着；

（3）罗德尼夫妇的房子与奎格利夫妇的房子在街的同一边；

（4）蓝色的房子在东边紧挨着罗德尼夫妇的房子，两家房子在街的同一边；

（5）史密斯夫妇的房子不是白色的，也不是灰色的，挨着翁格尔夫妇的房子，而翁格尔夫妇的房子在街的南边；

（6）泰勒夫妇的房子在史密斯夫妇的房子对面。

猜猜各家的房子在街道的哪边，各是什么颜色？

波娣娅的珠宝盒

难度等级 ★★★☆☆

　　在莎士比亚的《威尼斯商人》一剧中，波娣娅有3个珠宝盒，一个是金的，一个是银的，一个是铜的。在这3个盒子的某一个中，藏有波娣娅的画像。波娣娅的追求者要在3个盒子中选择一个。如果他有足够的运气，或者足够的智慧，挑出那个藏有波娣娅画像的盒子，他就能娶波娣娅为妻子。如下图所示，在每个盒子的外面，写有一段话，都是关于盒子是否装有画像的内容。波娣娅告诉追求者，上述三句话中，只有一句是真的。

　　这个追求者有可能成为幸运者吗？如果可能的话，应该选择哪个盒子呢？

画像在此盒中	画像不在此盒中	画像不在金盒中
金盒子	银盒子	铜盒子

真假难辨

难度等级 ★★★☆☆

　　请看右图，图中表格的含义是：A指责B说谎话，B指责C说谎话，C指责A和B都说谎话。

　　那么请问，到底谁说真话，谁说假话？

	A	B	C
A		谎	
B			谎
C	谎	谎	

天气预报

难度等级 ★ ★ ★ ☆ ☆

在《三国演义》中，诸葛亮准确地预测了大雾天气和西北风转东南风的风向变化，这在当时被神化为诸葛精于天象推算。如今，天气预报的神秘性早就被削弱了。不过在我们这本书里，诸葛先生却给鲁肃出了一道难题。在这里推算天气，靠的是逻辑。

诸葛亮对鲁肃说："我将前天做的天气预报改了一下，如果你能听明白，我可以将后天的天气情况如实相告。"

诸葛亮接着说："今天的天气与昨天的天气不同。如果明天的天气与昨天的天气一样的话，则后天的天气将和前天的一样。但如果明天的天气与今天的天气一样的话，则后天的天气与昨天的相同。"

诸葛亮的天气预报果然很准，因为今天和前天都下了雨。那么昨天的天气如何呢？

星期几

难度等级 ★ ★ ★ ☆ ☆

有七个老同学，他们所在的公司休息日是星期几各不相同；对于今天是星期几，他们也记不清了，因此争论不休。他们的讨论如下：

A说：昨天是星期三。

B说：明天是星期二。

C说：错了，明天是星期三。

D说：后天才是星期二。

E说：不对，今天是星期二。

F说：今天不是星期一，也不是星期二，也不是星期日。

G说：今天肯定不是星期六。

现在我们知道，七个人当中只有一个人说对了。

那么，你知道今天究竟是星期几吗？

设计路线

难度等级 ★ ★ ★ ☆ ☆

某参观团根据下列约束条件，从A、B、C、D、E五个地方选定参观地点：①若去A地，也必须去B地；②D、E两地只去一地；③B、C两地只去一地；④C、D两地都去或都不去；⑤若去E地，A、D两地也必须去。那么，该参观团最多能去哪几个地方？理由是什么呢？

多少工作日

难度等级 ★★☆☆☆

　　在一个特殊的工作部门有这样一条奇怪的规定：假设某一天为休息日，这一天的前一天如果不休息的话，第二天就休息；如果休息的话，第二天就不休息。再假设某一天为工作日，且这一天的前两天不上班的话，那么第二天为工作日。如果这一天的前两天上班的话，那么第二天就休息。

　　那么，在一年的365天中，这个部门的职员究竟要工作多少天？

各是什么职务

难度等级 ★★★☆☆

李明、李松、李刚、李通4个人，分别是法院院长、检察院检察长、公安局局长、司法局局长。一次政法工作会议上，4个人碰在一起开会，会议主持者李通热情地招待他们，忙着倒茶递烟。

（1）李刚和李明接过烟，很快就抽了起来。

（2）法院院长婉言谢绝，因为他一贯主张戒烟。

（3）李明是司法局局长的妹夫，所以他俩显得格外亲热。李松和李刚看到他俩如此亲热，就感叹自己只有弟弟没有妹妹。

（4）分手时，公安局局长邀请大家下午去他家。

你能确定这4个人的职务吗？

药丸的重量

难度等级 ★★★☆☆

某制药厂最近新生产了一批感冒药，每100粒装在一个瓶子里，6个瓶子为一箱。在推向市场之前，制药厂必须把这些药丸送到药检局检验。一天，制药厂收到紧急通知：这一箱药丸里，有几个瓶子里的每一粒都超重1毫克。

如果每一瓶都取出一粒药丸来称量，那么一共需要称6次才能得出结果。能不能想出一个最好的办法，称一次就能把问题解决呢？

直线变曲线

难度等级 ★★★☆☆

小柯的哥哥正在家里举行同学聚会呢！大家都很喜欢听小柯家的老式唱片机里播放的悠扬音乐。同学们有的谈天，有的跳舞，有的玩游戏，热闹极了。这时，一个扎着马尾辫的女孩对大家说："我并没有喝酒，我本来想画直线，可画好后一看却是曲线，但是一画曲线结果又变成了直线。请告诉我，这是为什么？当然我是用普通的笔在一张平纸上画的。"

你知道这是怎么回事吗？

愚人节的谎话

难度等级 ★★☆☆☆

每逢愚人节，小明总是上当受骗。今年他打算报复一下，也骗骗别人。其实，只要说一句简单的话，就可以使对方受骗。

请问这句话是什么？

削苹果

难度等级　★★☆☆☆

　　小梅的妈妈用水果刀削苹果皮。开始时，妈妈熟练地往右边削着皮。可是过了一会儿又看时，妈妈正往左边削着皮。"途中皮断了，重新往反方向削了吗？"小梅问。但是妈妈说她削的皮一直都连着，削苹果的方向也一直都没有变，当然，还是刚才那个苹果。

　　这是怎么回事呢？

阿凡提染布

难度等级　★★☆☆☆

　　一天，财主老爷拿出了一块布料，来到阿凡提开的染布店，说道："阿凡提，给我这块布染色。"阿凡提问他想要什么颜色，财主刁难道："我不要白色的，不要黄色的，不要蓝色的，也不要红色的，更不要黑色的……"他把所有的颜色都说了一遍，故意为难阿凡提，聪明的阿凡提想了一下说："不要紧，到时来取吧！"财主连忙问："什么时候？"阿凡提巧妙地回答了一句，让财主悻悻而归。请问，阿凡提是怎样回答财主的呢？

不合格的008号

难度等级 ★★☆☆☆

　　商店营业员008号在卖西瓜，满4千克的每500克1角；4千克以下的每500克8分。他给顾客称了一个西瓜后说："这个西瓜刚好7角。"顾客听了马上说："你算错了！"请问，顾客说得对吗？西瓜只有两种价。假定西瓜是满4千克的，至少要多少钱？如果西瓜是4千克以下的，最多应该多少钱，一算就知道顾客说得对不对了。

伪慈善家

难度等级 ★★☆☆☆

　　慈善家扬扬得意地说："在上个礼拜，我把50枚银元施舍给10个可怜的人，我不是平分给他们的，而是根据他们困难的程度进行施舍的。因此，他们每个人得到银元的枚数都不相同。"一个聪明的青年听了很生气，说："你是一个伪慈善家，你说的全是谎话！"

　　这个青年为什么这样说？根据什么？

　　已知慈善家施舍了50枚银元，分给10个人，如果每个人得到银元的枚数都不相同，最少的1枚（不能比这个数再小了），2枚，3枚……10枚，算一算，50枚银元这样分够吗？

农夫的动作

难度等级 ★★☆☆☆

从前，有一对勤劳的夫妻在山坡上开垦了几块田地，种了小麦，可贪财的地主看见了，总想把地占为己有，便生出一条诡计，每天把家里的鸡全赶到农夫的地里。农夫看到自己的庄稼被糟蹋，非常心痛。他惹不起财主，只能忍气去赶鸡，可是这边赶跑，那边又来，弄得他毫无办法。他愁眉不展地回到家中与妻子商量。妻子听完农夫的讲述，说："明天，你只要到地里做个动作，要让地主看见，又不要让他看清，他就不会再放鸡了。"第二天，农夫一试，果然有效。

请你猜猜，农夫做了一个什么动作？

发火的过路人

难度等级 ★★☆☆☆

一个人赶着毛驴拉的货车，怎么也上不了坡。一位过路的人自动上前帮着推上了坡。赶车的人激动地说："太感谢您了！要不是您帮忙，一头毛驴实在没法拉车上坡！"过路的人听后反而生气发火了。

这是为什么？

左右脚同时迈出　　　　　　难度等级 ★★★☆☆

　　一个中学生和一个小学生并肩一起步行上学。他们正好都用右脚同时起步，而这位中学生的跨步大，这位小学生走三步方能跟上这个中学生的两步。请分析一下，从二人都用右脚起步开始到二人都用左脚迈出为止，小学生应走出多少步？

阿凡提的解释　　　　　　　难度等级 ★★★☆☆

　　阿凡提给一个常干坏事的家伙剃头。因为他太坏了，阿凡提想整治他一顿。刮脸时问他："眉毛要不要？""当然要。"那家伙回答。阿凡提嗖嗖几刀，就把两道眉毛刮下来，送到他手中说："要就给你！"这个坏人气得说不出话来，谁叫自己说要呢？阿凡提又问："胡子要不要？""不要，不要！"这回他连忙答道。阿凡提说："好，不要就刮掉！"又嗖嗖几刀把他的胡子刮下来，甩在地上。这个坏人的脑袋被刮得精光，像个鸡蛋。

　　他怒气冲冲地质问阿凡提："为什么剃成这样？"阿凡提解释道："我是遵照你的吩咐剃的呀！"阿凡提解释一番，对方听了无可奈何。请你分析一下阿凡提是怎样解释的。

包公断案

难度等级 ★★★☆☆

　　两个妇女为争夺一个不满周岁的小孩来找包公打官司。她们都说孩子是自己的儿子，并把孩子的生辰八字、相貌特征说得丝毫不差。包公在公堂上画了一个圆圈，把孩子放在圈中，然后对两个妇女说："现在你们各站一边拉这个孩子，谁拉过去就算是谁的。"当孩子大哭起来的时候，一位妇女忽然松了手，另一妇女还在拉。包公说："不要拉了，我知道这孩子是谁的了！"

　　包公是怎样知道孩子的母亲的？

聪明的西诺特猜

难度等级 ★★★☆☆

　　泰国国王把聪明的西诺特猜叫到诸位大臣面前说："听说你聪明机智，我想考考你。"接着问诸位大臣："考他什么？"一位大臣说："就考考他，我们各位在想什么，如果猜对了，我们每人给他10两黄金；如果猜错了，他就给我们每人10两黄金，国王，您看行不行？"国王答应了。

　　西诺特猜说："我十分清楚诸位大人心里想什么，我能把你们心里的话说出来。如果诸位大人认为我说错了，你们心里想的和我说的正好相反，那就请诸位立刻提出来；如果认为我说得不错，你们心里想的和我说的完全一致，那就请你们马上把金子给我。"

　　过了一会儿，西诺特猜说出了一段话，大臣们听了，都频频点头，没有一个不说"是"的，乖乖地认了输，给了金子。你认为西诺特猜说的是什么话？

诚实的马德

难度等级 ★★★☆☆

国王把诚实的马德叫来说："马德，听说你从来没有撒过谎，是真的吗？""是真的，"马德说，"将来我也不会撒谎！"几天后，国王召集了很多人准备去打猎，上马前对马德说："你去王宫告诉王后，就说我中午到她那里去，叫她准备好饭。"马德鞠躬答应后就去告诉王后。国王哈哈大笑，对大臣们说："我不去吃饭了，这一来，马德就要对王后撒谎了，明天就可以讥笑他。"虽然国王中午没有去王宫吃饭，但是马德又没有说谎。

请你说一说，马德应当怎样说才能做一个不撒谎的人？

一块石子

难度等级 ★★★☆☆

1989年，我国考察船驶到了南极，无边无际的冰原里找不到陆地。大家正在发愁时，捉到了一只企鹅，宰杀时发现嗉囊里有一块石子，考察队员高兴地喊了起来："找到陆地了！"

为什么说找到陆地了？

聪明的射手

难度等级　★★★☆☆

　　楚王到处求仙访道，想得到长生不死的药。有一天，果然有人献给他不死之药，楚王很高兴，命令侍卫队的射手把药拿上来。但这位射手接过不死之药后，却自己吃了。楚王大怒，命人把射手抓起来杀掉。射手不慌不忙地说了几句话，使得楚王不知道该怎么办，最后只好放了他。

　　请问，这位射手对楚王说了什么？

聪明的大臣

难度等级　★★★☆☆

　　有位国王定出一条法律：凡是罪犯处死前，叫犯人在木箱里抓阄，一个写着"生"，一个写着"死"。如摸到写"生"字的纸卷，当众就释放；如摸到写"死"字的纸卷，就立刻杀头。

　　有位正直的大臣遭到得宠宰相的诬告陷害而被强加了罪名。宰相为了使大臣在抓阄时无有生的希望，便用重金收买了掌管木箱的法官。法官同意两张都写"死"字。这样无论大臣摸到哪一张，都是死。一个有正义感的仆人把这事告诉了狱中的大臣，大臣很感激他。抓阄的时间到了，法官把木箱放在国王面前，宰相站在一旁心想："这回他是死定了。"大臣泰然地走到木箱前，伸手摸了一张。可是结果呢，大臣并没有死，国王依据法律把他放了。

　　请你猜一猜，大臣用什么办法免除一死呢？

让人犯愁的驴

难度等级 ★★★☆☆

　　爷孙二人牵一头小毛驴去赶集。爷爷让孙子骑着毛驴，他跟在后面赶着走。走不远就听到路上的人指责说："你看那个孩子，真不懂事，他骑着驴，让老人在后面走。"听了这话，孙子赶忙下来，让爷爷骑上毛驴，没走多远，又听见别人批评说："这老头真狠心，让小孙子在后面走，自己骑在驴上。"爷爷听到这些话忙从驴背上下来，和孙子一起在驴后面走。走了一会儿，又听见别人讥笑说："你看这一老一少，真是一对大傻瓜，放着驴不骑，却磨鞋底子受累。"听到这些话，爷孙二人都骑上了驴。刚骑上驴走了几步，就听到："哼！也不怕把毛驴压死，看来他们馋驴肉了！"听到这种谴责，爷孙二人下来，拿出绳子把驴捆起来，找一根木棒抬着走。这样一来，过路的人更笑了，说："这爷孙二人真是大傻瓜……"爷孙二人停下说："一人骑、二人骑、都不骑、都骑、抬着毛驴，都不是！这可怎么办？"他们发起愁来。

　　你看他们该怎么办？

立鸡蛋

难度等级 ★★★☆☆

　　1493年，哥伦布发现美洲新大陆返回西班牙。国王为哥伦布举行盛大欢迎会。有些贵族心怀嫉妒，他们想当众给哥伦布难堪。有人对哥伦布说："谁都能横渡大西洋，找到那个岛，不过是让你正巧碰上了。其实，这是世界上最简单不过的事了。"接着七嘴八舌地挖苦哥伦布。哥伦布顺手从桌上拿起一个鸡蛋，举到贵族们面前说："先生们，你们谁能让这个蛋尖朝下竖立起来？"马上就有人上来试放，但他们最后得出一致结论说："这是完全不可能办到的事情。"哥伦布拿起鸡蛋就竖立起来。

请问哥伦布是如何把鸡蛋竖起来的？好多同学都知道这个故事，哥伦布用打破鸡蛋的办法使鸡蛋竖立了起来。但有人感到有些美中不足。你能不能在不打破鸡蛋的前提下把鸡蛋在桌子上竖立起来呢？

吴七的笑话

难度等级　★★★☆☆

有位国王，生活得百无聊赖。他下了一道命令："谁能讲故事使国王哈哈大笑，就赏给谁10两黄金；若不能引国王大笑，赏100大板。"于是有许多人到国王那里去讲笑话，可惜没有一个人能让国王发笑，每个人都挨了100板子。

有一个叫吴七的人，主动要求进宫讲笑话。可是吴七是贫民，不能随便进宫，有位大臣就跟吴七说："我领你进宫，但你得到的赏钱要分给我一半。"

吴七进宫见了国王，比比画画地一连讲了三个笑话，不但没有把国王讲笑，反而使国王气愤起来。旁边的大臣也烦躁起来。国王命令卫士打板子。

打到50板子时，吴七喊道："陛下，请住手！我有话要讲。"国王命令道："住手！让他讲。"吴七讲了几句话，国王听得哈哈大笑，奖励了吴七。你知道吴七讲的是什么话吗？

谁是凶手

难度等级 ★ ★ ★ ☆ ☆

这是一宗十分奇妙的案件。有两兄弟，为了争夺家产结了仇，见面都互不理睬。

有一天，人们发现哥哥死在街头，而弟弟却失踪了。

警方在现场调查发现：死去的哥哥的血型是A型，而在他身上，发现有AB型的血迹，警方认为是凶手留下的。据调查，死者的父亲的血型是O型，母亲的血型是AB型，但死者弟弟的血型是什么，却不清楚。

有人认为杀人凶手一定是死者的弟弟。你根据上述材料想想看，失踪的弟弟会不会是凶手？

老虎和牛

难度等级 ★ ★ ☆ ☆ ☆

三头牛和三只虎要渡过河去，只有一条小船，每次能运装两头过河，但不能空船回来，为了防止虎吃牛，在一边岸上的牛数不能少于虎数。

应该怎样渡？至少需要渡几次？

PART SIX
综合判断能力

哥哥要钱

难度等级　★★☆☆☆

哥俩儿花一样多的零花钱买了点心。哥哥对弟弟说："这种点心3块钱一个，你可以比我多吃2个，你再给我6块钱。"

哥哥这样要钱公平合理吗？

白色乒乓球　　　　　　　难度等级 ★★☆☆☆

　　小雪一直吵着要明明陪她一起打乒乓球。明明被吵得实在受不了，于是想了一个妙计："小雪，这袋子里放了两个乒乓球，一个黄色的，另一个是白色的。现在，要你伸手进去拿乒乓球。如果你拿到黄色的，我就陪你玩，但如果拿到白色的，你就要放弃了，而且不能再吵我！"

　　小雪的眼睛顿时亮了起来，但此时却瞥见转过身的明明放了两个白色乒乓球进去。

　　那么，不论她拿到哪一个都会是白色的。

　　请问，小雪是不是玩不成乒乓球了？

判断正误　　　　　　　　难度等级 ★★☆☆☆

　　1．小芳的叔叔是小芳姐姐的祖母的儿子。

　　2．如果某一年的7月是31天，那么这一年的8月应该是30天了。

　　3．一个人在6点钟时走进车间，他把挂在地图上的时钟倒挂过来，发现时针正指向地图上的南方。

　　4．一个小孩用一个半径为6厘米的半圆形卡片制作圣诞卡。他想在上面贴一张长6厘米、宽3厘米的图片，但他发现这张图片根本不能完全放进这个半圆形的卡片内。

　　5．幼儿园老师给了第一个孩子10块甜饼，给了第二个孩子15块，给了第三个孩子21块，给了第四个孩子28块。按照这组数列的排列规律，老师应该给第五个孩子35块甜饼。

　　6．有10个小孩在一起玩雪球。如果每一个小孩都要向其他的每一个小孩扔一个雪球，那么总共扔出了90个雪球。

　　7．森特的包里有30双红袜子和22双白袜子，如果他随机地从包里掏3次袜子，每次取出一只袜子，他肯定能得到一双配对的袜子。

8. 如果一个花环由7片花瓣组成，那么就需要8个连接带。

9. 如果蓝气球比绿气球大，蓝气球同时又比红气球大，那么绿气球比红气球大。

10. 一个农场是一个正六边形，筑3条直栅栏可以把这个农场平均分成6块。

11. 击鼠标比赛开始了。参赛者有小宝、小军和小乐。小宝10秒能击10下鼠标，小军20秒能击20下鼠标，小乐5秒能击5下鼠标。以上各人所用的时间是这样计算的：从第一击开始，到最后一击结束。现比赛要求击40下鼠标，比谁快。那么，他们三个人会打成平手。

12. 一只驯鹿驾着雪橇往西走5个街区，然后往南走10个街区，再往东走5个街区，又往北走5个街区，现在雪橇在起点以南5个街区处。

13. 汤姆在湖中看见了自己的倒影。他右肩上有一个包，在倒影中，这个包跑到了左肩上。

14. 强强有两只左手戴的手套而没有右手戴的手套，他发现只要把这个左手手套翻过来，就可以戴在右手上。

你能快速、准确地判断以上说法的正误吗？

岂能难住我

难度等级 ★★☆☆☆

有个老头性情怪僻、固执。这天，他拿来一个四方形的窗框，想刁难木工阿吉。他说："这扇窗太亮了，所以我要把窗户减小一半。但绝对不能减少窗框的长度和宽度。当然也不允许用把窗户遮住一半这个办法。"

"我怎么能被这个问题难住呢？"阿吉考虑了一下，随后顺利地解决了这道难题。

你知道阿吉用了什么方法吗？

谁是告密者

难度等级 ★★☆☆☆

在某别墅，一个爱养鹦鹉的单身女子被杀。凶手是一个叫田中的人，他用刀将女子刺死后逃走了。被害人在断气前连叫了好几遍："凶手是田中，凶手是田中。"由于该别墅坐落在林中，而且窗户紧闭，喊叫声无法传到外面，所以，被害人怎么喊叫凶手的名字也没用。第二天，尸体被发现，警察勘查现场后，马上断定凶手就是田中。

那么究竟是谁告的密呢？

奇特的决斗

难度等级 ★★★☆☆

有一场奇特的决斗。如下图所示，A、B两人把各自的杯子摆放好，侍者再把盛有毒药的杯子放在C处或D处，用这3个杯子决斗。从任意一侧把毒药换到与毒药杯子相邻的杯子里，换到第55次时，自己的杯子被注入毒药的一方必须把毒药喝下去。

假如你是侍者，想暗中让A取胜，那么该把毒药杯子放在C处还是D处？

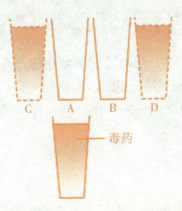

水果的顺序   难度等级 ★ ★ ★ ☆ ☆

在一个集市的水果摊上，有人把20种水果并排放成了两排。下列各句中的"在左边""在右边"指的是在同一行，"在前面""在后面"指的是在另一行的相对位置。

葡萄在柠檬和杧果的右边，杧果在油桃的左边，油桃的后面是番木瓜。樱桃在草莓的后面，在李子的右边，在柿子的左边。柿子在枇杷的右边，枇杷在杏子的左边。橘子在梨的右边，在李子的左边，李子在桃的右边，桃在樱桃的左边，在橘子的右边。

酸橙在梨的前面，在西瓜和香蕉的左边，香蕉在黑莓的左边，黑莓在西瓜的右边，西瓜在草莓和香蕉的左边。树莓在柠檬的左边，柠檬在黑莓和草莓的右边，草莓又在香蕉的右边，在树莓和杧果的左边，杧果在柠檬的右边。

油桃在葡萄的左边，葡萄在树莓的右边，树莓在草莓的右边。番木瓜在番石榴的左边，番石榴在枇杷的右边。枇杷在樱桃的右边，在柿子的左边，柿子在杏子的左边。

你能根据上面的信息，把各种水果排成合适的顺序吗？

三兄弟的房间   难度等级 ★ ★ ★ ☆ ☆

小明有两个兄弟，他们三兄弟分别住在三个互不相通的房间，每个房间门上都有两把钥匙。

请问：如何安排房间的钥匙才能保证小明三兄弟随时都能进入每个房间？

头上沾泥的孩子

难度等级　★★★☆☆

　　一个教室里有10个孩子，其中有7个孩子的额头上沾了泥巴。每个孩子都能看到别的孩子额头上是否有泥巴，但无法看到自己的。这时，老师走进教室，他说："你们中间至少有一个人额头上有泥巴。"然后，他问："谁知道自己额头上有泥巴？知道的请举手。"他这样连续问了6遍，无人举手，当问到第7遍的时候，所有额头上有泥巴的孩子都举起了手。

　　你知道为什么吗？

两家商店

难度等级　★★★☆☆

　　某城镇有A、B两家商店，他们都以批发价7000元进了相同的货。A店进了该货10个，每个零售价9000元；B店也进了10个，但每个零售价1万元，除此之外，两店其他条件均一致。那么顾客当然要先在价格便宜的A店买，只有当A店的该货全部卖光后，才会到B店去买。

　　某一天，来了16个客人都买此货，假定两店价格都不变动，且这16个人每人只能买1个。

　　请问，在这一天B店能否做到比A店赚得多？

他们有多大

难度等级 ★★★☆☆

某客车上的甲、乙、丙3位乘客，分别和车上的3个乘务员（司机、售票员、检票员）的年龄相同。现在只知道：

（1）甲今年25岁；

（2）检票员昨天下棋输给了与甲同岁的乘务员；

（3）乙今天是回沈阳老家去的，和乙同岁的乘务员碰巧又是他同乡；

（4）司机的年龄是他女儿年龄的3倍，她现在在家乡湖北上小学；丙的年龄比司机的女儿大20岁。

司机今年多少岁？售票员和哪位乘客同岁？

赛跑

难度等级 ★★★☆☆

A、B、C、D四个孩子赛跑，一共赛了4次，其中A比B快的有3次，B比C快的有3次，C比D快的也有3次。大家可能很容易想到D一定跑得最慢。但事实却是，在这4次比赛中，D比A快的也有3次。

你能说出这是怎么回事吗？

对时钟

难度等级　★★★☆☆

一天下午，小华在家里做作业，发现家里的时钟停了。他便到胡同口的钟表店去对时间。在店里碰到一位老大娘问路，小华热情地给她指了路，然后看好钟点回到家后，凭心算拨好时钟。晚上爸爸回来了，他知道爸爸的手表走得很准，便要过爸爸的手表和时钟对了对，发现一分也不差。

你能说出小华是用什么方法拨准时钟的吗？

间谍的使命

难度等级　★★★☆☆

一个闷热的夏天，某间谍奉命杀死某个敌人。于是该间谍制作了如下图所示的装置。在碟子里放入液体，这种液体只要沾上少量的水就会发生反应而产生毒气。他还在杯子里装了浮着冰块的满满一杯水。这个装置就放在那个敌人的房间里。

你认为该间谍的谋杀计划能成功吗？

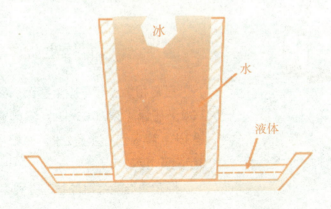

盲人分袜子

难度等级　★ ★ ★ ☆ ☆

　　两个盲人脚的大小一样，一同去商店买袜子。两人各买了一双黑的和一双蓝的。蓝袜子和黑袜子的质地、型号、商标完全一样。他们各自用纸包着，放在同一个提包里。等到两人到家时，发现纸包散开了，袜子混在一起，只是商标还完好，每双袜子还连在一起。两人商量了一下，想出了一个分袜子的好办法，结果每人拿了一双黑袜子和一双蓝袜子回家去了。

　　请问，他们想出的是什么办法呢？

谁能取胜

难度等级　★ ★ ★ ☆ ☆

　　猎豹和狮子在平原上赛跑，距离是100米往返（共200米）。猎豹跨一步是3米，狮子跨一步是2米。但狮子每跑3步猎豹才跑2步。

　　你知道谁能夺得最后的胜利吗？

X星球的粮食

难度等级 ★★★☆☆

X星球上的粮食与众不同。帕拉（P）和麦巴（M）是浮游在水中的物体。两个帕拉或两个麦巴就可成为一个人的粮食。不过，一个帕拉和一个麦巴组合在一起却不能成为粮食。水很浑浊，只从水面看不出哪个是哪个，把手伸进去摸，它们的大小、手感也都没什么区别。

要一次获得3个人的粮食，最少必须抓到几个物体？

掺水的牛奶

难度等级 ★★★☆☆

现在有半杯牛奶和一杯水，把少量水倒入牛奶中，然后慢慢地把牛奶和水的混合物倒回水杯中一些，直到牛奶杯仍是半杯为止。

我们的问题是：现在，牛奶杯中的水是否比水杯中的牛奶多？

甜饼的诱惑

难度等级 ★★★☆☆

　　有3个旅行家去了远方的埃比城，回来的时候，他们3人去了一家餐馆用餐。吃完饭后，他们点了一盘甜饼，并打算平分。可是，甜饼还没上来他们就都睡着了。第一个人醒来时看见了甜饼，于是把他那份吃了，接着又睡着了。第二个人不久也醒了，也把认为属于他自己的那份甜饼吃了，然后很快又睡着了。最后，第三个人醒来发现了甜饼，把认为属于自己的那份吃了，然后也进入梦乡。他们在鼾声中度过了那一夜。第二天，服务员将盛有甜饼的碟子收走了，这时桌上剩下8块甜饼。

　　那么，你知道桌子上原来有多少块甜饼吗？

有多少硬币

难度等级 ★★★☆☆

　　查燕妮喜欢把钱存在一个"心"形小存储罐中，朋友笑她将钱装在"心"里，而且里面装的全部是硬币。当她数钱时，她发现了一个极巧的事：她的1500枚硬币正好是800元，硬币分为1元硬币、5角硬币以及1角硬币。

　　那么，你能说出这些硬币各有多少个吗？

猎人的收获

难度等级 ★★☆☆☆

　　有一天，猎人出去捕兔子，直到天黑才回家。妻子问他："你今天打了几只兔子？"由于猎人平时爱与妻子玩文字游戏，便回答："捕了6只没头，8只半个，9只没有尾巴的。"而聪明的妻子马上就明白他捕了几只。

　　请问，猎人究竟捕了多少只呢？

非常任务

难度等级 ★★☆☆☆

　　给你提供一个盆、少量水、一个烧杯、一个软木塞、一枚大头针和一根火柴，任务是使所有的水都进入烧杯内，但是不能把盛水的盆端起来或者使之倾斜，也不能借助所提供物品外的其他物品使水进入烧杯。

　　请你想一想：怎样才能完成这个任务呢？

春游　　　　　　　　　　　难度等级 ★ ★ ★ ☆ ☆

　　人民路小学三、四、五年级的同学乘汽车去春游。如果每车坐45人，有10人不能坐车；如果每车多坐5人，又多出1辆汽车。请问，一共有多少辆汽车？有多少名同学去春游？

轮船的航程　　　　　　　　　难度等级 ★ ★ ★ ☆ ☆

　　一天，莱特尔公司一共发出了3艘轮船，驶出大亚湾海峡并驶向威尼尔海湾。第一艘轮船12天后从威尼尔海湾返回，第二艘轮船用了16天完成了航行，而第三艘轮船用了20天才回到大亚湾。因为轮船在港内的恢复时间是12个小时，所以轮船抵港的日期就是它们返航的日期。

　　那么，需要多少天这3艘轮船才能再次同一天驶出大亚湾？同时，在这期间每一艘轮船将会航行多少次？

精品生意

特伯尔在新建的库尔小区内开了一家小型精品饰品店。他的店内有两个用水晶做成的小饰品，特伯尔把它们当作镇店之宝。昨天，特伯尔把这两个镇店之宝卖了，他先把第一个水晶饰品以198元卖掉，赚了10%，然后又把第二个水晶饰品以198元卖掉，这次赔了10%。

那么，特伯尔在这两个水晶饰品交易中是赚了还是赔了？

圣诞晚餐

难度等级 ★★★☆☆

　　玛可的爸爸妈妈都是生意人，家庭生活比较富裕。每年的圣诞节，家里都会办得非常隆重。今年也一样，圣诞晚上一家人又团聚在一起了。饭桌上有一个祖父，一个祖母，两个父亲，两个母亲，四个子女，有三个孙子女，一个兄弟，两个姐妹，两个儿子，两个女儿，有一个公公，一个婆婆，一个儿媳妇。说了这么多，其实只有七个人。

　　请问：（1）七人中男、女各几人？

　　（2）玛可如何称呼其余六人？

可以植多少棵树

难度等级 ★★★☆☆

　　爸爸见达伦好动，于是，宣布把后院仅剩的一块三角形土地分给他。达伦听后，非常高兴，一边哼着歌，一边在想："呵呵，我终于有了自己的地盘喽！"达伦打算将三角形土地的每条边都种上树。三条边的长度分别为156米、186米、234米，树与树之间的距离均为6米，三个角上都必须栽一棵树。

　　若是这样，请问达伦一共可以植多少棵树？

卖苹果

难度等级 ★★★☆☆

有两筐各30千克的苹果要卖。其中，一筐大苹果每2千克卖6元，另一筐小苹果每3千克卖6元。这时有个人过来说："这样分开卖，还不如搭配着卖。2千克大苹果搭配3千克小苹果，一共卖12元。"卖苹果的认为这个建议合理，就开始搭配着卖。于是这个人又说："那我就全买了。5千克搭配苹果12元，60千克为12×12=144元。"卖完苹果后，卖苹果的人发现上当了。

请问卖苹果的人是怎么上当的？

步行时间

难度等级 ★★★☆☆

某公司的办公大楼在市中心，而公司总裁Q先生的家在郊区一个小镇的附近。他每次下班以后都是乘同一次市郊火车回小镇。小镇车站离家还有一段距离，他的私人司机总是在同一时刻从家里开出轿车，去小镇车站接总裁回家。由于火车与轿车都十分准时，因此，火车与轿车每次都是在同一时刻到站。

有一次，司机比以往迟了半个小时出发。Q先生到站后，找不到他的车子，又怕回去晚了遭老婆骂，便急匆匆沿着公路步行往家里走，途中遇到他的轿车正风驰电掣而来，立即招手示意停车，跳上车子后也顾不上骂司机，命其马上掉头往回开。回到家中，果不出所料，他老婆大发雷霆："又到哪儿鬼混去啦！你比以往足足晚回了22分钟……"

你知道Q先生步行了多长时间吗？

故布疑阵

难度等级 ★★★☆☆

　　菲利普打电话给他的好友——警察斯蒂芬，说自己的叔叔可能出事了："我们今晚约好一同吃晚饭，但他没来。你能不能陪我去他家里找找他？"

　　路上，菲利普对斯蒂芬说："我叔叔认为最近几天他被贼盯上了。他有一大笔现金，藏在密室的保险柜里，不过这件事让一个保姆透露了出去。"

　　两个人来到菲利普叔叔的屋子，门没锁，只有门口厅室里一盏灯亮着。斯蒂芬建议说："最好查看一下密室。"

　　菲利普在前面带路，来到黑漆漆的密室门口，停了一下说："最里面的角落有盏落地灯。"便走进黑森森的屋子，看不见人。一会儿，落地灯打开了，房间里顿时明亮如昼。菲利普的叔叔横卧在地板上，脑袋上有条很大的伤口。

　　菲利普跨过他叔叔的身体回到门口："他……他死了？"斯蒂芬察看了一下伤势，说："他没事，不过你要倒霉了，最好把整件事情讲清楚，我可以请求法庭对你宽大处理。"

　　菲利普在哪儿露出了马脚？

自杀还是谋杀

难度等级 ★★★☆☆

贝塔死了，是中毒而死。为此，安娜和贝思受到了警察的传讯。

安娜：如果这是谋杀，肯定是贝思干的。

贝思：如果这不是自杀，那就是谋杀。

警方做了如下的假定：

（1）如果安娜和贝思都没有撒谎，那么这就是一次意外事故；

（2）如果安娜和贝思两人中有一人撒谎，那么这就不是一次意外事故。

最后的事实证明第二个假设是正确的。

那么，贝塔之死的原因究竟是什么？自杀还是谋杀？

小鸟吃虫子

难度等级 ★★★☆☆

在一个虫子不太多的日子里，黄鸟、白鸟、黑鸟、绿鸟4只鸟还是想方设法各自捉到了一条虫子。虫子的长度各不相同，分别是3厘米、4厘米、5厘米、6厘米。以下是4只鸟的话，其中，捉到红色虫子的2只鸟的话是真话，捉到黑色虫子的2只鸟的话是假话。

黄鸟："我捉的虫子有4厘米或者5厘米长。"

白鸟："黑鸟捉的虫子是3厘米的红虫子。"

黑鸟："绿鸟捉的虫子是5厘米的黑虫子。"

绿鸟："白鸟捉的虫子是4厘米的红虫子。"

请问：每只鸟分别捉到了多长的什么颜色的虫子？

PART SEVEN
参考答案

直觉判断能力答案

 口中的烟

有可能。可以认为卡马霍克嘴里含着嚼烟。烟草中除了普通的卷烟之外，还有烟丝、鼻烟、嚼烟等。其中，鼻烟和嚼烟是不需要点火的。

 奇怪的公路

会。去的时候是右转弯的话，回来肯定是左转弯，左右的转弯次数按理是一样的。但如果是单行道的话，左右转弯的次数则会有差异。

 鸡蛋不破

可以。只要将生鸡蛋的高度拿到1米以上，然后让鸡蛋自由下落，当它下落了1米的时候，并没有碰到地面，当然不会破。

🔑 还剩几只兔子

还剩下两只。一只是死的，另一只就是那只奄奄一息的，其他的都跑了。

🔑 哪颗星球

地球。在地球上你随便往上空扔一块石头，它都会回来的。

🔑 火车的位置

当然在铁轨上。

🔑 剩下的蜡烛

3根。就是被风吹灭的3根，其他的都烧完了。

🔑 空水壶

可以把水倒出来，题目并没有这么限制。

🔑 羊吃草

绳子的一头虽然拴住了羊脖子，但是另一头并没有拴在树上。所以羊是自由的，能够吃到牧草。

🔑 奇怪的价格

比方说每一串肉丸上串有3个肉丸，一串30元，吃2个剩1个也必须付30元。这是计价的单位造成的。这类实例很多。如果能领悟到30元、60元不光是抽象的数量，而且也是具体物品的单价，就能找到解决问题的方法。

 奇怪的礼物

小涛送给小明的是一个足球。

胡萝卜汁哪儿去了

因为约翰仰着头、张着大嘴巴把倒下来的胡萝卜汁全部喝光了。

 水手

其实问题是如此简单，这个小伙子穿着水手制服。我们常常被一些无用的数字信息所蒙蔽。

汽车大赛

仍然是12.56米。因为外轮与内轮的间距为2米，所以不论怎样的圆周，差距都是外侧圆周和内侧圆周的直径差乘以圆周率，即4×π（3.14）≈12.56，直径差是不会发生变化的，因而周长差与圆的直径大小无关。

 喝咖啡

一杯咖啡。

寻找出发点

他的出发点在北极。

🔑 猜准扑克牌

掀开看。只要没有所谓的特异功能，不掀开看是不可能猜中的。也许你会从"一猜就中的方法"这些字眼着手考虑，可是，问题里并没有给这些条件。要回答这种一眼看上去凭直觉便知道是不可能的问题，关键是找出回答它的条件。

🔑 奇怪的交通工具

小赵乘坐的是跳伞用的飞机。途中，其他人都从飞机上跳伞了，只有小赵又坐着飞机返回了，所以人们说他"太不勇敢了"。机上的另一个人是驾驶员。

🔑 谁的照片

如果你的答案是"照片上的人是他自己"，那你就错了。你可能会这么想，他既没有兄弟，又没有姐妹，他父亲的儿子，当然是他自己。这里，你错误地接受了心理暗示，而没有仔细看条件。根据条件，他父母的儿子，也就是他，并不是照片上的男人，而是照片上的男人的父母，也就是说，他是照片上男人的父亲。因此，照片上的男人是他的儿子。

🔑 圣彼得堡的飞艇

飞艇降落在圣彼得堡的东边。因为地球是球形，越向北经线越接近。飞艇从圣彼得堡向北飞500千米，向东飞500千米，向南飞500千米，再向西飞500千米，最后降落在圣彼得堡的东边，离圣彼得堡约77千米的地方。飞艇飞行与步行的性质不同，因为步行的距离短，不受经度线的影响。

妈妈的好办法

能。将香蕉、苹果、草莓做成饮料，这样3个人就可以喝到等量的3种水果的混合饮料了。要考虑到物质形态的相互转化，这种思考方法是训练直觉力的基本要求。

孤独的沙漏

杨先生是宇航员，这回的工作地点是失重的宇宙空间，沙漏计时器无法使用。被语言所迷惑，就有可能看不清事物的本质。如果能做到不受"沙漏计时器""刷牙"等日常生活用语的束缚，凭借直觉力就能答出此题。

神枪手

老田发射的子弹总是在600米内就射中了猎物，他是一个很棒的猎人。

用何种语言

能。用汉语转告就行。

奇怪的钟

这是修钟的人的失误。修理时，他把分针和时针弄颠倒了。

骆驼商队

45分钟。一开始人们往往容易理解为5×10=50，应听到50分钟骆驼的叫唤声。但是实际上只听了45分钟。因为烙了9头后，剩下的一头不用烙就能与其他骆驼区分开来了，所以只需要在9头骆驼身上烙印即可。

买剪刀

瞎子可以说话，只要说出来就行了。

画中的窗户

有可能。如果画家在房子的墙上画壁画，那么房子的窗户就成为画里的窗户了。

沉船逃生

这种说法不对。获救的应是13人。因为返航的小艇上需要一个驾驶员。

智取跳板

建筑工人从那幢楼乘电梯下来之后，从另一幢楼的正门进去，乘电梯上楼顶取回的跳板。

是否高兴

因为西乡先生自己丢了700元钱，刚刚还为找不到那200元而着急呢，怎么能高兴起来？

赛马

这样的结果是可以发生的：
第一次：甲、乙、丙、丁；

第二次：乙、丙、丁、甲；

第三次：丙、丁、甲、乙；

第四次：丁、甲、乙、丙。

🔑 哪座钟坏了

发生故障的那座钟是电台或电视台的报时钟，或者是钟塔上的大钟。当人们看到它时，只会认定是自家的钟出了问题，因而全城的人都到钟表店修钟。

🔑 奇怪的折纸

答案是1厘米。把1厘米厚的火柴盒扯开铺平后再思考的话，就很容易明白了。回答这个问题也需要靠直觉，从日常生活中汲取灵感是强化直觉力的重要手段。

🔑 鱼饵

一种鱼是另一种鱼的饵料，小明的爸爸只需要买一种鱼的饵料就行了。鱼或某些动物，成为别的鱼或其他动物饵料的种类总是相对较多，因此其存在总数就多；越强大的动物成为食饵的可能性越小，它的数量也就越少，这是自然规律。

🔑 神秘之物

这个东西就是用于表示日期的数字"1"。"1号"之后没有带"1"的日期，直到9天后"10号"出现。再之后直到"19号"为止都带"1"，在"19号"之后夹了个"20号"，两天后到"21号"，再一次出现"1"，然后一直到10天后的"31号"或"1号"。一年只有2月份的日子少，所以一年中只有一次是8天或

9天后再现"1"。

 外星人的描述

就是圆规呀！日常生活中的即使非常熟悉的东西，如果换个角度看就会有意外的发现。

 简易计量法

只要把盖着瓶塞的药瓶倒转过来，再看看刻度便一目了然。

 高兴的事

安田先生找到的东西是受伤或者生病时用的药。不使用药物，说明很健康，当然是好事了。

 跷跷板

跷跷板将恢复原状。因为冰块开始融化后，跷跷板的平衡状态被破坏，西瓜便会翻滚落地，跷跷板从而倾向冰块一方。但过不了多久，冰块会完全融化，跷跷板便恢复原状。

在探索某个问题时，每当闯过一关，我们的心情就会出现放松现象。这道题要得出正确答案会出现两次放松现象。一次是，冰块融化变轻，另一次是西瓜落地。在紧张思考的过程中，这就是陷阱。所以，在似乎得出答案的时候，还必须有意识地努力去想想还有没有其他问题。

观察判断能力答案

 相交的直线

　　要使交点的数目最少并不难：让所有的线都平行。而要交点的数目最多就要难得多了。2条线只能交于1点；3条线最多交于3点；4条线最多交于6点，以此类推。

　　经过反复的试验，你将会找到交点数目最多的解法。所有你需要做的就是避免让任意两条直线相互平行，那么最终任意两条直线都会相交，如下图所示。

　　所以，对于5条直线而言，最多有10个交点。

 改变楼房形状

答案如下图所示。

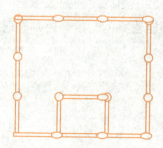

🗝 正方形的面积

既然是用最快的速度，那就是要用最简便的方法，所以我们就不要去一步一步地算了。从下面的图形我们可以看出，中间的正方形的四个边分别连接着4个不完整的正方形，那么我们就要想办法将这4个不完整的正方形补齐。

首先我们先看一看多余的那几块三角形，原来，它们正好能补齐这4个不完整的正方形，如下图所示，那么，现在问题就很容易解决了。

因此，中间正方形的面积是原来图形面积的 $\frac{1}{5}$，也就是5厘米。

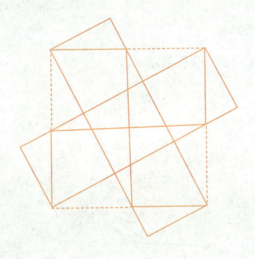

🗝 能穿洞的立体物

是用海绵做成的东西。如果被形状所束缚，就无法解答这个问题。另外，"立体物"也是一个陷阱，因为立体物如海绵这类东西也是可以变形的。

12根火柴

如下图排列，组成55个正方形。

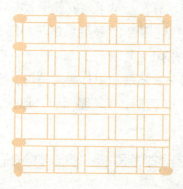

 隐藏的五角星

五角星的位置如下图所示。

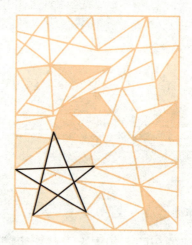

 分割立方体

（1）3面黑的有8个；

（2）2面黑的有12个；

（3）1面黑的有6个；

（4）无色的只有1个。

如下图所示，8个角上的小立方体是3面黑；各面上有"○"的是1面黑，有6个；最中心的无色，仅有1个；剩下的都是2面黑。

 哪座钟准确

C（b）。因为题中强调的是相邻两天的同一时间。

 比大小

两图的阴影部分面积一样大。

 黑白天平

F。根据其他6座天平所示的重量判断，应该是黑砖比白砖重，而F天平中黑砖和白砖重量相等，因而，F天平与其他6座不同。

🤏 **旋转的圆圈**

会看到这些圆圈都在高速旋转。

神秘的洞

沿L形的方向剪下正方形的一部分，然后将其向对角翻转，令有洞的部分居于纸张中心。

 狗熊的足迹

仔细观察熊的足迹，你会发现途中两只脚的方向不一致。观察现象要敏锐。以足迹为题耐心地追踪足迹也是解决问题的一种手段。一说画中有错，人人都会带着问题意识来看这幅画。但是，本题提醒我们不要由别人提出问题，而应该通过细心观察生活中的各种现象去发现问题。

 异样的立方体

注意每个立方体中5个黑点的走向，如下图所示。第①、第②和第③个立方体的5个黑点的走向都如图A所示，只有第④个正方体的3个黑点的走向如下图B所示。因此，异样的立方体是第④个。

A

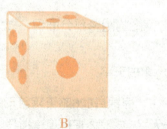
B

 鱼形图案

10个三角形。

🗝 **封门**

　　从图中可见，在这6个房间中，每个房间至少有3道门。这说明每个房间他至少要经过2次。再从题目的意思来看，这6个房间中，只有2间（接待室和卧室）的门数是奇数，其余房间的门数是偶数，方能实现由接待室"出进出"，至卧室"进出进"。从图中可知，A、D、E、F四个房间各有3道门。因此，我们必须把某一道门封掉，当封掉这道门后，使具有奇数道门的房间只剩下2个。不难看出，封掉3号门后，只有D、F两个房间是奇数道门，于是，约翰叔叔就能实现关门的愿望。这时D和F分别是接待室（或卧室）和卧室（或接待室）。约翰叔叔要实现关门愿望的路线有很多种，这里仅画出一种（以D为接待室），如下图所示。

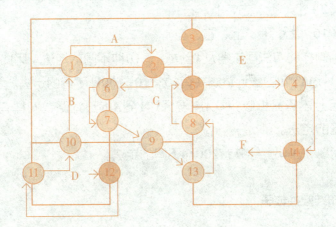

🗝 **送通知**

　　送通知的路线是：乡政府—21—17—18—12—11—6—5—2—1—4—3—8—7—13—14—19—20—15—9—10—16—乡政府。

上学的路线

我们将小马上学的路线分成两种情况：从A出发经过X到B和从A出发经过Y到B。从A到X共有10种不同的走法。这10种走法是：

（1）右、右、上、上、上；

（2）右、上、右、上、上；

（3）右、上、上、右、上；

（4）右、上、上、上、右；

（5）上、右、右、上、上；

（6）上、右、上、右、上；

（7）上、右、上、上、右；

（8）上、上、右、右、上；

（9）上、上、右、上、右；

（10）上、上、上、右、右。

用同样的方法可求得从X到B也有10种不同的走法。因此，从A出发经过X到B的最近路线共有10×10=100种不同的走法。

与上述情况相似，从A出发经过Y到B的最近路线同样有100种不同的走法。

所以，小马上学共有200种不同的走法。

布娃娃换位子

老三从E—B，老二从F—E，老大从A—F；

老三从B—A，老二从E—B，老四从D—E；

老五从C—D，老二从B—C，老三从A—B；

老大从F—A，老四从E—F，老三从B—E；

老二从C—B，老五从D—C，老三从E—D；

老四从F—E，老大从A—F，老二从B—A。

🔑 木头的体积

可以说大于，也可以说小于。因为从图上看，棱长为5厘米的这一块不知是凹还是凸。多数人可能会以凹来计算，得到的答案是小于1000立方厘米。但不能断定这就是正确答案。当你仔细看时，又会发现这部分是凸出来的。

🔑 堵冰缝

第27块浮冰。

🔑 换个角度看世界

（1）一只在老鼠洞门口守候的猫。
（2）放在老鼠洞门口的一大块奶酪。
（3）一个小孩戴着太阳帽，穿着花裙子，骑着自行车去兜风。
（4）一只小熊爬到树上去找蜂蜜。
（5）一座桥和它在水中的倒影。

🔑 挖方格

挖去正中间一格（13），恰好是四个2×3的长方形，而每个长方形可分为2个1×3的小长方形。因此，为满足题目条件的需要，必须挖出图中编号为13的小方格。

🔑 奇怪的图形

多少块也不可以，这是一个设计有错误的图形，根本不能制成。

🔑 **垒积木**

（1）答案如下图所示：

（2）答案如下图所示：

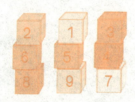

找到答案的思路很简单：1～9九个数字之和是45。情况（1）中，每摞积木的三个数字之和都等于15；情况（2）中，三摞积木的数字之和分别是16、15和14。掌握了这个特征，就不难找到答案了。

🔑 **猜猜背面**

应为4个小黑点。立方体平面图展开如下图。

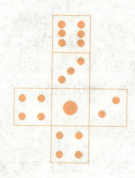

分析判断能力答案

 粉笔盒

只需要取一次。

验看标有"白、红"那一盒，若拿出一根是白色的，可判断这盒是"白、白"的（因为标记写错了，不可能是"白、红"的）。于是标有"红、红"的一定是"红、白"，而另一盒为"红、红"。

若拿出一根是红色的，同样道理也可以依次判断出来。

 过山涧

一个人可以把木板向山涧的另一端伸出一部分，并站在木板的另一端压住。另一个人可以把木板搭在自己的一方与对方的木板之间，就可以从容过去了。然后他再压住木板，让对方过去。

 丢掉的袜子

20只袜子配对一共有190种情况。你可以自己来检验：将1~20写在一张纸上。与1可以配对的有剩下的19个数；然后跳过1（因为我们已经考虑了所有含有1的配对情况）看2，有18种配对情况，因此现在已经有19+18=37种配对情况了；再跳过2看3，依此类推，直到数到最后的一对。你会得到下面这个等式：

19+18+17+16+15+14+13+12+11+10+9+8+7+6+5+4+3+2+1=190。

20只袜子配成一双的只有10种情况。也就是说，在190种可能中，最好的情况只有10种，而最差的情况则有180种，即最差的情况发生的可能性是最好的情况的18倍，这意味着你很可能只剩下8双袜子。

倒硫酸

在瓶内放入不同大小的玻璃弹子，使硫酸的液面上升到10升刻度处。然后倒出硫酸，使液面下降至5升刻度处即可。

三人赛跑

如果你的答案是"甲领先20米取胜"，那就错了。

甲和乙的速度之差是10%，乙和丙的速度之差也是10%，但以此得不出甲和丙的速度之差是20%的结论。

如果三个人在一起比赛，当甲到达终点时，乙落后甲的距离是100米的10%，即10米，而丙落后乙的距离是90米的10%，即9米。因此，如果甲和丙比赛，甲将领先19米。

青蛙也浪漫

青蛙王子应该选择逆时针方向蹦跳，这样，它们分别蹦跳9次以后，就能跳到同一块石头上了。

鸭梨怎么分

鸭梨是这样分的：先把3个鸭梨各切成两半，把这6个半块分给每人1个。另两个鸭梨每个切成3等块，这6个 $\frac{1}{3}$ 块也分给每人1个。于是，每个人都得到了一个半块和一个 $\frac{1}{3}$ 块，也就是说，6个人都平均分配到了鸭梨，而且每个鸭梨都没有切成多于3块。

🔑 摸石子

罐子里只留一颗石子。这种方法的准确率虽然与侍女所说的相同，但成功时得到的钻石却多得多。

🔑 算年龄

首先，确定哪个数字不表示孩子的年龄。1~13这13个数字之和是91，而3个家庭所有孩子的年龄之和是84，因此，不表示孩子年龄的数字是7。

家庭A的4个孩子的年龄只能是以下两种情况之一：12，6，10，13或者12，8，10，11。

家庭C的4个孩子的年龄只能是以下四种情况之一：4，1，3，13或者4，1，6，10或者4，2，6，9或者4，3，6，8。这样，家庭A中孩子的年龄不可能是12，6，10，13；否则，家庭C中孩子年龄的四种可能情况没有一种能够成立。因此，家庭A中孩子的年龄必定是12，8，10，11。那么，家庭C中孩子的年龄只能是4，1，3，11或者4，2，6，9。由此不难得出结论：家庭C中孩子的年龄必定是4，2，6，9，家庭B中孩子的年龄必定是5，1，3，13。

🔑 夫妻采购

设 x 表示钱德叔叔实际买帽子所用的价钱，y 表示他的衣服的价钱，则莫妮卡婶婶所买帽子的价钱也是 y，而其衣服的价钱为 $x-1$。我们知道，$x+y$ 等于15美元，所以如果将他们所花费的15美元分为两份，而其中一份是另一份的 $1\frac{1}{2}$ 倍的话，则一份必然是6美元，另一份必然是9美元。利用这些数据即可列出下列方程：

$9+x-1=6+15-x$。

由此可求出x为6.50美元，即钱德买帽子所花的钱，因此他买衣服所花的钱为8.50美元。于是得知：莫妮卡买帽子用去8.50美元，买衣服用去5.50美元，全部消费金额为29美元。

🔑 某城居民

某城居民的总数最多不可能超过518人。

把某城的所有居民依据他们头发数量由少至多按顺序编号。在这个编号中，以下两个条件必须满足：

第一，1号居民是秃子；

第二，n号居民的头发数量是（$n-1$）根。例如，2号居民的头发是1根，100号居民的头发是99根，等等。

如果不这样，居民的总数不可能比任何一个居民头上的头发总数多。

如果居民的人数超过518人，则编号大于518的居民的头发数量就会与他的编号相等，从而破坏了上面的第二个条件，使得居民的总数不可能比任何一个居民头上的头发总数多。因此，居民的总数不可能超过518人。

🔑 两个孩子的家庭

这个问题曾经出现在畅销杂志《Parade》上玛丽莲·莎凡的专栏中。她给出的答案是女人的两个孩子都是男孩的概率约为33%，而男人的两个孩子都是男孩的概率约为50%。

对这个至少有一个孩子为男孩的女人来说，她的孩子有3种可能性：这3种情况的概率都相等，因此她有两个男孩的概率为33%。

而对于这个男人来说只有两种可能性：这两种情况概率相等，因此他有两个男孩的概率为50％。

🔑 旅行花销

20美元。总之，5个人买了3件相同的东西，因此，买东西的5个人所带的外币之和能被3整除。这样就好办了，6个人所带外币总数为15+16+18+19+20+31=119（元），显然，只有在减去20的情况下，余数才能被3整除。

🔑 吃荞麦面

1.9米。在同等时间内，小林吃的面条是爸爸吃的长度的90％，妈妈吃的面条是小林吃的长度的90％。所以，当爸爸吃完10米长的面时，妈妈则吃了8.1米，剩下的就是1.9米。

🔑 考试

不正确。

胡乱填写也能答对的概率虽为 $\frac{1}{3}$，然而那是对于除去有信心答对的6道题后的24道题来说的，即从概率上来说，小王答对的是14道。这样考试就不及格了。

🔑 漆上颜色的立方体

你能够漆成：1块全红，1块全蓝，1块5面红1面蓝，1块5面蓝1面红，2块4面红2面蓝，2块4面蓝2面红，2块3面红3面蓝。即总共漆成10块颜色不同的立方体。

年薪的选择

此问题的答案完全出乎人直觉的预料，因此，回答这类问题时，千万不要凭表面现象就做出回答。

应选择B公司。计算实际收入的话，可知每一年B公司都会比A公司多出5万元。

第一年：A公司100万元；B公司50+55=105（万元）

第二年：A公司120万元；B公司60+65=125（万元）

第三年：A公司140万元；B公司70+75=145（万元）

 鞠躬

总共400次。男学生之间鞠躬90次；女学生之间鞠躬90次；男女学生之间鞠躬200次；学生们向老师鞠躬20次，总计400次。问题中，鞠躬的只是学生，老师是不鞠躬的。不注意的话就可能会忽略这一点。

 检查小球

在天平两端各放两个小球，次品的那端肯定重，然后在天平两端各拿走一个小球。如果这时天平是平衡的，那么刚才重的那端拿起来的小球是次品；如果天平还是不平衡，那么现在重的那端的小球就是次品。

 需要多少场比赛

31场比赛。你当然可通过列出的比赛程序表，从中数出所有比赛的场数，但这并不是本题所要求的。以下的思路可能会使你感到出乎意料的简明：32支参赛队中，除一支冠军外，其余31支都是失败队。这31支失败队，每队至少输了一场，也至多输了一场。因此，全部比赛共进行了31场。显然，全部进行过的比赛不可能比31场多，否则就会有一场比赛没有失败队；也不可能比31场少，否则就不会有31支失败队。

🔑 需要跑多快

求往返的平均速度，也是求平均数，若用（$v_{去}+v_{返}$）÷2=$v_{平均}$，即（$30+v_{返}$）÷2=60，得出$v_{返}$=90，便认为返回速度为90千米／小时，这样你就会得出一个错误的答案。因为求往返平均速度的准确意思是：总路程÷总时间=往返平均速度。此题中的"总路程"应为"两座城市距离的2倍"，"总时间"应为"往返时间之和"，代入相关量，整理，可知：

$v_{返}$=（$v_{平均}×v_{去}$）÷（$2v_{去}-v_{平均}$），只有当$2v_{去}>v_{平均}$时，此题才有解。然而，本题所给的条件正是$2v_{去}=v_{平均}$，所以才无解。另外，从上述关系式中可以看出，求往返的平均速度，其实与城市的距离多远没有关系。

求平均速度时都要这样想。

🔑 现在是什么时间

甲的手表误差不可能是2分钟，因为如果这样的话，丙的手表误差就至少是7分钟；甲的手表误差也不可能是3分钟，因为如果这样的话，丙的手表误差就是6分钟；所以甲的手表误差是4分钟或5分钟，而且这种误差只能是比标准时间慢，否则其余每个人的误差都会不少于7分钟。

假设甲的手表误差是慢4分钟，这样准确时间是12点58分，由此可知丙的手表误差是快了5分钟，其余两人的手表误差分别是1

分钟和4分钟，这样就没有人的误差是2分钟和3分钟了，这和题中的条件相悖。

所以，只剩下一种可能性，即甲的手表误差是慢5分钟。这样当时的准确时间是12点59分，乙、丙和丁的手表误差分别是2分钟、4分钟和3分钟。

 购买土特产

1个。付396个1美分硬币，就可以只买1个而不剩零钱了。

 三个牛仔

虽然阿莫斯和巴奇命中率都是100％，但考蒂活下来的概率最大。

理由很直接。如果阿莫斯或巴奇首先开枪，那两人中一个人必死无疑（因为他们是最大的威胁），然后就轮到考蒂射击。考蒂有50％的机会打死对手。如果考蒂抽到第一枪，他应该打偏，否则如果他打死了阿莫斯或巴奇中的一个，另一个就会打死他。

所以考蒂存活的机会是50％。

而阿莫斯和巴奇有相同的机会。如果他们没有先开枪，他们就得先被打，如果他们中某一个人先开枪，他们就有一个必死。因为两人的情况相同，所以他们俩得以存活的概率为0加上50％除以2，即25％。

 骑车去农场

迈克骑1个小时的自行车后把自行车放在路边，并继续步行2个小时，行走8千米后到达他的朋友家的农场；约翰步行2个小时后到达放自行车的地方，然后骑1个小时的自行车，这样他就能和迈克同时用最短的时间到达朋友家的农场。

逻辑判断能力答案

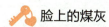 脸上的煤灰

看见对方脸脏的那位女郎，以为自己的脸也和她一样脏，便去洗脸，而看见对方脸干净的那位女郎认为自己的脸也是干净的。解题首先要正确分析题目给出的条件。这个问题的关键在于"她俩互不认识，所以并不说话"。

狄利克雷的房间

这个问题的关键在于将2号客人与13号客人相混了。

这是一种"无中生有"的认知模糊，当我们的思路随着旅店老板走时，已经认可了他的安排。

问题是，暂时住进1号房间的两个人是谁？"1号房间住进了两个人"的判断，是个模糊判断，它既可能被理解为"住的是1号客人与13号客人"，也可能被理解为"住的是1号客人与2号客人"。在这种模糊判断的误导下，人们很容易在安排过程中，以"相信"的认知心理，最终把2号客人给遗忘了。

但是，当最终的结果与事实相矛盾时，跟随旅店老板的思路就应该戛然而止，把有疑问的"相信"变为批判性的分析：先假定让13号客人住进1号房间，然后又按顺序把1号客人安排在1号房间，这样，1号客人就同13号客人住进1号房间。接下来的安排理应是：2号客人住2号房间，3号客人住3号房间，4号客人住4号房

间……12号客人住12号房间。

问题变得清晰了，由此我们也发现，我们的头脑太容易被他人的思维所左右，尤其是那些貌似合理的逻辑。

🔑 个个撒谎

根据"每个人的供词都是虚假"这一条，我们可以从反面得出以下八条真实的情况：

1.这四人中的一个人杀害了医生；

2.甲离开医生寓所的时候，医生已经死了；

3.乙不是第二个去医生寓所的；

4.乙到达医生寓所时，医生仍然活着；

5.丙不是第三个到达医生寓所的；

6.丙离开医生寓所的时候，医生已经死了；

7.凶手是在丁之后去医生寓所的；

8.丁到达医生寓所的时候，医生仍然活着。

根据这里的真实情况1、4、8、2、6可知，乙和丁是在甲和丙之前去医生寓所的。根据真实情况3，丁必定是第二个去的，从而乙是第一个去的。根据真实情况5，甲必定是第三个去的，从而丙是第四个去的。

精神病医生在第二个去他那儿的丁到达的时候还活着，但在第三个去他那儿的甲离开的时候已经死了。因此，根据真实情况1，杀害医生的是甲或者丁。

再根据真实情况7，可确定甲是凶手。

🔑 帽子的颜色

离墙最远的那个人必然看到了两顶红色的帽子，或者一顶红色的帽子和一顶黑色的帽子。因为如果他看到的是两顶黑色的帽子，便能知道自己戴的是红色的帽子。

中间的那个人看到的必然是红色帽子，因为如果他看到的是黑色帽子，他就能从第一个人的回答中知道自己必然戴着红色帽子。因此，面对墙的最前面的那个人便能推断出自己只能戴着中间那个人看到的红色帽子。

🔑 八个金币

把8个金币分成两部分，一部分6个金币，一部分2个。

不管假币在哪一部分，我们只用两步就可以把它找出来：

（1）先将第一部分的金币一边3个分别放在天平的左右两边。如果天平是平衡的，那么假币一定在剩下的2个中。

（2）再将剩下的2个金币分别放在天平的两端，翘起的那一端的金币较轻，这个就是假币。

如果第一步分别将3个金币放在天平的两端，天平是不平衡的，天平右端翘起了，说明右边较轻。那么假币是天平右边所放的3个金币中的1个。

再取这3个金币中的任意2个分别放在天平的两端，如果天平不平衡，那么轻的那一端放的就是假币。

如果天平仍然是平衡的，那么剩下的那个就是假币。

🔑 白马王子

根据（1），有三位男士是高个子，另一位不是高个子。根据（4），孙和钱都是高个子。再根据（5），赵不是高个子。根据（2），赵至少符合一个条件，既然他不是高个子，那他一定是小麦肤色的人。但是小丽心目中唯一的白马王子既要相貌英俊，还必须是高个子。根据（1），只有两位男士是小麦肤色。于是根据（3），李和孙要么都是小麦肤色，要么都不是。因为赵是小麦肤色，所以李和孙都不是小麦肤色的人，否则就有三位男士是小麦肤色了。根据（1）以及赵是小麦肤色的事实，钱一定是小麦肤色的人。

由于赵不是高个子，李和孙都不是小麦肤色，而钱既是高个子又是小麦肤色，所以钱是唯一符合小丽全部条件的人。因而他的相貌一定英俊。这时，情况变得明朗起来，让我们一起来归纳一下：

李是高个子；

孙是高个子；

钱是高个子、小麦肤色、相貌英俊的人；

赵是小麦肤色的人。

🔑 死囚

不可能，死囚会被处死。因为执行绞刑的日期可以放在规定日期内的任何一天。如果死囚提出"今天不能执行绞刑，因为我已经知道了今天要被处以绞刑，按照法官的命令，今天就不能执行绞刑了"的反对时，行刑者可以这样回答"要是这样的话，说明你还没有想到今天要执行绞刑，按照规定，你没有想到今天被处死，所以今天能够对你执行绞刑。"

🔑 谁说了真话

1人。只有D被释放了，其他人都在说谎。假定A说了真话，其他4个人之中的3人必须和A说相同的话，如此分析B、C，说真话的只能是D。如果假设E说真话则陷入自相矛盾之中。

他们是什么关系

B和C是兄弟，A是B的妻子，E是A的母亲，D是C的子女。

可知B、C是男，A、E是女，则B、C为兄弟不难推出。

（4）为C所说，A是B的妻子。

谁拿了谁的伞

由条件可知，甲拿去的伞只可能是丙或戊的；乙拿去的伞只可能是甲或戊的；丙拿去的伞只可能是甲或丁的；丁拿去的伞只可能是甲或乙的；戊拿去的伞只可能是乙或丙的。

先假设甲拿去的是丙的雨伞。这时戊拿去的只能是乙的，丁拿去的只能是甲的，丙拿去的只能是丁的，乙拿去的只能是戊的。这样，乙和戊互换了雨伞，与题意不符，因此假设不成立。

既然甲拿去的不是丙的，那便肯定是戊的了，于是可知乙拿去的是甲的，丙拿去的是丁的，丁拿去的是乙的。戊拿去的是丙的，此结果满足题目的一切条件。所以题目的答案是：丙拿去了丁的雨伞，丙的雨伞被戊拿去了。

两个部落

当旅游者问高个子是不是说实话时，得到的回答必定是"是"。因为如果高个子是个说实话的人，他一定会如实地答复"是"；而如果他是个说谎话的人，他一定隐瞒真相，仍然回答"是"。

那么，矮个子土著人告诉旅游者说，高个子说的是谎话，这样矮个子说的就是实话。

结论就是，高个子的人是说谎的人，矮个子的人是说实话的人。

🔑 小岛方言

能喝。这天是晴天，这个土族人如果是说真话的，那么关于"好天气"的回答为"是"，"梅拉塔——迪"就是"是"的意思了，则"能喝吗？"的回答为"是"。

如果说的是假话，问天气时回答的"梅拉塔——迪"就是"不"的意思。那么，"能喝吗？"回答的是"不能"，因为他说的是假话，所以这里的水是能喝的。

结论是这个土族人不管是说真话的人还是说假话的人，水都是能喝的。

🔑 猫和鸽子

李夫人的猫吃了钱先生的鸽子。

首先，我们分析，赵夫人的猫吃了哪位先生的鸽子。赵夫人的猫吃的不是赵先生的鸽子；赵夫人的猫吃的也不是钱先生的鸽子，否则，钱夫人的猫吃的就是陈先生的鸽子，但事实上，钱夫人的猫吃的是赵先生的鸽子；赵夫人的猫吃的也不是陈先生的鸽子，否则，陈先生的夫人就会是赵夫人；赵夫人的猫吃的也不是李先生的鸽子，否则，赵先生的鸽子就会是被孙夫人的猫吃掉的，但事实上，赵先生的鸽子是被钱夫人的猫吃掉的。因此，赵夫人的猫吃了孙先生的鸽子。这样，李夫人的猫吃的或是陈先生的或是钱先生的鸽子。李夫人的猫吃的不是陈先生的鸽子，否则，李夫人的丈夫就会是孙先生。所以李夫人的猫吃的是钱先生的鸽子。

🔑 巧断性别与职业

老大色盲，所以肯定不能绘画。老二腿脚不方便，肯定不能打篮球。根据小孩看篮球赛时说的话，推断老大为篮球运动员，且为男性。而且老大必有弟、妹各一个（叫"舅舅"者是妹妹的孩子，叫"伯伯"者是弟弟的孩子）。

画家将孩子寄留在孩子的姑妈家，则画家为男性，而翻译则为女性。

又因为老三患有口吃，无法诵读外语，其职业只能是画家。

综上分析，可知老大是男性、篮球运动员；老二是女性、翻译；老三是男性、画家。

🔑 酒鬼和礼品

"花雕"先生所收到的礼品是"西凤"先生送的。"茅台"先生送给"二锅头"先生花雕酒；"二锅头"先生送给"西凤"先生五粮液；"西凤"先生送给"花雕"先生茅台酒；"花雕"先生送给"五粮液"先生二锅头；"五粮液"先生送给"茅台"先生西凤酒。

🔑 谁的年龄大

首先必须考虑到一个是纽约人，三个是东京人。

先考虑A的陈述。如果A像他说的那样是个纽约人，那么A所说的都是真实的。如果A是一个东京人，那么他第二次说的是虚假的，第一次和第三次说的是真实的，这样，A是最老的，C是最年轻的，或者是第二年轻的。C第一次说他是最老的，是虚假的。那么，他是三个东京人之一。他的第二次陈述说，B比D老20岁是真实的。所以，A是80岁，B是60岁，C是20岁，D是40岁。

D第一次说的是真实的，因为他证实了我们已经知道的，即C

没有A老。可是他的第二次陈述，说他比B老，是虚假的。D是东京人。

B的两次陈述都是真实的，因此，B是纽约人，A是第三个东京人。

答案如下：

A：东京人80岁；

B：纽约人60岁；

C：东京人20岁；

D：东京人40岁。

小熊的朋友是谁

根据已知条件，经过逻辑推理后可知小兔、小鸭、小鸡、小狗、小熊依次坐在B、C、D、E、F凳上，小熊的朋友则坐在A凳（方凳）上。据此，我们亦可推知，小猴只能是坐A凳上，因此，小熊的朋友也必然是小猴。

释放犯人

被释放的犯人数只能有如下三种情况：

（1）有4个以上的人戴黄帽子——全体释放；

（2）有3个人戴黄帽子——释放7人；

（3）有2个以下的人戴黄帽子——一个也没有释放。

谁偷了吉祥物

A是底线后卫，B是四分卫，C是中锋，D是流动后卫。山羊队的吉祥物是中锋偷的。

多才多艺的姐妹

艾伦：钢琴，西班牙语；

雷妮：单簧管，意大利语；

谢莉：笛子，法语；

特莱莎：小提琴，德语。

哪种花色是王牌

根据条件（4）和条件（5），红桃的数目必定小于或等于4。假设红桃的数目是1，则方块的数目是4，黑桃的数目是5，草花的数目是3，这和王牌的数目是2矛盾，故不成立。

假设红桃的数目是2，则方块的数目是3，黑桃的数目是4，草花的数目是4，和每种花色的牌的数目不一样多的条件矛盾，故不成立。

假设红桃的数目是3，则黑桃的数目也是3，同样不成立。

假设红桃的数目是4，则方块的数目是1，黑桃的数目是2，草花的数目是6，成立。

因此黑桃是王牌。解这道题会有多种思路，你的解题思路是不是比上述方法更简单一些呢？

猜名字

A、B、C三位同学都做了回答，但答案各不相同，使人感到一时无从下手。这时候，不要畏难，也不要急躁，要善于抓住具体问题进行具体分析，一次分析不成功，可以分析第二次、第三次，信心和耐心在这里成了推理成功的关键。

我们先试着分析同学A的回答：

A说B叫"真真"，这样，无论A说的是真话还是假话，都说明A不会是真真（如果A说的是真话，那么B是真真；如果A说的是假话，那么，说假话的A不可能是真真）。

B说自己"不是真真"，如果是真话，自然说明B不是真真；如果是假话，那么，说假话的B当然也不会是真真。

由此可以推断，真真只可能是同学C了。

既然同学C是从不说假话的真真，那么，C说B叫"假假"，B就肯定是假假了。还有同学A，他就只能是真假了。

 记错的血型

先作如下分析：

（1）假如张三记错，那么张三不是A型，而李四是O型，小赵是AB型，因此张三必为B型，小钱必为A型。与小钱说的"我不是AB型"没有矛盾。

（2）假如李四记错，这种情况实质上与（1）相同，没有矛盾。

（3）假如小赵记错，那么小赵不是AB型，而张三是A型、李四是O型，于是小赵是B型，小钱是AB型。这与小钱说的话不符，这也是不可能的。

（4）假如小钱记错了，那么小钱是AB型，于是小赵不是AB型，这与小赵说的话不符，这也是不可能的。

由上可知，四人中要不是张三记错，便是李四记错，所以可能是上述两种情况中的一种。

 邻居的房子

此题是一道有关方位的逻辑判断题，解答此类题时，可根据提供的方位信息在一张白纸上画一画，便会一目了然。最后判断出的结果是：

奎格利夫妇：街的北边，灰色；

罗德尼夫妇：街的北边，白色；

史密斯夫妇：街的南边，绿色；

泰勒夫妇：街的北边，蓝色；

翁格尔夫妇：街的南边，白色。

🔑 波娣娅的珠宝盒

有可能。因为金盒子上的话和铜盒子上的话是矛盾的，所以两句话中必有一真。又三句话中只有一句话是真话，所以银盒子上的是假话。因此，图像在银盒子中。

🔑 真假难辨

竖着看表：有一人说A说谎，有两人说B说谎，也有一人说C说谎。既然A和C都说B说谎，那么他们俩要么都说谎，要么都说真话。如果A和C都说真话，那么C就不会指责A说谎话，这显然与题中C指责A说谎话相矛盾。因此A和C都说真话的假设是不成立的。所以只有A和C都说谎话，那么B就是说真话的，验证B对C的指责也是正确的。

所以最后判断的结果是：B说真话，A和C说谎话。

🔑 天气预报

请注意，这一天气预报是前天发布的，所以预报中说的后天就是今天。由此一步步进行推论就能得出：昨天的天气和前天的不同。由于前天下了雨，故昨天的天气是无雨。如果把答案说成"昨天是晴天"，那就不准确了，因为与雨天不同的天气也可能是阴天。

星期几

今天是星期六。

假如A说得对，即昨天是星期三，那么F、G说得也对。这与"只有一个人说得对"相矛盾。

照此方法推理，分别假设其他人说得对，就可以推出只有F说得对，且今天是星期六才符合条件。

 设计路线

（1）若去A地，由①可知，则必须去B地；去B地，由③可知，则不去C地；又由④得知也不能去D地；再由②可知一定去E地；这时再根据⑤可得知必去E、D两地。这样既去D地，又不去D地，产生矛盾，所以参观团不去A地。

（2）若去B地，则不去C地，也不去D地，但一定去E地，从而必须去A、D两地，这样，同样产生D既去又不去的矛盾，所以参观团不去B地。

（3）若去E地，由⑤可知必去A、D两地，这和②中的要求D、E两地只去一处相矛盾。因此，也不能去E地。

（4）去C、D两地，可同时符合5个限制条件。所以参观团最多只能去C、D两个地方。

类比判断能力答案

 多少工作日

219天。题目的叙述很烦琐。实际是"连续三天工作，连续两天休息"，如此反复。从本质上看是个简单的问题，但用文字表达就变得十分复杂。所以我们要善于透过现象看本质。

各是什么职务

李明是检察院检察长，李松是法院院长，李刚是公安局局长，李通是司法局局长。

从（3）可以看出，李明、李松和李刚都不是司法局局长，司法局局长只能是李通。

从（1）和（2）看出，李明和李刚都不是法院院长，从（4）可以断定李明不是公安局局长，可见李明是检察院检察长，剩下的李刚就是公安局局长了。

药丸的重量

从6个瓶子里分别取出11、17、20、22、23和24粒药丸来，然后放在一起称一次就可以知道问题出在哪几瓶里。比如，称量之后超重53毫克，而这6个数字能构成53的组合只有一种，即：11+20+22。因此，问题就出在第1瓶、第3瓶和第4瓶。

直线变曲线

这些线条是在一张放在旋转着的唱片上的纸上画的。解决这个问题的关键是要想到在实际生活中有可能发生类似的事。如果是一个对音响有兴趣的同学，可能会立刻想到这一点。不过在唱片上画曲线变成直线这一点是相当难做到的，因为唱片外周的线速比内周的要快得多，需要掌握其要领。

愚人节的谎话

比如，对朋友说"今天我一定要骗给你看看"这句话就行了。如果这句话能够把朋友骗了的话就成功了，即使没能做到，这句话本身就是撒谎，也属于欺骗。

🔑 削苹果

小梅的妈妈用极普通的方法削着苹果。实践一下你就会明白，开始和最后确实是向着相反方向动刀子的。削好的皮呈s状就是这个原因。

🔑 阿凡提染布

阿凡提说："不是星期一，不是星期二……不是星期天。"

🔑 不合格的008号

顾客说得对。

🔑 伪慈善家

要让10个人拿到枚数不同的银元，至少要1+2+3……+10=55（枚）。

🔑 农夫的动作

农夫的妻子针对地主贪财的心理想了个办法：农夫把一篮鸡蛋悄悄放在地里，当地主放了鸡过来时，他提起篮子，做了拣起最后一个蛋的动作，然后匆匆地往家走去。地主虽未看清，但估计是自己的鸡在那里下了蛋，非常后悔，再也不把鸡赶到农夫的地里去了。

🔑 发火的过路人

过路人误会地认为把他当成了第二头毛驴。

🔑 左右脚同时迈出

不可能有中小学生同时左脚迈出的情况：

中学生→右—左—右—左—右

小学生→右—左—右—左—右—左—右

🔑 阿凡提的解释

阿凡提是用"要"这个词的多义性来解释的。"眉毛要不要"中的"要"有两种意思：一是拿去的意思，一是留着的意思。这个坏家伙说"要"是留着的意思，而阿凡提却把"要"解释成他要眉毛的意思。于是把眉毛剃下来给他。胡子"要不要"，也是这种情况。

🔑 包公断案

这孩子应是松手那个妇女的，因为她心疼孩子。

🔑 聪明的西诺特猜

西诺特猜说："在座诸位大人心里所想，我了如指掌，那就是：'你们的思想十分坚定，你们的一生都要忠于皇上，永远不会图谋背叛和造反'。"在国王面前，大臣们谁敢不同意呢？

🔑 诚实的马德

马德对王后这样讲："国王说，他今天中午到你这儿来吃饭。"

一块石子

因为企鹅潜水本领不大。它嗉囊里的石子，不可能是从海底衔上来的。唯一的可能是附近有陆地，在那里吃的石子。

聪明的射手

射手说：如果真的是不死之药，那么，大王就杀不死我；如果大王能杀了我，就证明药是假的。楚王听了，觉得很有道理。

聪明的大臣

大臣从箱中摸出一个纸卷，打开看一下，就扔进嘴里吃下去。吃完说："陛下，我摸到的是'生'字纸卷，不信你看箱里剩下的是'死'字纸卷。"一验证，果然如此。

让人犯愁的驴

爷孙二人要根据自己的实际情况与需要来决定，不要为别人所左右。

立鸡蛋

用鞭子打陀螺，陀螺可以在冰上旋转。用这个原理，可以把鸡蛋煮熟，用转陀螺的办法，使鸡蛋立起来。

吴七的笑话

吴七说："有位大臣已经和我说定了，他要和我平分您给我的奖赏，您奖赏我的100板子，我已经拿了50板子，万分感谢。剩下的50板子，就如数分赏给你的大臣吧，他也一定万分感谢您的赏赐。"

 谁是凶手

不是。AB型和O型血液的人结婚，子女不会是AB型。

 老虎和牛

需要6次。顺序如下：
（1）一牛一虎过河，一牛返；
（2）二虎过河，一虎返；
（3）二牛过河，一牛一虎返；
（4）二牛过河，一虎返；
（5）二虎过河，一虎返；
（6）二虎过河。

综合判断能力答案

 哥哥要钱

不合理，哥哥多得了3块钱。理由是：点心是哥俩各出一半钱买的，所以点心也应各分一半。弟弟只要从哥哥那里要一个点心，就会比哥哥多吃两个，但弟弟只需要给哥哥一个点心的钱就可以了。

 白色乒乓球

当然不是。小雪从袋子里拿出一个乒乓球之后，立刻藏在身后。明明肯定要求小雪把它亮出来，而此时小雪就说："我亮不亮出来没有关系，只要看看袋子里面留下的是什么颜色的乒乓球，就知道我拿的是什么颜色的乒乓球了。"明明当然会无话可说。

🔨 判断正误

1.对。小芳姐姐的祖母就是小芳的祖母，她祖母的儿子只能是她的大伯、叔叔或她爸爸。

2.错。无论是平年还是闰年，7月和8月都是31天。

3.错。在6点钟时，时针指向南方，此时把时钟倒过来，时针应指向北方。

4.错。这个问题有点复杂并需要想象力。一个等值的问题是："能否把一个边长为3厘米的正方形放进一个直径为6厘米的半圆中？"这个问题的答案是"能"。因为一个正方形的对角线长总小于它的边长（或在本问题中即半圆的半径）的2倍。

5.错。老师应该给第五个孩子36块甜饼，因为：10+5=15，15+6=21，21+7=28，28+8=36。

6.对。每一个小孩都要向除他以外的孩子扔一个雪球，即扔9个雪球，那么10个小孩就扔90个雪球。

7.对。假设袜子的颜色分别为x和y，并且第一次森特从包里掏出的袜子的颜色是x。如果他第二次掏出的袜子的颜色是x，那就正好可以配对。如果第二次是y，则他有一只x和一只y。这样，第三次他无论是掏出什么颜色的袜子都可以配对了。

8.错。每一片有两个端点，每两个端点需要一个连接带。所以说，连接带的个数与花瓣的片数相等。这样，做一个由7片花瓣构成的花环只需要7个连接带。

9.错。我们可以肯定地说蓝气球是最大的，但不能肯定地说出绿气球和红气球的相对大小。

10.对。通过这个正六边形中心的三条直线就能够把它分成相等的6个三角形。

11.错。是小军最先击完40下鼠标。因为各人所用的时间是这样计算的：从第一击开始，到最后一击结束。所以，相邻两次击鼠标的时间间隔，小宝是 $\frac{10}{9}$ 秒，小军是 $\frac{20}{19}$ 秒，小乐是 $\frac{5}{4}$ 秒，即小军击鼠标的时间间隔最短，因而速度最快。

12.对。往东的5个街区抵消了最初往西的5个街区，所以，雪橇只是往南行了10个街区和往北行了5个街区，最后的结果是往南行了5个街区。

13.对。倒影或镜像是和原物相反的。所以左边的东西出现在倒影中正好在右边。

14.对。左手手套翻过来正好适合右手。

🔑 岂能难住我

很简单。如下图所示，只要把平行四边形（含长方形、正方形）倾斜60°，便可使四边形的高度降低一半，就能把它的有效面积减少一半。

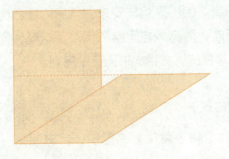

谁是告密者

告密者是鸟笼里的鹦鹉。被害人死前之所以叫了几遍凶手的名字，是为了让在室内饲养的鹦鹉记住。所以，刑警在勘查现场时，发现鹦鹉在反复叫着"凶手是田中"。

奇特的决斗

放在D处即可。决定胜负的是第55次，即奇数次。在3个杯子中，不论毒药放在C处还是D处，肯定只有中间那只杯子正好是奇数次。所以，要想使A获胜，可把毒药杯子放在B旁边，使B点成为中间点。

水果的顺序

后排：梨、橘子、桃、李子、樱桃、枇杷、柿子、杏子、番木瓜、番石榴。

前排：酸橙、西瓜、香蕉、黑莓、草莓、树莓、柠檬、杧果、油桃、葡萄。

三兄弟的房间

把三个房间命名为甲、乙、丙，小明三兄弟分别拿一个房间的钥匙，再把剩下的钥匙这样安排：甲房内挂乙房的钥匙，乙房内挂丙房的钥匙，丙房内挂甲房的钥匙。这样，无论谁先到家，都能凭着自己掌握的一把钥匙进入三个房间。

头上沾泥的孩子

如果只有1个孩子额头上有泥巴，当老师第一遍提问时，他立即就会举手，因为他没有发现任何一个孩子额头上有泥巴，因此可以立即推断出是自己额头上有泥巴。如果有2个孩子额头上有泥巴，则他们都只看到1个孩子额头上有泥巴。当老师第一遍提问时，他们都无法确定是否自己额头上有泥巴，但是当第一遍提问结束没有人举手时，他们立即明白自己额头上有泥巴，因为，如果自己额头上没有泥巴，他们所看到的那个额头上有泥巴的孩子在第一遍提问时就会举手，理由如上所述。因此，当老师第二遍提问时，这2个额头上有泥巴的孩子会同时举手。如果有3个孩子额头上有泥巴，则他们都只看到2个孩子的额头上有泥巴。当老师第一遍和第二遍提问时，他们都无法确定是否自己的额头上有泥巴，但当第二遍提问结束没有人举手时，他们立即明白自己的额头上有泥巴，因为如果自己的额头上没有泥巴，他们所看到的那2个额头上有泥巴的孩子在第二遍提问时就会举手，理由如上所述。因此，当老师第三遍提问时，这3个额头上有泥巴的孩子会同时举手。由此我们得出一般性的结论：如果有n个孩子的额头上有泥巴，则当老师第n遍提问后，所有额头上有泥巴的孩子会同时举手。

🔑 两家商店

可以做到。B店老板先从A店买走1个货，然后这16个人再去买。这样A店赚的钱数为（9000—7000）×10=20000（元），B店赚的钱数为（10000—7000）×[16—（10—1）]=21000（元），则这一天B店便比A店赚得多。

🔑 他们有多大

司机的老家是湖北，乙的老家是沈阳，那么根据条件（3），司机不会和乙同龄；司机的年龄是他女儿的3倍，那么根据条件（1），他也不和甲同龄。所以，司机便只有和丙同龄了。因丙的年龄比司机的女儿大20岁，所以可以得出丙的年龄，也就是司机的年龄为30岁。

既然甲不与司机同岁，而且根据条件（2）"检票员昨天下棋输给了和甲同岁的乘务员"，可推知甲也不和检票员同岁，因而甲便只有和售票员同岁了。

所以，问题的答案是：司机今年30岁，售票员和甲乘客同岁。

赛跑

4次比赛的名次如果分别为：（1）A、B、C、D；（2）B、C、D、A；（3）C、D、A、B；（4）D、A、B、C的话，就会出现题中所述的情况了。

对时钟

小华采用的方法如下：

（1）离家前，他先给停摆的时钟上好弦，并让钟走动，回家后，看看钟点，算出了离家用去的总时间；

（2）他记下了到达钟表店和离开钟表店的时间，其间的时间就是给老大娘指路的时间；

（3）他用离家的总时间减去为老大娘指路的时间，这就是用在路上的时间；

（4）他用走路时间的一半（来回平均数）加上离开钟表店时的时间，最后得到了自己要拨的钟点。

🔑 间谍的使命

能成功。即使冰块融化，水也不会溢出。但是，冰块融化时，杯子的外壁会凝结上一层水珠，这种水便会成功地使液体产生毒气。这里也有一个大陷阱。大家都懂得这样一个原理：冰变成水的时候，体积会减小，所以，水里浮着的冰融化后，水也不会溢出来。然而，就此下结论还为时过早，再变换个角度想一想，就能避免掉进陷阱。

🔑 盲人分袜子

将每双袜子都分开、每人各拿一只，这样每人都将得到两只黑的和两只蓝的，因袜子的质地和型号都是一样的，所以可凑成一双黑的和一双蓝的。

🔑 谁能取胜

狮子。猎豹和狮子的速度完全相同。但狮子跑到100米时正好是50步，而猎豹跑到99米时，下一步却要超出百米线2米，即它要从102米处折回，这样等于它多跑了4米，当然会输给狮子。

🔑 X星球的粮食

7个。用P来表示帕拉、M表示麦巴。取一个人的粮食抓到两个物体的时候可能出现PM的组合，所以最少要抓3个物体。这时它们的组合有PPP、PPM、PMM、MMM，共4种。

然而在取第二个人的粮食的时候，由于前面会剩下一个P或M，因此抓两个就行了。同样，取第三个人的粮食时也是只抓两个就可以了。这样加起来共7个。

掺水的牛奶

通常的回答是牛奶杯中的水较多。毕竟倒进牛奶中的是纯水，而倒进水中的是冲淡的牛奶。然而，正确的答案是牛奶和水的转移量相同。

这个答案时常引起争论。要证明为什么是这样，最好的方法是设想有两桶小球，而不是两杯液体。开始时，一只桶内放100个绿球，这代表水。另一只桶内放20个白球，这代表牛奶。

取任意数目的绿球——我们取10，把它们转移到白球桶内。这样转移过后，一只桶内有90个绿球，另一只桶内有20个白球和10个绿球。

现在转移10个球回去，但这次是混合的。假定其中有8个白的，2个绿的。在第二次转移后，一只桶内有92个绿球和8个白球，另一只桶内有12个白球和8个绿球。两只桶内所含球的数目与开始时相同，但是8个绿球（"水"）已经与8个白球（"牛奶"）交换过桶了。不管取回的是什么混合物，换桶的绿球和白球数总是相同的。

思考问题时可以采取某种置换思考对象的方式，比如此题将牛奶与水置换为白球和绿球，计算起来结果便明朗了许多。

甜饼的诱惑

因为桌子上剩下的甜饼是第三个旅行家醒过来时的 $\frac{2}{3}$，所以他醒来时，桌子上应有12块甜饼；同样，这12块甜饼是第二个旅

行家醒过来时的 $\frac{2}{3}$，所以，他醒来时，桌子上有18块甜饼；这18块甜饼是第一个旅行家醒来时的 $\frac{2}{3}$，这就是说桌子上原来有27块甜饼。

🔑 有多少硬币

每种面值的硬币各有500枚，它们依次为：500枚1元硬币=500元，500枚5角硬币=250元；500枚1角硬币=50元。

🔑 猎人的收获

0只。"6"去掉"头"，"8"去掉半个，"9"去掉"尾巴"，结果都是"0"。

🔑 非常任务

大头针穿过火柴并把火柴固定在软木塞上，然后把火柴、软木塞、大头针一起放到水里，把火柴点燃，并把烧杯倒扣在软木塞、大头针和火柴的组合之上。火柴燃烧把烧杯内的氧气耗光之后，水就会进入烧杯。

通过思维的敏捷转换和灵活选择，突破和重新组合已有的知识、经验和新获取的信息，以具有超前性的认识模式，把握事物发展的内在本质及规律，并进一步提出独特的见解，这有利于我们的思维变得更加主动、灵活。

🔑 春游

每车多坐5人，多出1辆汽车，说明每车多坐5人，还差

（45+5）人，也就是如果每车坐45人，剩余10人不能坐车，如果每车坐（45+5）人，又少了（45+5）人，两次乘车的人数相差了（45+5+10）人，是因为每辆车上多坐了5人。那么（45+5+10）里有几个5，就有几辆汽车。因此，可求出汽车的辆数。汽车的辆数为（45+5+10）÷5=60÷5=12（辆）；去春游的同学总数为45×12+10=550（名）。

🔑 轮船的航程

这3艘轮船下次同一天驶出大亚湾需要等到240天以后。因为240是12、16、20的最小公倍数，在这期间3艘轮船都可以完成航行。至于这段时间，每一艘轮船所航行的次数，可以按以下方式计算：

第一艘轮船：240÷12=20（次）；

第二艘轮船：240÷16=15（次）；

第三艘轮船：240÷20=12（次）。

🔑 精品生意

特伯尔赔了4元钱。他在第一个水晶饰品交易中赚了18元（198除以11就是10%的利润）。然而，在第二个水晶饰品交易中他却赔了22元（198除以9就是10%的损失）。这样赔的22元减去赚的18元就是损失的钱。

🔑 圣诞晚餐

（1）三男四女。

（2）玛可称呼他们为爷爷、奶奶、爸爸、妈妈、姐姐、妹妹。

🔑 可以植多少树

长度为156米的边上可植树的棵数为156÷6+1=27（棵）；

长度为186米的边上可植树的棵数为186÷6+1=32（棵）；

长度为234米的边上可植树的棵数为234÷6+1=40（棵）。

27+32+40=99（棵），这样重复计算了三角形土地3个顶点上的树，所以一共可植树的棵数为99—3=96（棵）。

🔑 卖苹果

卖苹果的人之所以上当，是因为将局部成立的比例关系的传递性，当成了整体成立的比例关系的传递性，因而产生了计算错觉。

将大苹果与小苹果搭配着卖，这种思考方法本身并没有疑问。问题在于局部的比例关系向整体的比例关系发展的过程中，有没有自始至终的传递性？

实际上，某一事物，当它们的局部成立的比例关系向整体的比例关系发展推广时，这种比例关系并非永远是传递性的，有时可能是非传递性的，亦即：虽然aRb真，并且bRc真，但aRc真假不定。这就需要分析一下合理的比例关系到什么程度为止。

如本题中，30千克小苹果按3千克一份划分，可以分为10组；而30千克大苹果按2千克一份划分，则可以分为15组。因此，将它们以3：2的比例搭配时，组合到第10组时，小苹果就组合完毕，余下的5组10千克大苹果就不可能再按3：2的比例组合，只能以大苹果的实际价格来卖了。如果仍然将这10千克大苹果按搭配价格来卖，自然就会少卖钱了。

亦即，10千克大苹果本来应该卖：

6（元）×5（组）=30（元）；
而实际上只是卖了：
12（元）×2（组）=24（元），
少卖的6元钱就是这样产生出来的。
所以卖苹果的人上当了。

🔑 步行时间

假如Q先生一直在车站等候，那么由于司机比以往晚了半小时出发，因此，也将晚半小时到达车站。从而Q先生将比以往晚半小时到家。而现在Q先生只比平常晚22分钟到家，这缩短下来的8分钟是，司机本来要花在从现在遇到Q先生的地点到火车站再回到这个地点上的时间。这意味着，如果司机开车从现在遇到总裁的地点赶到火车站，单程所花的时间将为4分钟。因此，如果Q先生在火车站等，再过4分钟，他的轿车也到了。也就是说，他如果在火车站等，那么他也已经等了30-4=26分钟了。但是惧内的Q先生毕竟没有等，他心急火燎地赶路，把这26分钟全都花在步行上了。

因此，Q先生步行了26分钟。

🔑 故布疑阵

回到门口时，菲利普是"跨过他叔叔的身体"的。那么，在他去开灯时，他肯定也要跨过他叔叔的身体才行。但是，只有当他事先知道他叔叔已经横卧在地板上时，才有可能在伸手不见五指的密室中去开灯而不被绊倒。

🔑 自杀还是谋杀

假定（1）不能适用，因为如果这个假定能适用，则其中一人的供词就不是实话，所以假定（2）是适用的。既然假定（2）是适用的，则一定是谋杀，那么贝思的供词就不能是虚假的，所以只有安娜的供词是虚假的，于是贝塔必死于谋杀，而且可知这不是贝思干的。

🔑 小鸟吃虫子

黄鸟：4厘米的红色虫子。

白鸟：3厘米的黑色虫子。

黑鸟：6厘米的红色虫子。

绿鸟：5厘米的黑色虫子。

聪明孩子
都在玩的 脑筋急转弯

逻辑 思维游戏

极限想象

思考力

记忆力

创新力

想象力

观察判断力

时间岛图书研发中心◎编著

北京时代华文书局

逻辑思维，开启智慧之门的金钥匙。

爱因斯坦说:"想象力比知识更重要,因为知识是有限的,而想象力概括着世界上的一切,推动着进步,并且是知识进化的源泉。严格地说,想象力是科学研究中的实在因素。"可见培养和提高我们的想象力是多么重要。

提高想象力,往往是从模仿开始的。模仿的过程就是抓住事物之间的内外部特征而产生联系的过程。认识了事物之间的某些必然的联系特征,就会自觉地把一种事物和与之有联系特征的另一种事物加以对比,这就是在想象了。所以,模仿绝不同于抄袭,而是把过去经历的东西通过自己的头脑再现出来,即想象。

提高想象力,要勤于观察、善于观察。观察能力的强弱直接影响到一个人的想象力。我们想象某事物时,就是捕捉该事物和头脑中经历的事物发生联系的内外部属性和特征,观察是基础,然后才是想象。居里夫人为了观察镭,曾不顾放射元素对身体的危害;爱迪生为了进行实验观察,几乎变成残废。可见,人类丰富的创造想象是靠不断的观察、积累,靠对事物执着的探究精神才培养起来的。

　　提高想象力，要对从事的事业充满热情。热情是进行想象活动的直接动力。苏联心理学家捷普洛夫说："一个人的想象活动与其情绪生活是紧密地联系着的……富有创造的想象，永远产生于丰富的感情之中。"青年人比老年人更富于想象力，原因正在于青年旺盛的热情和情绪容易激动的性格。

　　提高想象力，要尽可能地博览群书。纵观我们人类社会的发展史，任何一个人取得的成就，无不与其勤奋学习、博览群学有关。一个人所掌握的知识越多，越有助于他的想象力的展开。随着现代科学的发展，各学科的分工越来越细致，而且联系紧密，不可分割，为人类的想象力打开了前所未有的广阔天地。

　　提高想象力，要注意培养多方面的爱好。广泛的爱好和多方面的兴趣可以使人思路开阔，想象也就有了广阔的天地。

　　提高想象力，要注意提高自己的文学艺术修养。诗人和画家常被认为是最富有想象力的人。他们正是通过丰富的想象力，为我们描绘了一幅幅形象生动的生活场景，所以向文学艺术学习想象力是非常有益的。捷普洛夫说："阅读文艺作品……这是想象的最好学校，这是培养想象的最有力的手段。"

　　本书在编写的过程中，分为创意想象、空间想象、发散想象、图形想象、假设想象等几个部分，意在提供一种奇妙有趣的方式，让我们在思维游戏中，不知不觉激发想象力，提高想象力；在快乐中抵达一个妙不可言的绚丽世界。

目 录

PART ONE　　创意想象

PART TWO　　情境想象

PART THREE　空间想象

PART FOUR 发散想象

PART FIVE　图形想象

PART SIX　　假设想象

PART SEVEN　　其他想象

PART EIGHT　　参考答案

创意想象

面试夺魁

有一位小姐去参加一个公司的面试，她以为自己去得很早，可到那儿一看，前面已经排了很多人了，这家公司又只招收3人，看情形成功的概率已经非常小了。

这位小姐灵机一动，找出一张纸来，在上面匆匆地写了一行字，把它交给负责接待的先生说："这张纸条非常重要，请您一定交给老板。"负责接待的先生照办了。

好不容易等到面试了，老板在里边主持面试，这位小姐非常轻松地回答了老板的问题。老板随后拿出她写的纸条说："您的真实水平大约和我期待的一样。"结果，这位小姐战胜了几百名应聘者，终于如愿以偿。

您能猜测出这位小姐在给老板的纸条上写了什么吗？

马克思的求爱妙招

　　有一天，马克思和燕妮又见面了，尽管他们双方都非常钟情于对方，但是谁也没有勇气先开口。最后，还是马克思鼓起勇气，对燕妮说："我最近交了一个非常好的女朋友，准备与她结婚，但是，不知道她同意不同意。"燕妮听了这话以后不由得大吃一惊："什么，你已经有女朋友了！""是啊，我与她已经交往很久了。"接着，马克思又说，"我这里有一张她的照片，你想看一看吗？"这时候，燕妮非常痛苦不安地点了点头。

　　于是，马克思拿出了一只精致的小木匣子递给燕妮。燕妮接过来以后，双手颤抖地打开木匣子，可她一下子就呆住了。不由得羞红了脸庞，愣了好一会儿才回过神来，于是扑到了马克思的怀里。

　　你知道马克思的小木匣里有什么吗？

相亲相爱的数

　　小李和小赵是一对恋人。在小李生日的那天，小赵送给她的生日蛋糕上有两个数字：220和284。

　　小李不明白是什么意思。小赵告诉她：它们是一对相亲相爱的数字，表示"你中有我，我中有你"。并告诉她，让她看这两个数的约数，但是小李还是看不明白。你能看出来吗？

小仲马机智讨债

小仲马的《茶花女》写成后，法国一所著名剧院的老板找到他，请求他把这个剧本出让给自己，并答应如果前26场能卖出6万法郎的票，就给小仲马1000法郎的高额稿酬。小仲马答应了。剧本上演后，每场都是爆满，演出获得了很大成功。

26场演出结束后，小仲马向老板索要他的报酬，但老板却抵赖说只卖出了59997法郎的票，因此最多只能给小仲马100法郎的报酬。

小仲马听了，一言不发地走了出去，很快又回来了，他拿出一件十分简单的东西，放在老板面前。老板一看，傻了，没想到小仲马来这么一招，于是只好乖乖地付给小仲马1000法郎。

小仲马拿出一件什么东西，使老板乖乖就范呢？

拿破仑巧测河宽

1805年，拿破仑率法军进攻奥地利。两国在莱茵河两岸开战。

拿破仑想用大炮猛轰对手，可是，却不知道这段莱茵河究竟有多宽。不知道距离，就不可能调整好大炮，从而准确地命中目标。

想知道河的宽度，最有效的方法当然是实地测量，可在当时的战争情况下，是绝对不可能实地测量的。

这一天，拿破仑站在河岸上，他已经思考了很长时间，一直也想不出什么好办法。当他再一次向对岸望去的时候，却突然发现莱茵河对岸的边缘线，正好与自己所戴的军帽的边缘在同一条直线上。这个现象立即引起了他的注意，于是，他一步一步地向后退，一直退到自己帽子的边缘与河的这一岸边缘完全吻合为止。这时候，他立即命令人丈量从这里到他原先站立处之间的距离。拿破仑知道，这个距离，就是莱茵河的实际宽度。不久以后，法国炮兵按照拿破仑提供的数据调整好大炮，向对岸的奥地利发动了猛烈的进攻，炮弹果然准确地命中了目标。

拿破仑测量莱茵河的宽度用的是什么方法？

为国王画像

从前，有个国王，瘸了一条腿，瞎了一只眼睛。他想得到一张称心如意的画像，便召来三位著名的画家为他作画。一位画家把国王画得仪表堂堂，气宇不凡，特别是把两只眼睛画得炯炯有神，把两条腿画得健壮有力。国王一看，很不满意，气愤地说："睁着眼睛胡画，肯定是个拍马逢迎的骗子。"

第二位画家把国王画得惟妙惟肖，简直像国王本人一样，瞎眼、瘸腿一目了然。国王看过大发雷霆，把画像踩在脚下吼叫起来。

第三位画家十分从容地画好了，发怒的国王一见到这张画像，顿时转怒为喜，连声称赞画得好。

第三位画家是怎样画的呢？

用什么装满屋子最快

有一位老人有两间房子，他只住了其中一间，而另一间空荡荡的，什么家具也没有。

有一天晚上，老人的三个儿子来看他。不巧，儿子们刚来就停电了。老人点起蜡烛，把三个儿子叫到身边。

"你们谁愿意搬来和我一起住？"老人问三个儿子。

三个儿子都争着说愿意。

"这样吧，你们谁能最快地把那个空屋子装满东西，我就让谁搬来住。"

小儿子最机敏，他最先采取行动，很快就用一种东西把那间空屋子装满了。

他采取了什么行动呢？

王子巧问得公主

塔莎公主自恃美丽无人能比，所以挑选丈夫时异常严格，聪明的和英俊的都不能算合格，这个人还必须能出难题难住公主，结果引得无数青年为此竞折腰。

溪里王子长得不是很英俊，但为人善良、正直而又聪明，他闻讯后打算教训一下这个傲慢的公主。于是，他来到公主面前，向她提出了一个问题，结果公主一句话也没说上来，只好兑现自己的诺言，答应了婚事。

请问：王子问的是什么问题呢？

男人的面子

一个男人在家中和妻子打架，脸被抓了几条伤痕。他必须上街，但又怕别人猜测到他与妻子打架而丢面子。你能想到他是怎样上街的吗？

巧进城堡

有一座城堡，城主下了一道命令，不许外面的人进来，也不许里面的人出去。看守城门的人非常负责，每隔十分钟就走出城门巡视一番，看看是否有人想偷着出去或进来。詹姆斯有急事要进城去找他的朋友商量，可是看守城堡的人又那样认真，怎样才能趁守门人不注意时，偷偷进入城堡呢？詹姆斯想到一条妙计，顺利地进入城堡。

你知道詹姆斯是怎样做的吗？

强悍的老板

有一天，在公司会议上，韩老板对他的员工说："我可以打败在这里工作的所有的人。"话音刚落，一个身高190厘米、曾经做过职业拳击手的新员工就站起来，要和老板较量较量。

这个老板会怎么做？

用肉喂马

一个冬天，一名青年骑马赶路，途中遇上大雨，当他来到一家小客店时，浑身已经湿透，冷得直发抖。但客店里挤满了人，他无法靠近火炉。于是他对店主大声说道："老板，请拿点肉去喂喂我的马。"店主奇怪地问："马不吃肉呀？"青年则说："你只管去喂就行了。"店主只得拿着肉出去喂马。你能猜出这个青年为什么要这样做吗？

畅游世界

季明是一个旅游迷，每到休假日他就背着行囊，拿上相机，畅游天下。年度休假日又快到了，季明又盘算着到哪儿去走走。

"国内走了不少地方了，如果能到国外去看看就好了。"季明带着向往的神情说。

"季明，我有个舍不得告诉别人的妙计贡献给你，按照我的做法，你就可以畅游全世界而不受任何阻拦。"朋友说。"是吗？快告诉我！"

请猜猜，季明的朋友说出了什么样的妙计。

书生与暴徒

从前，有一暴徒自以为力气很大，无所不能，常常是一副不可一世的架势。这天，他正在众人面前吹嘘自己如何了得时，过来一个书生，要和他挑战。

书生说："今天咱们来比一比，如果你赢了，就算你本领大，我还会给你10两银子；如果你输了，以后就不要摆你那个臭架子，而且还要给我10两银子。"

暴徒一想，有什么怕的，就答应了。

书生说："今天咱们不比别的，就比坐，我找个地方坐下去，如果你能坐到我坐过的地方，你就赢了。"暴徒同意了。

书生就当着众人的面，找了个地方坐了下去。暴徒一看，目瞪口呆，只好认输。聪明的读者，你猜书生坐到了什么地方呢？

选择死法逃脱死刑

从前有一个人触犯了法律，被国王判处死刑。这个人请求国王宽恕，国王说："你犯了死罪，罪不能赦；但我还是允许你选择一种死法。"这个人一听，非常高兴地选择了一种死法，而国王一言既出，驷马难追，看到这样的结果只好无奈地摇了摇头。

请问：这个人到底选择了一种什么死法而那么高兴呢？

巡抚选人才

相传，有一位巡抚奉旨到各地选拔人才。但由于有人泄密，在他所进行的初试中，有9个人的成绩是相同的，并列第一名；还有一个农家书生的成绩稍微差一些，为第二名。

巡抚知道其中有诈，就决定复试。他把这10名考生叫到内堂，每人发给100粒谷种，让他们回家播种，以秋后的产谷数量来定。

转眼到了收割的季节，9名考生让家人背筐挑担地来交谷子。只有那第二名的考生，一个人捧了个小钵过来。

到他上交时，巡抚问："你为什么只收了这么点谷子呀？"

书生不安地回答："您给我的100粒谷种中，只有3粒发了芽，所以只能收这么多。"

其他人哄笑起来，但巡抚却以赞许的眼光看着这个农家书生。

聪明的读者，你知道这是为什么吗？

石匠巧智得黄金

有一个财主读了很多书，就自以为见识广博、无所不能。于是，他对乡里邻居说："如果你们谁能由于说谎话，而让我说出一个'谎'字，我就把我的一半财产分给他。"

为此，很多人议论纷纷，有一个小孩子跑来对财主说："我父亲有根拐杖，夜里伸到天上去，能把星星打下来。"

财主说："这有啥稀罕的，我这儿有个烟袋，抽烟的时候，总是伸到太阳上点火呢。"

小孩子惭愧地走了，此后，很多人来考财主，都失败了。

有一个石匠听说了这件事，他决定好好整治一下财主，就对财主说："老爷啊，你家这房子是我盖的吧。"

财主刚想说石匠在撒谎，但他忍住了，说："是的。"

石匠又说："我是来问你讨工钱的，你还欠我100两黄金的工钱呢？"

财主傻眼了，思索了一会儿，忍痛给了石匠100两黄金，打发他走了。

聪明的读者，你知道为什么财主傻眼了吗？

聪明的孩子

有一个村落里的人们喜欢比赛说谎，看谁能够骗得了谁，其中有一个人以素来不会上当而出名。有一天，在这个人又胜利后，一个小孩子对他说："我有办法可以骗得了你，你相信吗？"这个人不相信，于是小孩子说："我的方法在书本里面，你等我回去翻翻书。"这个人同意了，小孩子就立刻回家找方法了。

你能想出这个小孩子将怎么让这个人上当吗？

智力学校招生

中古时代欧洲有一个很出名的智力学校，从学校出来的人都特别聪明，而且大都成就了一番事业，所以当时很多人都想成为这个学校的学生。但学校的入学考试特别严格，有一届考试是这样的：把所有的考生关在一个大屋子里，每天有很不错的吃喝，但门口有考官把守，谁能第一个出了这间屋子，将被学校录取。

于是有人说父亲病重要回去照顾，考官就把他父亲从家中接来；有人说自己病重，考官就请来医生……这里的考生提了很多的理由，但是考官就是没有让人出去过。这时有一个人对考官说了一句话，考官就放他出去了，结果他被录取了。

你知道这个人说的是什么话吗？

买东西不花钱

老张被困在了欧洲的一个小国的边境线上，身上只剩下了1美元，他要在这里等自己的签证才能离开。这个小国家的货币是拉索，1拉索等于100拉分。这个小镇上有两个商店，一个商店里1美元等于90拉分，另一个商店里1拉索等于90美分。

老张在这个小镇上又住了10天，最后他还剩下1美元。这些天里他没有额外的收入，那么，他是怎么生活下来的呢？

巧取宝石

在一个3平方米的地毯中央，有一个竖立的酒瓶，瓶口上放了一颗硕大的宝石，如果不能踩到地毯上去，也不能借助于别的工具碰翻酒瓶就把宝石抓出来。那么，你有没有什么办法呢？

能力有别

有一个神射手教了三个徒弟，这三个徒弟的性格各异，学习都很认真。有一天，他把三个学生叫到一个空旷的场地上对他们说："你们前面100米的桌子上放着一个盘子，盘子里有三个梨，如果要你们用箭把三个梨都射掉，你们想想，该用几支箭？"

大徒弟想了想说："我要用三支箭。"二徒弟说："我用两支就够了。"三徒弟说："我用一支就可以了。"他们三个人按自己的说法进行了试验，都成功了。

你知道他们都是怎么做的吗？

巧搬石头

清朝年间，一日天降大雨，大路边有一家豪宅的墙壁倒塌，塌下来的一块大石头正好滚到路的中央。这天慈禧太后按例要去庙里进香，正好要经过这条道路。当务之急是要把这块大石头搬走，但因为场地泥泞，一时找不到合适的工具，石头怎么也搬不动，这把大臣们都急坏了。这时，有个人想出了一个办法，解决了问题，你知道这是什么办法吗？

莫扎特巧弹曲

　　莫扎特是一个神童，很小的时候就学会了谱曲和弹琴。有一天，他谱了一个曲子让他的老师看，老师看后觉得很好，但演奏的时候发现一个地方是无法演奏的，他指着那个地方对莫扎特说："当演奏到这里的时候，我的双手分别弹到了钢琴的两边，但是这里有一个音符是在钢琴中间的，我又没有第三只手，怎么可以弹奏呢，所以你这里一定要改一改。"

　　莫扎特笑着说："这里不用改，我可以弹出来的。"

　　老师不信，于是他就弹奏给老师看。你知道他是怎么弹奏的吗？

最安全的地方

　　有一个窃贼去动物园偷东西，在没有偷到东西的情况下把关动物的笼子全打开了，狮子和老虎都跑了出来，很多动物在动物园中跑来跑去，很是危险。现在需要找一个安全的地方躲起来，等动物管理员把动物制服后再出来。

　　在这个时候，哪里是最安全的呢？

不敌小孩的预言家

哈桑是生活在印度的一个预言家，他经常在大众面前吹嘘自己的预言能力没人能比，说自己可以通过预言来预知世界上所有的事情。

但是，有一天，一个10岁的小孩用一句话就打败了他。小孩对哈桑说："我在一张纸上写了一件事，它在3点钟以前可能发生，也可能不发生。如果你认为这件事会发生，就在另一张纸上写'是'；如果你认为它不会发生，你就写'不'。要是你写错了，那你就得在众人面前承认自己是个骗子。"

那么，小孩究竟要怎么写才能赢得这次挑战呢？

迷路者问路

有这么四类人：神志清醒的人和魔鬼、精神错乱的人和魔鬼。凡是神志清醒的人总是说真话，一旦精神错乱就会说假话。而神志清醒的魔鬼说假话，精神错乱的魔鬼则说真话。而且，他们的语言表达都是"是"或者"不是"。

一天，有人误闯了这四类人居住的地方迷路了，他碰到了这四类人中的M可以问路，但是他不知道M是说真话，还是说假话。不过这个人很聪明，他只向M提了两个问题，就根据M的回答立刻判断出他属于哪一类居民。请问：这个人究竟提了两个什么问题呢？

妙答免死

　　从前有一个魔王，杀人不眨眼。为了让自己的生活更有趣，他设定了一个很残忍的制度：每天都要一个人来回答他一个问题。如果回答对了，就可以免去一死；但如果回答错了，就必死无疑。他的问题就是："你猜我最想做什么？"

　　你要怎样回答才能幸免一死呢？

大力士的困惑

　　力量村里出生的孩子都力大无比。其中有一个大力士可以轻易地举起200千克的东西，但有一天，他竟然连一件100千克重的东西都举不起来，请问这是为什么？当然，他没有生病也没有受伤。

混血儿的妙招

艾森是一名中美混血儿，他的朋友有两个一模一样的瓶子，这两个瓶子无论是大小、形状，还是重量都没有任何区别。只是，一只瓶子里装有半瓶油，另外一只瓶里没有油。可是聪明的艾森却能在没有任何称量工具的情况下，将油均匀地分好。你知道艾森是怎样做到的吗？

深山藏古寺

西南联大美术学院招生时，曾用"深山藏古寺"这一诗句为复试题。这题目看似简单，实则很难。有的考生画成深山里，树木环抱，中间有一座寺庙；有的考生的画上只显示了密林深处露出寺庙一角；有的画成了深山密林中有袅袅炊烟，但都不符合题意。

因为，既要让人看得出来山上有古寺，又要把寺庙隐藏起来，这是一个大难题。只有一名考生解决了这个矛盾，画出了真正的"深山藏古寺"来。

聪明的读者，你知道他是怎么画的吗？

陆游与美酒

　　陆游年轻的时候曾经从军，可是长期得不到朝廷的重用，来到四川后居住在梓州。梓州是个山清水秀的好地方，文人们常常在这里饮酒作乐，以诗会友。一天，有一位朋友带了一坛美酒来拜访陆游，他非常高兴，准备和好友痛饮一番。可是来访的朋友却说："如果你能不取出酒坛子上的软木塞，不打破酒坛，也不在酒坛上钻孔而能倒美酒，那今天的这一坛酒就由你痛饮；如果不能的话，那就对不起，酒我就抱回去了。"

　　陆游听了朋友的"刁难"，手捻胡须思索着，最后终于想出来了打开酒坛的办法。那么，你知道陆游是怎么倒出美酒的吗？

巧改对联

某位横行乡里的富绅，父子俩用钱各买了一个"进士"功名，婆媳俩也被封为"诰命夫人"。有一年除夕，富绅按捺不住得意的心情，在门上贴了一副对联：

父进士，子进士，父子同进士；

妻夫人，媳夫人，妻媳同夫人。

可第二天，家丁开门再看对联时脸都白了，慌忙将老爷请了出来。富绅一看，气得当场晕死过去。原来，有人在对联上加了几个笔画，那意思竟变成：父死了，子死了，父子同死了；妻没了男人，媳没了男人，妻媳都没了男人。

请你想想看，这副对联是怎样改的？

大腕家的门铃

爱尔莎是一名大腕，每天找她的人非常多。其实，有些人爱尔莎完全可以不用理会。可是，如果爱尔莎不接见他们的话，他们就用按门铃的方法对付她，令爱尔莎苦不堪言。一天，一位朋友帮她在大门前设计了一排6个按钮，来访者只要摁错了一个按钮，哪怕是和正确的同时摁，整个电铃系统将立即停止工作。

在大门的按钮旁边，贴有一张告示，上面写着：A在B的左边；B是C右边的第3个，C在D的右边；D紧靠着E；E和A中间隔一个按钮。请摁上面没有提到的那个按钮。

这6个按钮中，通门铃的按钮处于什么位置？

爆胎后有妙招

一位新手司机驾着小轿车去见朋友,半路上忽然有一个轮胎爆了。当他把轮胎上的4个螺丝拆下来,从车里把备用轮胎拿出来时,不小心把4个螺丝踢进了下水道。

请问：新手司机该怎么做才能使轿车安全地开到距离最近的修车厂？

牵牛花作伪证

夏日的早晨，一家大型超市的出纳上班时发现保险箱被撬了，共失窃价值25万元的财物。警方在箱体上发现了罪犯留下的指纹，并确定作案时间是凌晨2点至4点。经过调查，给超市送货的食品公司货车司机的指纹与现场作案指纹相符。

警方传讯了司机，可司机却说这段时间他正在家中拍摄牵牛花开花的过程，并拿出了拍摄照片，审讯陷入僵局。

迷惘的刑警来到植物研究所，请教了专家，证实牵牛花确实是在夏日凌晨开放。而且经对比，确认拍摄的照片就是司机家中的那盆花。

这就怪了，指纹是不可能相同的。

那么司机究竟是不是盗窃犯呢？如果是，那他又是采取什么办法分身的呢？

妙答女友怪问题

　　西莱斯特是一个帅气、幽默的小伙子。一天，西莱斯特对新交往的女朋友说，女友最吸引他的地方就是眨眼睛，新交往的女朋友听了后，便笑着问西莱斯特，从你生下来到现在，是睁眼的次数多还是闭眼的次数多？

PART TWO
情境想象

丈母娘的考问

　　杰克第一次去未婚妻菲丽家时，菲丽的母亲想试试他的智力，便故意问他："如果有一天我和菲丽一起掉到河里，而时间只允许你救起一个人的话，你先救谁？"杰克一时为难了，心想：如果说先救菲丽，菲丽母亲肯定不乐意；如果说先救菲丽母亲，她会知道这显然是骗她。他想到了一个好的回答，使大家听了都很满意。你知道他是怎样回答的吗？

租房的问题

有一家三口人突然要去另外一个城市工作，他们要在那个城市租住，但那个城市游客特别多，所以一时找不到租房。

这天，他们总算找到了一个价格合理、条件不错的房子。但是当他们要租住的时候，房东却告诉他们，这房子不租给带孩子的用户。

丈夫和妻子听了，一时不知如何是好，于是他们默默地走开了。

这时他们的孩子对房东说了一句话。房东听了之后，大声笑了起来，立即喜欢上了这个聪明的孩子，并把房子租给了他们。聪明的读者，你能想到孩子说的是什么吗？

老人的反击

一位患了中耳炎的老人和一名男青年同乘一部电梯，男青年忽然朝他大骂道："真浑蛋！你这老家伙的耳朵怎么这么臭？"你猜老人说了一句什么话去反击男青年？

孔融的回答

　　孔融六七岁时便聪明过人。一次，许多人当着孔融的面夸赞他，只有一个姓陈的大夫说："小时候聪明的人，长大了不一定怎么样。"你能想出孔融是怎样回答他的吗？

纪晓岚妙语应答

　　元宵节，乾隆皇帝带文武百官，齐登城楼看灯，只见眼下是灯山人海，鞭炮齐鸣，热闹异常。乾隆非常高兴，就问身边的官员："这城楼下有多少人？"

　　众人面面相觑，谁也不知道该如何回答才好，他们都回头看着纪晓岚，希望他可以替大家解围。只见纪晓岚说："皇上，楼下虽然人数众多，但算起来，不过两个，一个为名，一个为利。"乾隆听后，哈哈大笑。

　　又一次，乾隆微服出巡，恰巧，这时有一家人出殡，抬着棺材往城外走去；而另一家娶亲，抬着花轿经过。乾隆问纪晓岚："纪爱卿，人人说你聪明过人，朕现在问你，你说全国一年生多少人，死多少人？"

　　这是一个很难的问题，因为每年臣民的生死情况是不同的，但纪晓岚却回答上来了，而且乾隆听后，也很满意。

　　读者朋友，你知道纪晓岚是怎么回答的吗？

坚强的儿子

当古罗马城陷入纷乱的时候，有位母亲对想趁着乱世称雄的儿子这么说："如果你正直的话，就会被大众所背叛；但如果你不正直，就会被神遗弃。反正都没有好下场，你就别强出头了。"

这位坚强的儿子不但不放弃，还利用这番话中的盲点说服了他母亲。

你知道他是如何反驳的吗？

儿子的安危

海啸过后，很多人都在关注事件发生时的情况，而且电视台和电台不断播出灾情和寻人启事。老王的儿子在海啸发生之前就在那里工作，一直没有回来，邻居挺替老人担心的。一个邻居问："你的儿子有没有打电话回来？"老人说："没有。"邻居说："那么，有没有电视台或者电台播放了你儿子的消息？"老人说："也没有，但是我知道他平安无事。"

你能猜出老人是怎么知道的吗？

乘车

皮皮乘上一辆公共汽车，他发现买票的人（包括皮皮在内）只占了车上人的 $\frac{1}{3}$，可汽车一直开到终点，司机和售票员也没有向另外 $\frac{2}{3}$ 的人索要车票。你知道这是为什么吗？

哲学的应用

有这么一个故事：小张向小李借了100元钱，并信誓旦旦地说保证一个月后还清。

结果一个月到了，小张却不同意还小李的钱。

小张的理由是这样的："最近我们不是学习哲学了吗？根据老师所讲的哲学道理，我既不用还钱，也不会受到惩罚，老师说一切都在不断变化，人连一次也不能踏进同一条河流，因为河流眨眼间就变了。从向你借钱到现在已经一个月了，现在的我早已不是向你借钱并对天发誓的我了。所以，你不应该向现在的我要钱，只能去向一个月前向你借钱的那个我要钱。"

小李听后非常气愤，抓住小张痛打一顿。小张扬言要到法院去告小李，并向他索要医药费。

小李只说了几句话就把小张反驳得哑口无言。你知道小李说的是什么话吗？

买东西

　　一个哑巴在商店买钉子。他先把右手食指立在柜台上，左手握拳向下做敲击的动作，售货员给他拿来了一把锤子，哑巴连连摇头，于是售货员明白了他想买钉子。哑巴买完钉子后高兴地走了。这时又进来了一个瞎子，他想买一把剪刀，请问他会怎么做？

PART THREE
空间想象

巧切西瓜

　　炎热的夏天，爸爸从市场买来一个大西瓜，明明立刻吵着说他要切。爸爸则要求："如果你能只切4刀就把西瓜切成15块，就让你切！"明明想了很久也没想到，照这种情况看来，这个西瓜可能要由爸爸来切了。请问，要用什么切法来达到爸爸的要求呢？

挑战无极限

　　右下图是一道数学考题，它可以帮助你提高多方面的空间想象力。图中，最外层的圆包含一个内接三角形，三角形中有一内切圆，圆内又包含一个内接正方形，再是一个内切圆，里面是正五边形，然后是圆、正六边形、圆、正七边形……层层嵌套下去，每次正多边形的边数都加1。随着圆越来越小，你能猜出最后这个圆会变成什么样的吗？

逃生的方法

　　爱丽丝漫游仙境的时候，她的身体随比例而缩小。这天她走过一个倾斜的正方形的小洞时，后面突然滚过来一颗玻璃球，现在玻璃球的直径是她身体的5倍。她拼命地往前跑，但是距离隧道的出口还有很远，她无法在玻璃球赶上自己之前跑出去。如果这个玻璃球的直径和正方形小洞的高度一样的话，她是否注定要被玻璃球压死？

少女历险记

　　有一个少女在游玩的时候遇到了歹徒，她在情急之中跳到了湖上的一只小船上。这是一个半径为R的圆形小湖，那个歹徒站在岸上等这个少女上岸。

　　等少女静下心来，才发现情况对自己很不利。她是一名长跑运动员，如果真的在岸上那个歹徒是追不上她的，但是现在她在水中划船的速度只是歹徒在岸上的速度的$\frac{1}{4}$。歹徒可以沿着圆形的岸边奔跑，想法要抓住将划船上岸的少女，而这里没有别的人到来。

　　那么，这名少女能否设法将船划到岸边，然后在歹徒没有赶到的情况下登岸逃走呢？

圆桌会议

A、B、C、D、E、F6个人围着一张圆桌开会（如右下图），已知：

（1）A坐在B右手旁，和B中间隔了一个人；

（2）C坐在D的正对面；

（3）E坐在F左手旁，和F中间隔了一个人；

（4）F不是坐在D的隔壁。

那么，A的右边会是谁呢？

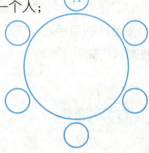

蜗牛爬格子

在下面8×8的格子中间，有一只小蜗牛，它要爬遍所有的格子，但是它只能"上下"和"左右"爬动，不能斜着移动。

那么，它如何走才能把所有的格子都走一遍，并且没有重复地回到起点呢？

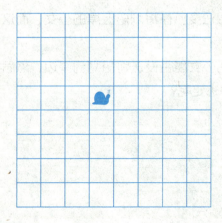

翻转杯子

桌子上放着3个杯子，它们的口都是朝下的。如果让你翻转杯子，但是每次只能翻转两个，那么，你可以把它们全翻转成口朝上吗？

如果现在杯子的数目变成了6个，但是3个口朝上，3个口朝下。同样，你每次只可以翻转两个杯子，那么，你可以把它们全翻转成口朝上吗？

现在杯子的数目变成了8个，这8个杯子都是口朝下的，这次让你每次只能翻转3个杯子，你最少需要几次才能把它们全翻转成口朝上呢？

火柴光

想象下图这个布局中的3个房间的墙上（包括地板和房顶）都铺满了镜子，房间里面一片漆黑。

一个人在最上面的房间里划了一根火柴。那么在下面右边房间里吸烟的人能看到火柴燃烧的影像吗？

曲面镜

　　如左下图所示，男孩看左边的凸面镜发现自己是上下颠倒的。如果将镜子翻转90°，这时候男孩看到的自己是什么样子的呢？

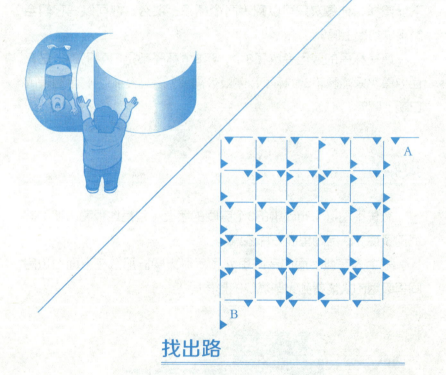

找出路

　　从A走到B，只能沿着小旗的方向前进，如右上图是走不通的。现在要求调转小旗的方向，使道路畅通，最少要调转几面小旗的方向？

一线牵

　　用一条线穿过立方体的6个面，将这个立方体摊开的话，应该是下面选项中的哪一个呢？

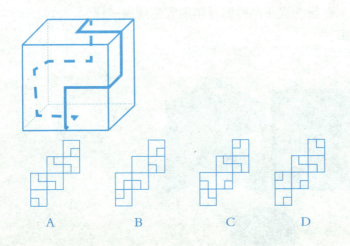

A　　　　　B　　　　　C　　　　　D

画龙点睛

　　如图中的字"田""禾""田"是用24根火柴棍组成的，三个字组合起来没有什么意义。移动其中的4根火柴棍，将它变成一个有意义的成语。怎样移动呢？

转角镜

如左下图所示，一个男孩分别从一面平面镜和两面以90°相接的镜子中观察自己。

男孩的脸在两种镜子中所成的像是一样的吗？

移动杯子

有10只杯子，前面5只装有水，后面5只没有装水。移动4只杯子可以将盛水的杯子和空杯相间，现在只移动2只杯子也要使其相间，你可以做到吗？

我行我秀

在一次我行我秀的空间思维比赛中，有一道这样的题：立方体有比二维图形更多的旋转对称，你能找出所有的旋转对称吗？

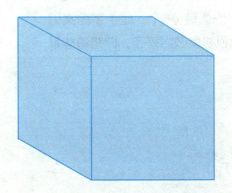

六角星耳环

这只六角星的水晶耳环，已经很旧了。作为设计师的坎蒂丝决定将这个耳环做一番改造，使这个六角星拼成一个长方形。你说该怎样拼？

红十字图案

哥哥与弟弟一起玩游戏，哥哥用36根火柴摆出了如左下图由13个同样大小的小正方形组成的图案，然后让弟弟从中拿走4根火柴，使这个图案中小正方形的数量少5个，但十字图案仍然保持不变。弟弟很快就做出来了，你知道他是怎么做的吗？

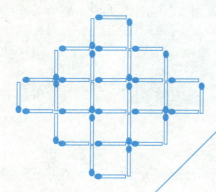

吃麦苗的小羊

小明把他的小羊拴在一棵树上，拴羊的绳子有10米长，现在羊离旁边的麦田有18米远。然后小明跑开和小朋友们玩去了，等他回来的时候，发现小羊吃了很多的麦苗，但是绳子并没有断，你知道这是怎么回事吗？

踩石头过河

这次，你要到丛林里执行任务。当你路过一条河时，必须小心翼翼地跨过这些石头才能到达河对面，如踩错了石头就会跌进河里，要知道河里到处都是鳄鱼。

从A开始到达B，每排里只能踩一个石头，你会选择踩哪些石头呢？

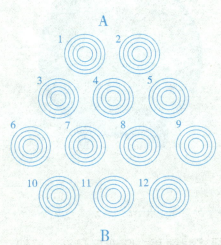

绑票

里斯廷夫妇俩遭人绑架，绑架的情形如右图所示，犯罪分子向他们要100万元现金，不然就会撕票。他俩没法剪断绳子，也无法解开绳结，可他们却逃了出来。你知道他们是怎么办到的吗？

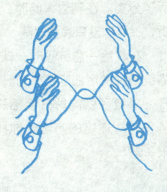

鬼灵精怪

　　卡罗琳是个小精灵，妈妈笑着称她为"可爱的小狐狸"。这不，她问妈妈：倘若在一个房子的四周布满镜子，然后当你走进去时，再把门关紧，你觉得自己会看到一片怎样的景象？

打开链子

　　你的视神经将眼睛和大脑连接起来。这种"连线"并不是被动的。随着信息沿其路径的传输过程，视觉信息得以分析并进行了分类。在到达大脑时，这些信息已经部分地经过了处理和分析，一点也没有浪费时间。

　　在收拾一盒链子时，珠宝匠发现了如右下图所示的三根相连的链条并决定把这链条分开。经过观察，珠宝匠找到了只需要打开一条链子就能解开全部三条链子之间连接的方法。你找出来了吗？

折纸游戏

　　将下面这幅图复印或者临摹下来，沿着虚线折叠，要求数字按正确顺序排列（即1、2、3、4、5、6、7、8），一个压着一个，"1"排最前，"8"排最后。数字朝上、朝下或在纸的下面都可以。

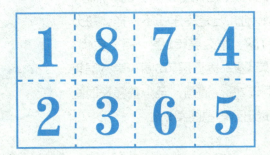

菱形变立体

　　只移动3根火柴，将下面这个图案变成由3个菱形组成的一个立方体。

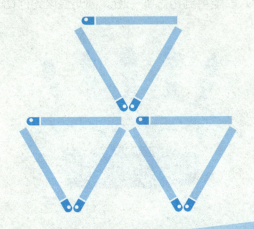

音乐转灯

一盏音乐转灯设计很独特：在中心红光外面包有7层圆筒壳，每层壳上都有7个五角星的图案，当7层壳上的五角星排成一条直线时，这样中心红光可以透出五角星的图案。如果开始时7个五角星是对齐的，然后7层筒壳一起转动，但是转速却不一样：每分钟第一层转1圈，第二层转2圈，第三层转3圈，第四层转4圈，第五层转5圈，第六层转6圈，第七层转7圈。请问：至少要多长时间以后，可以透出五角星图案来？

分蛋糕

有7个朋友给杰克过生日，他们带来了一个圆形的生日蛋糕，为了考考这个"小寿星"，他们要求杰克只切3刀就把蛋糕分成8块，而且每个人都能得到相等的一份。你知道该如何切吗？

镜子里的游戏

　　有4个数字（两组），在镜子里面看数字的顺序相反，它们两者之间的差均等于63。

　　请问：这两组数字分别是什么？

超车之谜

　　爸爸带着皮皮开着新买的小汽车沿湖滨公路游览，皮皮坐在里面别提有多开心了。这时，皮皮从车镜里看到后面有一辆破旧的小货车，开得很慢，像一位老人在艰难地往后倒着走。小货车越倒越远，渐渐看不见了，皮皮高兴得在车上手舞足蹈。

　　湖边的路只有两米多宽，是单行线，皮皮玩累了，一会儿就睡着了。等他一觉醒来，简直不相信自己的眼睛，小货车竟然慢腾腾地开在自己的车前面，它是怎么超过去的？

镜子里的矛盾

　　在照镜子时，你在镜子中的影像与自己相比，左右颠倒了方向。比如，你的左手，在镜子中就成了你的右手，而你的右手在镜子中则成了你的左手。由此看来，镜子中的影像是可以左右颠倒的。

　　但是如果你在镜子前面躺下，你会发现镜子中的影像并没有左右颠倒，比如，你头和脚的位置依然与你躺下的实际的方向是一致的。那么，为什么又不能左右颠倒了呢？

小顽童的鬼把戏

　　小顽童最喜欢搞一些自以为是的小把戏，常常把大人们逗得乐翻了天。一天，他摆出这样一个把戏：在一个睡着的小猫的背上放上一根杠杆，在杠杆的左边放一只足球，杠杆的右边放一支正在燃烧的蜡烛，此时杠杆正好平衡。假设在蜡烛燃烧尽之后猫还没有醒来，也没有动一下，或者翻一下身，足球将滚向左边还是右边？

不和谐的邻居们

　　有三户人家合住在同一个小院里（如左下图所示），但他们总是吵架，住得都很不开心。住在大房子的主人最先采取措施来改变这种状态——从他家的门口到图中下方大门修了一条封闭式的小路。住在右边房子里的主人也不甘示弱，他修了一条路通到左边的大门。最后，住在左边房子的主人也修了一条路通到右边的大门。但令人惊奇的是，这几条路都互不相交。你能正确地画出这三条路吗？

快速建楼房

　　你能不能不用任何绘画工具，将右上图中的一间平房变成两层高的楼房？

几堆水果

有4元/千克的香蕉一堆，2元/千克的苹果一堆，4元/千克的橘子一堆，合在一起，你猜共有几堆？

黄金比例

在一个正五边形里画出所有的对角线，你做出了一个五角星，因为五边形对称在自然界里到处都有，比如在植物和诸如海星的动物中，所以它有时被称为生命的对称。

因为做出黄金矩形和黄金三角形的秘密在于五角星，所以它就成为毕达哥拉斯及其追随者的神秘象征。要理解它的神秘，就要计算出五边形的边长和五角星的边长的比值。

搭积木

家里有一个正立方体的木墩，胖胖想把它切成27块用来搭积木。你猜胖胖最少要切几刀才能完成任务？

有趣的任务

在物理课上，老师布置了一个有趣的任务：在一段两端开口的透明软塑料管内，装有11颗大小相同的滚珠，其中有5颗是深颜色的，有6颗是浅颜色的（如下图所示）。整段塑料管的内径是均匀的，只能让一个滚珠勉强通过。现在想把深颜色滚珠取出来，但如果不先取出浅颜色滚珠，又不切断塑料管，深颜色滚珠是不会出来的。那该怎么办呢？

遭遇"鬼迷路"

一天晚上,三个探险家为了抄近路,决定从宽4000米的山谷中穿过。他们走了很久,按时间计算应该到达目的地了,但每次总是莫名其妙地回到出发点附近。这就是人们经常所说的"鬼迷路"。你知道是怎么回事吗?

寻找咖啡杯

例图是从上面垂直往下看咖啡杯的样子。那么,请你仔细地观察一下,与例图一样的咖啡杯是下面4个咖啡杯中的哪一个呢?

（例图）

①

②

③

④

齿轮转动

当按照下图中所示的方向转动把手时，A、B、C、D 4个重物中哪些会上升，而哪些会下降呢？仔细分析一下各个齿轮之间的传动情况即可得出答案。

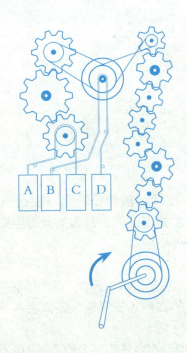

PART FOUR

发散想象

比尔·盖茨的考题

据说微软创始人比尔·盖茨多次用下面这道题考那些应聘者。这道题看来是纯粹操作性的，其实盖茨是用来选拔发散及聚合思维过硬的未来微软人的。

盖茨的开场白是：

人的大脑细胞的总数超过300亿个，这些脑细胞构成的神经网络比全世界电话网络的联系还要复杂，要体会一下大脑神经网络运作的感觉吗？

请看下图，从起点到终点共有多少种不同的路径？

注意：你只能从左到右，不能倒退，即到达一个结点后，或者朝上前进，或者朝下前进。

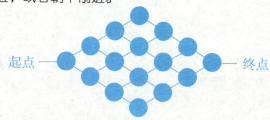

断臂维纳斯

现在，当人们见到维纳斯雕像时，也许认为当时从土中被发掘时就是这个样子。可实际上，它被发现时是破碎的断片，经过修复加工接合起来才成为现在这个样子。维纳斯雕像在卢浮宫展出后，人们立刻卷入了对雕像争论的旋涡，其争论范围发展到了美术史和整个美学领域。其中雕像缺两臂的姿态，也许是最使人兴奋的论题了。

这个振奋现代人的杰作，因为欠缺，引起了人们各种想象。你又是怎么想的呢？你能讲出或画出维纳斯所缺两臂的姿态吗？请你提出几个方案来。

友谊是什么

诗人曾把友谊比作桥，他写道：

友谊是什么？

友谊是座桥。

在隔膜的河上弯着腰，

当你从这岸走到那岸，

误解已被清水洗掉……

请你思考：

（1）把友谊比作鸟，可不可以？

（2）把友谊比作体温表，可不可以？

（3）把友谊比作省略号，可不可以？

如果可以的话，请你仿照上文，各写一首诗。

0的断想

有位作家写了一首散文诗《0的断想》：

0是谦虚者的起点，骄傲者的终点；

0的负担最轻，但任务最重；

0是一面镜子，让你重新认识自己；

0是一只救生圈，让弱者随波逆流；

0是一面敲响的战鼓，叫勇者奋勇进取。

0的确是一个神奇的数字，它可以引起人们无穷的联想，你从它身上还会想到一些什么呢？比如说，0是一块空地，0是一个袅袅升起的烟圈，0是一只坚硬无比的铁环……请你按上述散文诗的格式，分别把这三句的后半句写出来。

孪生姐妹

丁丁告诉我这样一件怪事：有一对孪生姐妹，姐姐出生在2001年，妹妹出生在2000年。

你说可能吗？

什么影子最大

请想一下，你所见到的影子中，什么影子最大？

他会变得怎样

一次，一个青年人在路上拾到一张两元钱的钞票。从此，他走路时眼睛总是离不开地面，40年的漫长岁月过去了……

他会变得怎样？请你想象一下，然后用简洁的语言表达出来。

老婆婆报时的秘密

有一个老婆婆，每天坐在门口的瓜棚下做一些碎活。当有过路的行人问她时间时，她总是用双手推一推瓜藤下的一个大葫芦，然后就能报出准确的时间。

除了体积比较大之外，这个大葫芦并不特别，为什么老婆婆推了推它就能知道准确的时间呢？

"反一反"的结果

英国科学家法拉第，把当时已由别的科学家证明的"电流能够产生磁场"颠倒过来想，通过实验证明了"磁场能转变为电"，从而发明了世界上第一台发电机。

还有什么东西是由这么"反一反"而创造出来的呢？请说出4个以上来。

严重的错误

小梅戴着厚厚的眼镜，但这次的视力测验，她有把握双眼的测试结果都在2.0以上，因为她事先把视力表给背了下来。

但是，检查开始的时候，她才发现，她犯了一个严重的错误，虽然视力表和她背下来的是一模一样的。聪明的读者，你知道这个错误是什么吗？

涂鸦的孩子

小海喜欢画画，但总是到处画一些米老鼠的图案。这天在学校，他居然随手在准备发给全校师生美术考试的一叠绘图纸上画了数百张，却没有受到老师的责备。当然，他画的米老鼠图案并不是非常小的，你知道他为什么没有受到责备吗？

消失的钱

　　吴先生在银行取了100元钱，他买了一盒烟，花了20元，随后把剩下的钱放在裤子的后口袋里。第二天当他再摸裤子后口袋的时候，发现里面只有10元钱，可是并没有人抢劫他。你知道这是怎么回事吗？

探险家渡河

　　有一队探险家，他们来到未开发的荒芜之地探险。眼前有一条又深又宽的河流阻住了他们的道路。河上没有桥梁，他们也没有船或者可供造船的材料，也没有办法游泳。那么，他们是如何渡河的呢？

眼睛的颜色

你坐飞机环球航行，在曼哈顿，你的旁边坐了一位红眼睛的乘客，而前排乘客的眼睛是蓝色的。

当你在纽约转机后，坐在你旁边的是一位棕色眼睛的乘客，而你后排乘客的眼睛是深褐色的。

你又在莫斯科换了一架飞机，这次，你旁边的人的眼睛颜色是深黑色的，而飞机驾驶员的眼睛颜色是浅蓝色的。

你最后到达终点站伦敦，这时你走进洗手间，走过你身旁的人的眼睛是灰色的。你看着洗手间墙壁上的镜子，眨了眨眼。你看到你的眼睛是什么颜色的？

如何逃跑

小明被一群歹徒关在一个没有窗户只有一扇门的小屋子里。他用尽力气也没有把那扇门拉开，急得哭了起来。这时他突然想起一种方法，于是很快就离开了那间小屋。

你知道他是怎么做的吗？

每天早上的蛋

俗话说：种瓜得瓜，种豆得豆。王奶奶没有养过鸡，但是每天早上总是吃两个蛋，这不是花钱买的，也不是别人送的或者孩子们孝敬的。

你知道这是怎么回事吗？

薄过纸的东西

什么东西薄过纸，却没有人能抬得起或打得烂？

释放犯人

有一个女犯人刑满释放，但是要出狱的却是一男一女两个人，这把门卫搞糊涂了。但是他又接到上级的通知，准许两个人出狱，你知道这是为什么吗？

如何站人

如果有一张不大的报纸，要求你和你的一位朋友同时站在这张报纸上，报纸不能撕开，而且你们彼此也不能碰到对方，你可以做到吗？

奇怪的问题

你能回答下面的问题吗？

1.有没有一个人，他的身体里有三个心脏，但是他活得很正常，并且没有人为这件事情感到奇怪？ 2.如果亚洲有一个村庄里，每一个人都只有一只右眼，你认为可能吗？ 3.一年中有些月份有31天，有些月份有30天，那么有多少月份有28天呢？

没有新闻的新闻

美国有一个地区，每天都会发生各种意外事件，当地有一家报纸是专门报道本地意外事件的。每天发生的意外事件，都可以在当天的新闻晚报上看到。

但有一天，这个地区奇迹般没有发生任何意外事件。到了晚上，这家报纸却仍然正常发行，刊登意外事件，这家只刊登本地意外事件的报纸，还能刊出什么意外事件呢？

最失败的抢劫

有一群抢匪持枪闯入了市中心的一家大银行，他们破坏了那里的报警系统，控制了局面。当他们要求工作人员交出柜台抽屉里所有的现金时，银行经理表示，柜台已经没有半分钱了。抢匪要经理打开保险柜，经理照做了，但保险柜中同样是空空如也。

这时，警察赶来了，立刻逮捕了抢匪，到底发生了什么事？

时间的问题

广场上的大钟在整点的时候会报时，时间到几点钟就敲几下，并且每到半点时敲一下。有一天夜里，有一个人失眠了，他不知道是什么时候，他先是听见钟表敲了一下，然后过了一阵又敲了一下，再过了一阵又听到钟敲了一下。你能想出现在是几点了吗？

今天星期几

暑假的日子很快乐，因为不上课，所以都不记得今天是星期几了。两个孩子想弄明白到底是星期几，因为星期六有好看的动画片。吉米说："当后天变成昨天的时候，那么'今天'距离星期天的日子，将和当前天变成明天时的那个'今天'距离星期天的日子相同。"

看上去都是比较混乱的逻辑，那么今天到底是星期几？他们还能不能看上动画片？

井底之蛙

一只井底之蛙想出去见见世面，于是开始攀爬井壁。每爬一次，就上升3米，但在再次攀爬井壁前会下落2米。已知井深10米。请问：这只青蛙要攀爬几次才能爬出井去？

风铃

小柔是一个喜欢动手的好孩子，她最喜欢做的就是风铃。这一天，她折了6颗风铃花，用一根1米长的绳子每隔0.2米拴1个正好。现在她不小心用剪刀剪坏了1个，重新折的话又没有多余的塑料膜了，而且还要求每隔0.2米拴1个，绳子不能剩。请问：小柔该怎么拴？

预测机

人工智能专家发明了一个预测机，任何一个人都可以问它：一小时之中会不会发生某件事。如果预测机预知这件事会发生，就亮绿灯，表示"会"；如果亮红灯，就表示"不会"。这个机器一经推出受到很多人的欢迎，特别是警察局的警员，因为这样可以减轻他们的工作任务，只有局长不高兴，因为他知道预测机根本就不可靠，用一句话就可以验证。

那么，你知道局长想到了一句什么话吗？

天知地知

有一件事，天不知道，地知道，你不知道，我知道。
这件事是什么呢？

绑票者是谁

一个深秋的夜晚，纽约市某公司董事长的儿子被绑票了，绑架犯索要5万美元的赎金。那家伙在电话里说："我要旧版的百元纸币500张，用普通的包装，在明天上午邮寄，地址是查尔斯顿市伊丽莎白街2号，卡洛。"接到电话后，该董事长非常害怕。为了不让孩子的生命受到危害，他只好委托私家侦探菲利普进行调查。因为事关小孩的性命，菲利普也不敢轻举妄动。于是，他打扮成一个推销员，来到了凶犯所说的地址进行调查，结果却发现城名虽然是真的，但是地址和人名却是虚构的。难道凶犯不想得到赎金吗？这当然是不可能的。忽然，菲利普灵机一动，明白了绑架犯的真实面目。第二天，他就成功地抓获绑架犯，并安全救出了被绑架的小孩。

菲利普明白了什么？

奇怪的血缘关系

王先生和他的妹妹王小姐一起在街上散步。这时，王先生看着对面的店铺对妹妹说："对了，小外甥在这家店工作，我要去看看他，还要顺便买一些东西。"

王小姐回答："我可没有外甥啊。"

说罢，王小姐就先走开了。

聪明的读者，你知道王小姐和那个神秘的外甥是什么关系吗？

关帝庙求财

　　太平盛世时，到关帝庙求财祈福的善男信女总是络绎不绝。关公在上面看着，总是微微一笑，他也看到了世间百态。

　　这日，来了一名香客，他跪下祈求关帝爷保佑他生意兴隆，财源广进。谁知，温和的关公听后大怒，"啪"地一拍桌子，大喝一声："大胆刁民，有此歹意，当五雷轰顶！"

　　那香客一听，惊叫一声，赶紧拔腿逃了出去。

　　关公旁边持刀的周仓看了，大笑说："此人肯定是个祸害百姓的不法之徒。"

　　关公笑了笑，说："不，他是个规矩的生意人，做的也是合法的生意。"

　　这让周仓很疑惑了，为什么祈福的香客中，关公单单说这个人有歹意呢？

　　读者朋友，你想到原因了吗？

PART FIVE
图形想象

必胜秘诀

两个人在围棋盘上轮流放棋子，一次只能放一枚，要求棋子之间不能重叠，也不能越过棋盘的边界，棋盘上再也不能放下一枚棋子时，游戏结束。谁放下了最后一枚棋子，谁获胜。

如果你先放棋子，有没有确保必胜的秘诀？

六阶魔方

用数字1到36填入缺失数字的方格中，使得每一行、列及两条对角线上的6个数之和都等于111（如右图）。

这是源自中国的一个古老的魔方，它作为驱魔的神物被埋在房子下面。

28		3		35	
	18		24		1
7		12		22	
	13		19		29
5		15		25	
	33		6		9

八阶魔方

本杰明·富兰克林的八阶魔方诞生于1750年，包含了从1到64的所有数字，并以每行、每列的和为260的方式进行排列（如下图）。

你能填出缺失的数字吗？

52		4		20		36	
14	3	62	51	46	35	30	19
53		5		21		37	
11	6	59	54	43	38	27	22
55		7		23		39	
9	8	57	56	41	40	25	24
50		2		18		34	
16	1	64	49	48	33	32	17

魔幻蜂巢正六边形

要创造出满足以下条件的二阶蜂巢六边形魔方是不可能的：将数字1到7排列到右图的蜂巢中，使得每一直行的和相等。

你能证明它为什么不可能存在吗？

魔"数"蜂巢

你能将数字1到8填入下图的圆圈内，使游戏板上任何一处相邻的数字都不是连续的吗？

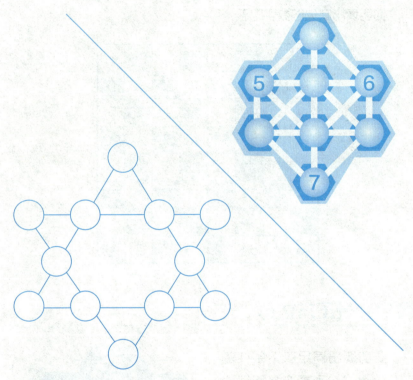

圆圈填数

在这道谜题中，你必须运用到的是从1到12的数字，每个圆圈中只能放入一个数字，而且所有的数字都要用上。将数字全部安放正确，使得各行4个数字的总和都等于26（如左上图）。

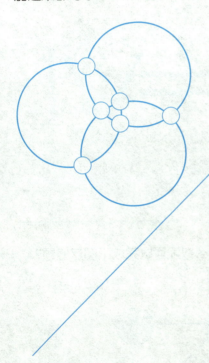

大圆小圆

利用0到5这6个数字，在每一个小圆上填一个数字，使围绕每个大圆的数值加起来都等于10（如左下图）。

3		23	6		7
	41			28	
7		8	2		13
4		19	14		3
	45			47	
17		5	11		?

正方形数局

仔细观察如右上图的正方形数局，最后一个正方形中，问号部分应该换成什么数字？

移火柴得等式

将其中一根火柴移到另一个位置使得等式成立（如下图）。

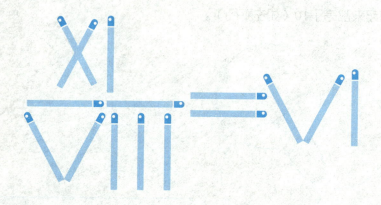

填数做题（1）

算一算，在问号的地方填上什么数字可以完成下图这道题？

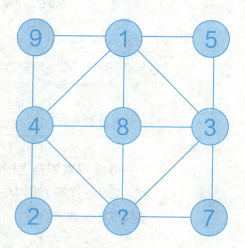

填数做题（2）

要完成下图这道题，你认为"？"处应该换成什么数字？

48	30	20
24	15	10
72	45	?

写给外星人的信

一个四阶幻方图（如右下图）就是在一个4×4的带16个方格的方阵图中，每格分别填入1至16的数字，使每行、每列及两条对角线上的四个数之和都相等。

这个四阶幻方图是在印度卡俱拉霍被发现的，它是11世纪时刻在一个碑上的。德国画家阿尔伯特·丢勒在他1514年所作的蚀刻画《忧郁》中加入了这个幻方。它比一般意义上的幻方有更多的奇妙之处，不只要求对角线的四个数之和相等（等于34），而且任何一条对角线上四数之和也都等于34。也就是说，幻方的上边第一行移到最下一行，或左边第一行移到最右一行，仍是幻方，而且每相邻的四个数之和也等于34。

1977年，美国发射的"旅行者号"宇宙飞船上，就带了一张四阶幻方图。现在就请你来填填这个幻方图。

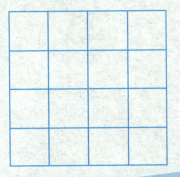

填图游戏

按照下面的排列顺序，空缺处的图形是什么？

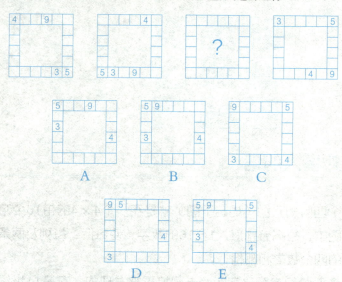

白色小圆游戏

下列方框中标注问号的地方应该填上几个白色小圆？

$$\bigstar \div n = \circ$$

$$2(\bigstar \times 2n) = \begin{smallmatrix}\circ\circ\circ\circ\\\circ\\\circ\circ\circ\end{smallmatrix}$$

$$2(\bigstar\bigstar - 2n) = \circ\circ\circ$$

$$\bigstar + 6n = ?$$

数字摆序

用下面给出的数字组成一个连续数序列。你只需要使用10个数字中的9个。

钟表的时间

下面的空白钟表应该显示什么时间？

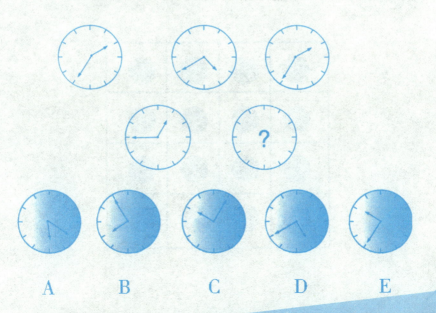

移形变图

如下图所示，移动两根火柴，变成4个三角形和3个平行四边形。

硬币游戏

如下图，16个硬币摆成4×4的方格，现在要拿掉6个，使得每行每列硬币的数量都是偶数，你能做到吗？

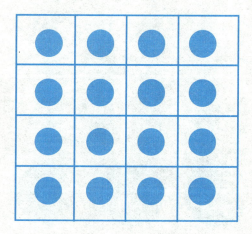

摆陶块解题

在庞培古都的挖掘过程中，挖掘出5个陶块。结果发现，它们是一个人陶匾的组成部分，所有陶块上都刻有罗马数字和符号，好像是一道数学题。正确摆放这些陶块的顺序，组成一个完整且正确的等式（如下图所示）。

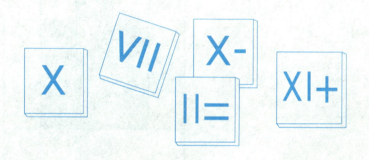

卡片游戏

2、1、6这3张卡片如下图放置，请你变换一下它们的位置，使它们变成恰好能被43除尽的一个三位数。

数字幻方

　　将1到25这25个自然数分别填入下图的方格中，使每行、每列和每条对角线上的数字之和为65，而且要求在涂了颜色的方格中的数字必须是奇数。

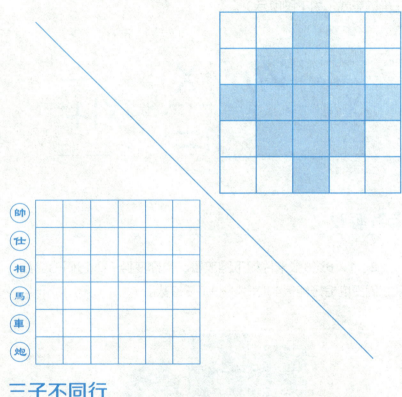

三子不同行

　　你能把6枚象棋放在6×6规格的大正方形中（如上图），使每一行、每一列或每一斜行都不包含3枚象棋吗？如果放入12枚呢？

超级武士数独

　　这是一个超难的数独迷宫（如下图所示），要求每个大九宫格里每一行、每一列以及每一个小九宫格都必须包含1~9这9个数字。现在你需要的是时间和超级的推理思维。

奇妙幻星

你能将1～19的数字填入左下图六角星的
19个交点上，构成一个幻星，并使每一条直线
上的5个数字之和都相等吗？

菱形迷宫

把数字1到12不重复地填入下面
由菱形组成的迷宫中，使每一个菱形
的四个角上的数的和都是26。

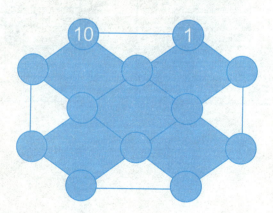

操场位置

老师在一个正方形操场上设立了一些位置，在表格中标上的数字代表学生所在的位置，除此之外，这些数字也表示了该学生相邻的空格中站着几个人，例如，"0"表示该学生周围都没有人。你能运用自己的智慧，将所有的学生正确标示在左下图的方格中吗？（操场上共有4个人）

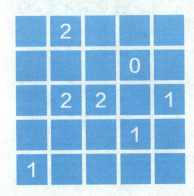

找出口

下面是一个迷宫被拆分到了左右两张图中，你能在脑海中将左右结合起来找出迷宫的出口是哪个吗？

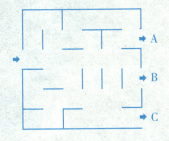

空格内是什么

有一个如右下图所示的数字板，请转动你的脑筋，猜一猜空格内应填入一些什么。

1	2	3
4	5	6
7	8	9
?	0	?

变三角形

10枚硬币排成倒三角形，如果让这个三角形朝上，只允许移动3枚硬币，该怎么移（见左下图）？

字母逻辑

依照下图的逻辑，说说Z应该是黑色还是白色。

图形推理

请问A、B、C、D、E这一序列的下一个应是什么样的？

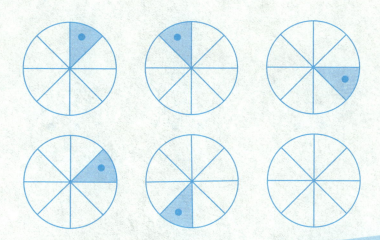

第8个形象

　　图中前7个脸面形象的变化有一定的规则。最下面的A、B、C三图中，哪一个符合这一规则的第8个形象？

互相牵制的局面

一块由36个形状大小一样的白方格组成的正方形白布上（见右图），不小心被一个淘气鬼碰倒了墨水。墨水正好洒在正方形白布的两条对角线处。有位老先生说只要在干净处滴上8滴他特制的药水就可以让墨水自动消除，但是这8滴药水不能处在同一横行或者竖行

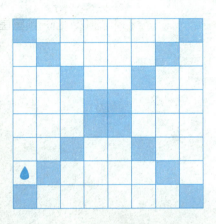

上，也不准在同一条对角线上，如果违反了，整块布都会渗透成黑色。现在，老先生自己滴了一滴，剩下的7滴由你自己想办法解决，你该怎么做？

增加的菱形

每移动2根火柴增加一个菱形，连续5次直到变成8个菱形。

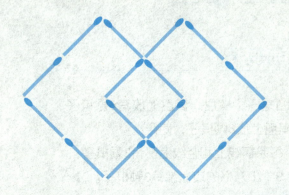

孤独的星星

右下图中，哪一颗星星不属于这个星座？

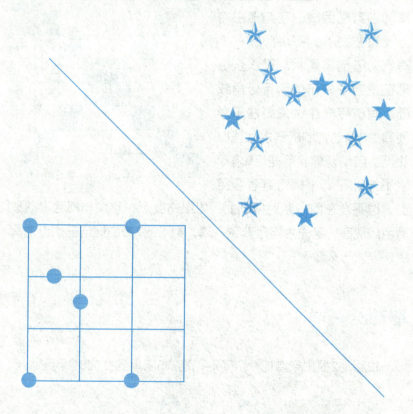

棋盘上的棋子

左上图是一个棋盘，棋盘上放有6颗棋子，
请你再在棋盘上放8颗棋子，使得：

（1）每条横线上和竖线上都有3颗棋子；

（2）9个小方格的边上都有3颗棋子。

小猴的游戏

聪明的小猴拿着10根火柴棒在院子里摆弄不停。小兔子问他在干什么，小猴说他要完成妈妈交给他的任务，用10根火柴拼成一个含有10个三角形、2个正方形、2个梯形和5个长方形的图形。可小猴怎么拼也达不到妈妈的要求，小兔子一把接过他手中的火柴棒，两三下就拼成了。你知道小兔子拼成的图是什么样的吗？

精美刺绣

吉莉丝家有一块珍藏了很久的刺绣，这块刺绣的做工非常精美。可是，刺绣的形状有点怪异（如下图）。一天，妈妈将这块刺绣从柜子里面拿出来，想让吉莉丝把它拼成一个正方形，前提是只能剪两次。吉莉丝看了半天也不敢动手，你能帮帮吉莉丝吗？

摆牌游戏

24张扑克牌要排成6排，每排要排5张，怎么排（见下图）？

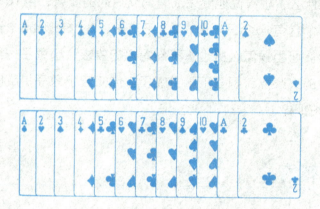

人形数字

完成下图中的这道题，需要在最后一个圆中补充上什么数字？

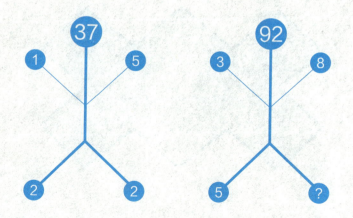

招收关门弟子

听说智者要招收最后一个学生，很多聪明的人都想成为他的学生，以便学到更多的知识。他们来到智者的门前，看到了智者画在墙上的6个小圆（如右图）。旁注说：现在要把3个小圆连成1条直线，只能连出2条，如果擦掉1个小圆，把它画在别的地方，就能连出4条直线，且每条直线上也都有3个小圆。谁能第一个画出，我就收谁做我的学生。

两两不相等

请你把6枚象棋放入下面6×6规格的大正方形中，使得每两枚象棋之间的距离都不相等。

帅	仕	相	馬	車	炮

拼出正方形

　　下图是一个奇形怪状的"十字形"。你能否把它分为四部分，再拼成一个规则的正方形？

PART SIX

假设想象

疯狂的艺术家

有一位疯狂的艺术家为了寻找灵感，把一张厚为0.1毫米的很大的纸对半撕开，重叠起来，然后再撕成两半叠起来。假设他如此重复这一过程25次，这叠纸会有多厚？

A.像山一样高

B.像一个人一样高

C.像一栋房子一样高

D.像一本书那么厚

假如卢浮宫失火

一份美国报纸曾经刊登过一则启事以征求最佳答案——假如卢浮宫不幸失火了，你只能救出一幅画，那么，你将抢救其中的哪一幅？

牺牲哪一位

英国一家著名的报纸举办智力竞赛，为下面的难题征求答案：三个名人都对人类立过不朽之功，其中一个在医学上有过重大贡献，一个是著名的化学家，一个是举世瞩目的核物理学家。有一天，三人搭乘同一个气球。突然，气球遇到风暴，要把其中一人推下去，才能确保另外两人的安全。这三人中，究竟应该牺牲哪一位？

太阳看不到的东西

太阳对白云说："地球上的东西，我几乎都能看透，除了白天屋外的一个东西，这种东西视力正常的人都看过，唯独我看不到。"

白云说："这东西是你自己吗？"

太阳说："我不是地球上的，当然不是我了。"白云怎么也想不到太阳不能看到的东西是什么。聪明的读者，你知道吗？

皇妃与侍女

一个皇帝有20个皇妃，20个皇妃相互的关系并不融洽，而且她们每人都有一个坏侍女。虽然每一个皇妃都知道其他皇妃的侍女是坏人，但由于她们之间关系不融洽，因此，她们都不知道自己的侍女是否是坏人。

皇上知道此事后，把20个皇妃召集在一起说："在跟随你们的侍女中，至少有一个坏人。作为主人，如果知道了自己的侍女是坏人就必须立刻杀了她；如果知道了又不杀的话，那自己的脑袋就保不住了。我给你们20天的时间进行选择。"

为此，皇上办了一份早报，如果哪位侍女被杀了，就会刊登在早报上，可19天都平静地过去了，在第20天早晨，仍然没有哪一位皇妃杀自己侍女的消息。请问：接下去的情况将会怎么样呢？

机器猫的问题

机器猫说："在一个星球上，当你扔出一块石头后，它只在空中飞了一小段距离后会停顿在半空中，再向你的方向飞回来，当然它绝不是碰到了什么东西被弹回来。"

你知道机器猫说的是哪个星球吗？

世界末日的时刻

　　一篇科幻小说的开始是这样的：地球上最后一位女子，坐在书桌前在写人类的最后一本书，书的内容是记载她所看到的人类毁灭的过程，这时，响起了一阵敲门声。

　　是鬼魂？是外星人？是动物？都不是，但确实是一阵有节奏的真切的敲门声，那么是谁发出的声音呢？

调皮女孩的年龄

有一个古灵精怪的女孩在别人问她的年龄的时候，她说："我后天就满22岁了，可是我在去年的元旦，还只有19岁呢。"

你说，这是可能的吗？

没有脚印的美女

在一个没有月亮的傍晚，张先生在海边的沙滩上看到了一个绝色的美女，她一个人孤独而忧伤地走着，他对那个女孩产生了好奇心，这时那个女孩回头看了一眼，他也跟着那个女孩的眼神看着那个女孩身后的沙滩上，居然没有看到脚印。

这是怎么回事呢？

老警察智辨狗公主

　　老赵是一位有着20年警龄的老警察。一天夜里，他路过一位老板的豪华住宅时，在路灯下见到一个西装革履的小青年，手里拎着一个大提包，从大门里行色匆匆地走了出来。小青年见到了穿着警察制服的老赵，不由得一怔，便加快了脚步，想从他身边走过去。

　　老赵对这一带居住的人十分熟悉，他见这个小青年面孔很陌生，凭着直觉，便喊了一声："你，站住！"

　　那个青年人停下了脚步，说道："什么事情？"

　　老赵上下打量了一下，发现这个年轻人虽然故作镇静，可眼神却飘忽不定，就不由得起了疑心：这么晚了，他干什么去？

　　小青年马上又补充了一句："我就住在这里，公司里有事，回来取点东西。"说完又要走开。

　　老赵侧耳向住宅里听了听，心中更加怀疑了：外面这样大声说话，里面却一点动静也没有，这说明住宅里根本没人。于是他又上下打量了一下小青年，说："请你跟我走一趟。"

　　小青年急了："怎么，我从自己家里取点东西，难道也犯法吗？"话音刚落，从院子里跑出来一条很漂亮的卷毛小狗，冲着这个小青年直摇尾巴。小青年摸着小狗的头说："你看，这是我家的小母狗，名字叫'公主'。"

　　老赵这下没有理由再怀疑了，连小狗都对他这么亲热，看样子大概自己真的错了，于是说："对不起，请你走吧。"

　　恰在这时，小狗突然跑到一边的小树旁，抬起了一条后腿，撒了一泡尿。老赵见了，马上伸手抓住这个小青年说道："错不了，你一定是个小偷。"

　　为什么老赵断定这个小青年是小偷呢？

穿越森林

一名探险家在前往拉丁美洲的途中，遇到一片茂密的森林，于是他鼓起勇气穿越。请问他最多能走进森林多远呢？

被雨淋反而高兴

小王在回家的时候，突然下起了大雨，他没有带雨具，所以被雨淋透了。正因为如此，他感到高兴起来，你知道这是怎么回事吗？

最好的方法

　　小华和小明是好朋友，两家相距有50米远，两家附近没有其他的邻居。这天，电视上正在播放《变形金刚》，小华很想让小明过来和自己一起看。

　　但是两家都没有装电话，现在小华的手头上有两个贴邮票的信封，一支蓝色的圆珠笔，一个红色的气球，一个很大的纸飞机，一把小刀。要是在不去小明家邀请他的情况下，小华如何尽快通知到小明，让他过来呢？

臭名昭著的驾驶员

　　约翰是兰溪镇臭名昭著的驾驶员，他总是闯红灯、超速，并且在单行道上逆向行驶。他是镇上最令警察头痛的人物，被公认为是最糟糕、最危险的驾驶员。

　　但令人惊讶的是：近20年来，约翰没有发生过车祸，也没有被警察逮捕过，驾驶证上也没有任何不良的记录。他是如何做到的呢？

假钞制造者

贝勒曼是一个假钞制造者，他花了近4年的时间来研究100美元的纸币，从质地到工艺，各个细节都考虑到了，直到他认为做出了完美的伪钞。但是，他第一次用自己做的伪钞，就被逮捕了，这是为什么呢？

结核病死亡率

美国有一个州，环境优美，空气清新，居民的文化素质很高，所有卫生条件都特别好，但是，这里的肺结核病的死亡率特别高，在世界上都可以排到前列，你知道这是为什么吗？

存放的地方

有一个案件正在审理，证人说，当时他及时把一个很重要的表单夹在一本书的215页和216页之间，才得以幸存，这种说法合情合理。但是，对方律师很快就指出他做的是伪证，你知道原因是什么吗？

高血压的症状

怀特近来身体不舒服，医生在对他进行身体检查的时候，测量出他的血压是一般健康人的3倍，但是医生并不为这件事感到担心，你知道这是为什么吗？

出国旅行

　　小李和父母一起出国，他们在中途转机的时候，在那个国家停了一段时间，因为他们三个人都不会那个国家的语言，所以出现了一些不方便的事情，小李的父母显得有些不知所措，但是小李并没有什么特别的感觉，也没有感到丝毫的不方便，你知道这是为什么吗？

出国的人

　　有一个人出国留学，但是，在他的旁边几乎全都是中国人，你知道这是怎么回事吗？

残酷的战役

有两个国家,它们的皇后各有两匹战马,它们之间因为一些原因进行了一场残酷的战争,最后一个国家的两匹战马牺牲了,另一个国家的一匹战马牺牲了。在战争结束后,三匹死去的战马和一匹活着的战马并肩躺倒在一起。这究竟是怎么回事呢?

逃跑的人

一个人在山谷里遇到了一头狼,他拼命地逃,狼就在后面追,跑了很久,前面出现了一条河,没有桥,也没有结冰,更没有船,这个人也不会游泳,但是他却过去了,这是为什么呢?

划拳喝酒

两个好朋友在一起划拳,谁输了就要喝酒,他们用的方法是简单的石头、剪子、布。因为总是出现两个人同时出一样的动作,甲对乙说:"我们变换一下规则吧,我们只出石头和剪子吧,如果再出现相同的动作,两个都是石头,就算是我赢;两个都是剪子,就算是你赢,这样很公平吧。"

乙同意了,于是开始新的一轮划拳,在接下来的12次划拳中,乙赢的可能性大吗?

好心人的狠心

赵先生上了公共汽车，他坐上了最后一个空位置。这时上来一位老奶奶，站在了他旁边。通过老奶奶的话，可以知道她距离要下的站还有很远的路程，老奶奶就站在赵先生的旁边，但是赵先生没有一点想要让位的意思。众所周知，赵先生是一个热心肠的好人。你知道这到底是怎么回事吗？

咖啡杯里的手机

梅根不小心把自己的手机掉进装满咖啡的杯子里。他急忙伸手从杯子中取出手机，可奇怪的是梅根说自己的手指没有湿，而且连手机也没有湿。你说这可能吗？

挑选理发师

婉婷来到一个小镇上，她发现全镇只有两位发型设计师并各有自己的发廊。她想要剪发却不知道哪一位的技术好，于是便先察看其中一家，结果店内不仅非常脏，发型师更是不懂打扮、头发凌乱，种种原因让她认为此名发型师技巧不纯熟。

接着，她再看另一家发廊，发现店面不但崭新，发型师也穿着时髦，而且头发修剪得相当好。但婉婷并未马上进去，待她稍做思考后，却返回了第一家。究竟是什么原因呢？

比赛的得分

有一个人很习惯预言，他可以在任意一场NBA比赛之前告诉你比赛的得分，你知道他是怎么做到的吗？

近视眼购物

李明因为长期躺在床上看书，日子一久就变成一拿掉眼镜，几乎看不见外在物体的深度近视眼。虽然平时他戴有框眼镜的次数多于戴隐形眼镜，但只有购买某件物品的时候，他觉得还是戴隐形眼镜比较适合。

请问：李明购买的是什么物品呢？

被偷的小偷

　　羽根是一个职业小偷。一天，他溜到地铁上去作案，先偷了一位时髦小姐的钱包，等她下车后他又接连偷了一位西装革履的男子和一位白发苍苍的老太太的钱包。他兴高采烈地下了车，躲在角落里清点了一下，发现三个钱包里总共不过10万多日元，接着他又惊叫起来，原来与这三个钱包放在一起的他自己的钱包也不翼而飞了，那里面装着1000多万日元呢！他口袋里还有一张纸条，上面写着："让你这该死的小偷尝尝我的厉害，看看你偷到谁头上来了！"

　　猜猜看，那三个人中，究竟是谁偷了羽根的钱包呢？

悬赏启事讨赏露馅

　　外面传来敲门声。"快去开门，汤姆。"伯恩斯坦医生喊道。他整整一天都闷闷不乐，因为他昨天不知在什么地方把祖传的那块怀表弄丢了。虽然这块怀表并不值钱，但它寄托了伯恩斯坦医生对祖辈的思念，是一件值得珍藏的纪念品。今天一早他虽然让汤姆到晚报社登一则悬赏200英镑寻找失落怀表的启事，但汤姆是那种智商偏低的人，能不能真的把事情办好，他心里一点数也没有。

　　"喂，你找谁？"大概受主人的感染，汤姆的声调也变得粗声粗气。"我叫泰勒·贝克斯，我是为那则关于怀表的启事来的。"

　　伯恩斯坦立刻从房里出来，他看见门外站着一位绅士，手中拿的正是自己的家传之物。他惊喜地把客人迎进书房，轻轻地抚摸着他的怀表。"您叫什么名字来着？噢，贝克斯，泰勒·贝克斯，对吗？太感谢了！您在哪儿捡到的？"

这位绅士点点头，欲言又止，好一会儿才说道："我坦白地告诉你。这表不是我捡的。我在车站看见一个小孩在兜售这块表，就用5英镑买了下来。刚才，我从才出版的晚报上看到了启事，所以就马上赶来了。"

伯恩斯坦想不到汤姆把登启事的事办得这么利索，不由得从对方手中接过了报纸。他看到报纸中缝确实有一个《悬赏怀表》的标题。全文如下：

怀表属祖传遗物，悬赏200英镑，电话23100，汤姆。

医生刚想发脾气，但却又忍住了。

时间在静默中一点一点过去了，伯恩斯坦的脸愈来愈红，他显得格外激动。终于，他像醒狮一般猛吼道："你这个下流的骗子，你偷了我的表，还想来讨赏，给我滚！"

"你……你血口喷人，冤枉好人。"那个自称贝克斯的人大声抗议，"你凭什么说我偷了你的表？"

"事实很清楚，你这个笨蛋。"伯恩斯坦医生愤愤地说，"需要我喊个警察来评理吗？"他说着拿起电话就拨999。

"哦，千万别叫警察，我……我这就走。"这个讨赏者慌忙退出了书房，头也不回地跑了。

伯恩斯坦是根据什么在这么短的时间里认定就是讨赏者偷了他的表？

过独木桥

妞妞跟着挑着箩筐的爸爸过独木桥，走到桥中间的时候，迎面走来一个小男孩牛牛。妞妞和牛牛谁也不肯让谁，妞妞的爸爸怎么劝说也不行，于是他急中生智，想出了一个办法，使他们各自过去了。你知道是什么办法吗？

令人失望的"海归"

在摩洛哥城，有一位具有相当地位的贵夫人特意从美国弄来一条小狗克莉。克莉不亚于名犬拉西，夫人设法把它培育成世界第一流的名犬，专送到德国哈根贝克"留学"，因为那里有世界著名的动物园。训练完毕，回到夫人身边的克莉不知为什么主人的话一句也不听，更不要说什么技巧动作。可是，从哈根贝克动物园的来信中清楚地写着："只要主人盼咐，动作大体上都能做得出来。"真是怪事，夫人完全陷入思考之中，到底为什么呢？

破译密码

一天，某军总司令部截获一份秘密情报。经过初步破译得知，下月初，敌军的三个师团将兵分东西两路再次发动进攻。在东路集结的部队人数为"ETWQ"，从西路进攻的部队人数为"FEFQ"，东西两路总兵力为"AWQQQ"，但到底是多少却无从得知。后来，苦思不得其解的密码竟然被一位数学老师破译了。你知道数学老师是怎么破译的吗？

蟑螂的启示

湖面上漂浮着一具男尸，看上去很像是溺水自杀。公安人员接到报案后，迅速赶到现场。尸检时，在被害人的内衣里发现了一只蟑螂。

刑警队长立刻断定说："这个人是在室内被杀死，然后转移到湖里的。"

请问，队长的根据是什么？

珍珠项链

警察甲、乙在讨论刚接手的谋杀案。一个寡妇死在梳妆台前，头部被击，几乎没有线索。"你注意了吗？死者手里抓着一串珍珠项链。"

"人是死在梳妆台前，她是正在打扮时被害的，当然拿着项链了。"

"不，死者脖子上有项链，她不会再戴呀。"

"可能凶手也是个女人，她在搏斗中揪下了项链。"

"也不对，项链很完整。我认为这是死者在暗示什么，一定与凶手有关。""凶手？刚才邻居说这个女人信佛讲道，接触的除了和尚，就是算命的，谁戴项链呀？""谁戴……我好像明白了。"

凶手是什么人呢？

竟然没事

阿飞是一位优秀的空降兵。有一次,他乘飞机去执行一项任务。飞机飞上高空不久,阿飞从飞机座椅上跳了下来,降落伞没有打开。可奇怪的是,他却安然无恙。你知道他有什么神奇的本事吗?

找快乐数

知道什么叫快乐数吗?一个数将它每位数的数字平方,再加起来,然后重复前面的程序,如果最后能得到1,那么,这个数就是快乐数。以139为例:

$1^2+3^2+9^2=91$;$9^2+1^2=82$;$8^2+2^2=68$;$6^2+8^2=100$;$1^2+0^2+0^2=1$,所以139是快乐数。

你能找出20以内的快乐数吗?

奇怪的经历

有一个人曾经有过这样的经历:他和很多人乘在一条船上,他们在打牌或者喝咖啡。这时船慢慢沉了下去,但是没有人惊慌,也没有人去穿救生衣,或者上救生艇上逃命,大家还是按照原来正在做的事情继续做下去,直到船沉没了,你知道这是为什么吗?

邻居的房子

　　隔壁邻居魏奶奶是一个孤寡老人，她的房子上面有几个地方破了，但是这房子有的时候漏雨，有的时候不漏雨，你知道这是为什么吗？

新潮的时装

　　周小姐是一个很时尚的人，她经常买很新潮的衣服。但是，每次当她穿上自己刚买的新衣服的当天，总会看到和自己穿完全相同服饰的人，但是周小姐从来没有为这件事情烦恼过，而且每次都很开心的。这到底是怎么回事呢？

PART EIGHT
参考答案

创意想象答案

 面试夺魁

上面写道："我排在了第39位，在您没有见到我之前，千万不要做决定。"这位应试者使用的是延时变通法。

 马克思的求爱妙招

原来，这个小木匣子里放着一面小镜子，镜子里的"照片"正是燕妮自己。马克思就是借用这个木匣子里的小镜子，巧妙地向燕妮求爱从而获得成功的。

 相亲相爱的数

220的全部约数（除本身外）是：1，2，4，5，10，11，20，22，44，55，110，它们的和是284；而284的全部约数（除本身外）是：1，2，4，71，142，它们的和是220，由此表示"你中有我，我中有你"。

🔑 小仲马机智讨债

很简单，小仲马拿出的是一张刚刚用3法郎买的戏票，正好凑齐6万法郎，当然就要拿回1000法郎的报酬了。在此事中，这个老板玩了一个花招，不承认赚了那么多钱，同时又对场场爆满无法解释，故而来了这样虚伪的一招。但他没料到他这种伎俩，偏偏被具有天才思维的小仲马识破并轻松化解了。

照一般人的做法，遇到这种情况，最常见的方式就是大吵大闹，闹不成就告上法庭。但是小仲马没有这样做，而是"用3法郎赚回1000法郎"，轻轻松松地在瞬间就把问题解决了。

🔑 拿破仑巧测河宽

此法如同曹冲称象，属事理借代。以帽檐儿为测量工具的关联中介物，绕过难以直接测量的困难，将原本互无关系的距离等同起来，从而量出可测距离，推测出不可测距离。在几何学上，这是很简单的测题，但在实战思维中，却很少有人像拿破仑这样运用。

🔑 为国王画像

第三位画家是这样画的：画国王正在打猎。国王端着猎枪，瘸脚踩在石头上，瞎眼紧闭着向猎物瞄准。

🔑 用什么装满屋子最快

小儿子把蜡烛拿进空房子，用烛光装满了全屋。

王子巧问得公主

王子问的问题是：请问，为了能使您嫁给我，我该提个什么问题才能难住您呢？

这个问题问得很妙，王子的言外之意就是：如果公主能说出一个难题，那么我就可以用这个难题难倒你；如果你说不出来，那我就能用这个问题来难倒你。无论怎么说，你都必须兑现诺言。

公主自然难逃这个问题的陷阱，所以，她是自己把自己难住了，也只好嫁给不太英俊但是聪明的王子了。

男人的面子

他上街时手里抱着一只猫。

巧进城堡

詹姆斯趁守门人出来巡视的间隙，快步走进城门，当守门人出来巡视时，又转身向回走。守门人误认为他想溜出城去，于是就把他赶进了城堡。

强悍的老板

他当场开除那名新员工。

用肉喂马

店主一去喂马，客店里的人也都跟着前去看稀奇，青年便坐到火炉边烤起火来。

畅游世界

朋友让季明在地图上走走。

 书生与暴徒

书生坐到了暴徒的腿上。

 选择死法逃脱死刑

这个人选择了"老死"的死法。

巡抚选人才

原来，巡抚所发的谷种中，都是只有3粒是生的，其他97粒是煮熟的。由此可以判断，这个农家书生是一个诚实的孩子，其他人都在弄虚作假。

石匠巧智得黄金

因为如果财主说石匠在撒谎，他就要分一半的财产给石匠，所以他只好承认这件事，但又需要给石匠100两黄金。

聪明的孩子

小孩子没有出来找这个人，让他在那里干等了很久，他已经上当了。

智力学校招生

他说："我放弃了，我不考试了。"考官是不能再关放弃考试的人的。

买东西不花钱

他先在第一个商店里花10美分买东西，然后去第二个商店把剩下的90美分换成1拉索，然后再买10拉分的东西，带上剩下的90拉分去第一家商店把90拉分换成1美元。这样他买了大约20美分的东西，但没有花1分钱，如此继续下去，他就能度过那10天。

巧取宝石

把地毯卷起来，卷到瓶子附近时，就可以伸手拿到宝石了。

能力有别

大徒弟用三支箭射掉了三个梨；二徒弟两支箭中有一支箭射穿了两个梨；三徒弟用一支箭射中了盛梨的盘子，梨都掉了出来。

巧搬石头

在石头前挖一个大坑，把石头埋进去就可以了。

莫扎特巧弹曲

当莫扎特弹奏到那个地方的时候，他的双手弹响了两边的音符，然后用鼻子按响了中间那个音符。

最安全的地方

关动物的笼子是最安全的。

不敌小孩的预言家

小孩只要在纸上写下"下午3点之前哈桑将写一个'不'"这

句话就可以了。根据这句话，如果哈桑写下的是"是"字，那么他的预言就和纸条上的内容正好相反，他的预言就是错的；如果他写下"不"字，那么他也错了，因为这样正好从反面见证了小孩预言的正确性。所以，无论哈桑写"是"还是写"不"，都是不可能赢的。

🔑 迷路者问路

这个人提的第一个问题是："你神志清醒吗？"第二个问题是："你是人吗？"看完答案，你大概忍俊不禁了吧。虽然题目陈述的比较复杂，但实际上有用的线索只有两条而已。如果你能掌握住这里的关键，相信猜出答案就是轻而易举的事了。

🔑 妙答免死

你可以回答："你要杀死我。"

如果魔王证明你回答错了，就不能杀你。但同样如果这样的答案是正确的，根据约定，魔王还是不能杀你。

🔑 大力士的困惑

因为他要举起的是他自己。

🔑 混血儿的妙招

让这两只瓶子浮在水面上，将油倒来倒去，直到这两只瓶子浮在水面上的高度相等时，这些油就被均分了。

深山藏古寺

他的画上山峦起伏，画面上看不到寺庙，但是在山间小道上，有一个和尚正挑水上山。

陆游与美酒

将软木塞压入坛内，可以轻松地倒出美酒。

巧改对联

父进土，子进土，父子同进土；
妻失夫，媳失夫，妻媳同失夫。

大腕家的门铃

通门铃的按钮是从左边数第五个。

爆胎后有妙招

从其他3个轮胎上各取下1个螺丝，用3个螺丝去固定刚换下来的轮胎。

牵牛花作伪证

司机就是盗窃犯。他用特定的方法（比如用纸做套子套在花蕾上）推迟了牵牛花开花的时间，在作案后迅速返回住处，拍摄出花开全过程的连续照片作为伪证。

妙答女友怪问题

你现在是睁着眼看这道题的，如果你生下来的时候是闭着眼的，那么它们一样多；如果你生下来是睁着眼的，那么睁眼的次数就比闭眼的次数多一次。

情境想象答案

 丈母娘的考问

他说："先救未来的妈妈。"这句话可以做两种理解，对菲丽母亲说，是杰克未来的妈妈；对菲丽来说，未来结婚后有了孩子，当然现在就是未来的妈妈。

 租房的问题

小孩说："先生，我要租这间房子。我没有孩子，我只带来两个大人。"

老人的反击

老人对男青年冷冷地答道："因为它听多了脏话。"

孔融的回答

孔融对他说："大人小的时候，想必也是很聪明吧！"

纪晓岚妙语应答

纪晓岚回答："全国一年，生一个，死十二个。"他是说，一年之中，生的只有一个属相的人，死的是十二个属相的人。

坚强的儿子

儿子说："如果我正直的话，就不会被神遗弃；如果我不正直，就不会被大众所背叛。所以不论如何，我都不会被背叛的。"

 儿子的安危

老人的儿子是电视台或者电台的播音员。

 乘车

唉，这年头，家家都买了小汽车，公共汽车的生意差多了。车上只有一位乘客，那就是皮皮，他买了票，司机和售票员当然不会向他们自己索要车票。

 哲学的应用

小李是这么说的："按照你的逻辑，一切事物都在变化，我也在瞬息万变，现在的我并没有打人，打人的我是过去的我。因此，你就去告那个过去的我，让他付给你医药费吧。"

 买东西

直接说出来要买剪刀。你是不是想说用手做剪子状比画呢？错了，因为瞎子会说话，不需要用手比画。

空间想象答案

🔑 巧切西瓜

横着切一刀，竖着切一刀，再水平地切一刀，这三刀就把西瓜切成5块；再在靠近西瓜中心的位置斜切一刀，便成了15块。

🔑 挑战无极限

你可能认为最终圆的面积将趋向0。然而，令人惊讶的是，结果并非如此。精确的计算要用高等数学，最终结果圆的半径是第一个圆的 $\frac{1}{8.7}$ 左右，或者说，约0.115单位。

🔑 逃生的方法

相对她缩小的身体来说，玻璃球很大，所以球和正方形的洞之间有很大的空隙，这个空隙足以让她躲在那里而不被压到。

🔑 少女历险记

可以。但是正常的想法是不行的。如果少女将船划向歹徒所在岸的对称点，那么她要行进的距离为R，歹徒要行进的距离为3.14R，因为少女的速度是歹徒的 $\frac{1}{4}$，所以她在划到岸边之前歹徒就能赶到，这种方法行不通。

正确的方法是：少女把船划到略小于 $\frac{1}{4}$ 倍的圆半径的地方，比如说0.24R，然后以圆湖的中心为圆心，做顺时针划行，在这种情况下，少女的角速度大于在岸上的歹徒能达到的最大角速度，当她划下去，就可以在一个时刻，处于相距歹徒最远的地方，这时她和歹徒在一条直径上，并且在圆心的两边。

　　然后少女把船划向岸边，少女离岸边的距离为0.76R，而歹徒要走的距离为3.14R，由于$4 \times 0.76R < 3.14R$，所以少女可以在歹徒赶到那边之前上岸，并用最快的速度逃脱。

 圆桌会议

　　A的右边是E。如下图：

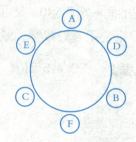

 蜗牛爬格子

　　如下图所示：

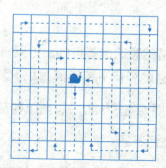

🔑 **翻转杯子**

　　前两种翻转杯子都是不能成功的。

第三个题最少需要4次，如果把这8个杯子标号为1~8，翻转的步骤为：第一次翻转1，2，3；第二次翻转3，4，5；第三次翻转5，6，7；第四次翻转3，5，8。

火柴光

可以，吸烟的人能看到经过两面镜墙反射出来的火柴光（见下图）。

曲面镜

男孩看到的自己是右边凸起的。

找出路

调转两支小旗（见下图）。

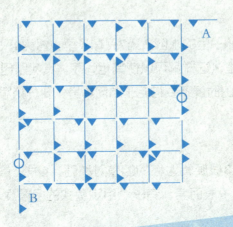

一线牵

C。测测你的空间想象力。

画龙点睛

见下图。

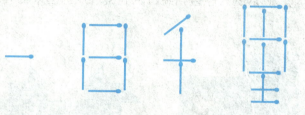

转角镜

正常情况下，镜子将物体的镜像左右翻转。以正确角度接合的两面镜子则不会这样。

转角镜中右面的镜子显示的没有左右变化，男孩在镜子中看到的自己和日常生活中别人看到的他是一样的。

这种成像结果是由于左手反转以及前后反转同时作用形成的。

移动杯子

将第2只杯子里的水倒入第7只杯子里，将第4只杯子里的水倒入第9只杯子里，这样就可以使其相间了。其实题目考的是一种思维方式，解答的时候不要拘泥于题目本身，要开拓思路。

🔑 我行我秀

立方体有3根旋转对称的四重对称轴，4根三重对称轴和6根二重对称轴。一般而言，有一个给定重数的多重旋转对称轴意味着，如果你旋转该物体的角度与旋转一整圈之比等于给定重数的倒数（比如，三重轴就转$\frac{1}{3}$圈），那么你将获得一个与原来一模一样的物体。

 六角星耳环

将六角星的上下两个角剪下来，一分为二，拼到左右两个缺口上。

 红十字图案

如下图所示：

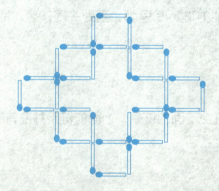

 吃麦苗的小羊

树距离麦田有8米远，如果小羊和麦田在树的两边的时候，正好是18米，也符合题意，但小羊仍然可以吃到麦苗。

踩石头过河

踩踏石头的顺序是2、5、6和12，环在这些石头上的图案呈现出逐渐向中间靠拢的趋势。

 绑票

很容易就能使他们分开，一个人质用双手抓住他的绳子，使他的绳子在他同伴另一侧形成一个松弛的绳圈。然后他把绳圈塞进同伴手腕上的套索中，容易发现，要使绳子圈不扭曲，只能穿过一只手腕。之后他把绳圈绕过同伴的手指。当他把绳圈绕过同伴的手并从套索中拉出后，他们就自由了。

 鬼灵精怪

也许你会想，你能看到无数个自己，其实你什么也看不见。因为没有光线能射进房间里面，到处一团漆黑，即使你有火眼金睛也不行。

 打开链子

只需要打开最下面的链条，上面的链条并没有连接在一起。

 折纸游戏

转动纸张，空白面朝上，数字"2"在左上角。然后把右边向左折，这样数字"5"靠着数字"2"。现在，将下半部往上折，结果数字"4"靠着数字"5"。接下来将"4"和"5"向内折，位于数字"6"和"3"之间。最后把数字"1"和"2"折到小数字堆上，到此一切结束。

菱形变立体

如下图所示：

 音乐转灯

给那么多的条件只是为了迷惑你，请你仔细想一下，在1分钟后，它们各自刚好转了整数圈，肯定又会恰好对齐。

 分蛋糕

先从蛋糕的上面以"十"字形切两刀，把蛋糕平均分成4块，然后再从蛋糕的腰部横切，这样就把蛋糕分成相等的8份了。

 镜子里的游戏

18和81，29和92。

 超车之谜

小汽车已经沿湖跑了一圈，又快追上慢腾腾的小货车了，所以在小货车的后面。

镜子里的矛盾

判断左右是以人的视觉习惯而言的。实际上，视觉分辨左右和分辨上下所用的是不同的概念。镜子不仅变换了水平方向上的"左右",其实,也变换了垂直方向上的"左右"。假设向上的方向为右,向下的方向为左,那么你会发现,原本在腹部"右边"的头,在镜子中则变成了在腹部的"左边"。

 小顽童的鬼把戏

蜡烛燃烧尽后,质量减少,杠杆将向左边倾斜,所以足球滚向左边。

 不和谐的邻居们

如下图所示:

 快速建楼房

只需要将原图转动90°再看即可,如下图。

 几堆水果

合在一起就只能是一堆了。

黄金比例

古希腊人证明了五边形由两个黄金三角形组成，这两个三角形的边长之比等于黄金比例。该比例约等于0.618，并且通常用希腊字母来表示。

搭积木

切6刀，见下图。

有趣的任务

由于塑料管是软的，可以把塑料管弯过来，使两端的管口互相对接起来，让两颗浅颜色滚珠滚过对接处，滚进另一端的管口，然后使塑料管两头分离，恢复原形，就可以把深颜色滚珠取出来。

遭遇"鬼迷路"

实际上，这些人走了一个圆。人走路时，两脚之间有一定的距离，大约是0.1米，每一步的步长大约是0.7米，由于每个人两脚的力量不可能完全一致，因此迈出的步长也就不一样，若在白天要沿直线行走，我们会下意识地调整步长，保证两脚所走过的路程一样长。当在夜间行走辨不清方向时，就无意识调整步长，走出若干步后两脚所走路程的长就有一定差距，自然就不是沿直线行走，而是在转圈，这就是"鬼迷路"现象。

寻找咖啡杯

②号咖啡杯。①、③、④咖啡杯的俯视图如下图所示。

 齿轮转动

A、B上升，C、D下降。

发散想象答案

 比尔·盖茨的考题

　　人应当在尝试具体的路径之前，进行发散性思考和分析，然后设法找到一种简单明了、一目了然的方法。

　　一共有20种不同的路径，你可以采取如下方法进行思考和分析：

　　设法在每个圆圈内写上一个数字，这个数字表示到这个圆圈所有可能的路径的数目。显然，左边起点的圆圈内的数字是1，不难理解，其他的每个圆圈内的数字，等于其左侧与它直接相连的圆圈内的数字。例如，每个填写有数字1的圆圈的左侧都只与唯一的1个圆圈直接相连，该圆圈内的数字是1；填有数字2的圆圈的左侧与2个圆圈直接相连，这2个圆圈内的数字分别都是1，等等。这样，作为终点的最右侧圆圈内的数字就是20。

这说明共有20种不同的路径。

断臂维纳斯

第一种说法：维纳斯左手拿苹果，手臂搭在木台上，右手紧贴腰布。

第二种说法：维纳斯两手拿着胜利的花环，好像是女神正在进行曲艺表演。

第三种说法：维纳斯右手拿着鸽子，左手拿着苹果。

第四种说法：维纳斯正要入水沐浴，左手拽着头发，右手提着腰布。

友谊是什么

（1）友谊是只鸟，
没有牢笼没有索套，
你唤它飞来筑巢，
可要多多准备饲料。

（2）友谊是支体温表，
如果不顾冷热饮食不调，
它首先提醒，
当心——
你在发烧。

（3）友谊是个省略号，
无须文字和音调，
把它画在文章最后，
绝不会有结尾的烦恼。

0的断想

0是一块空地，它可以由你耕种五谷；0是一个袅袅升起的烟圈，在烟雾中叫你虚度年华；0是一只坚硬无比的铁环，一只只铁环连成一体，就能组成一条坚韧的铁链……

 孪生姐妹

可能。姐姐是在2001年1月1日出生在一艘由西向东将过日界线的客轮上，而妹妹则是在客轮过了日界线后才出生的。那时的时间还是处在2000年12月31日。所以，按年月日计算，妹妹要比姐姐早1年出生。

 什么影子最大

地球的影子，就是夜晚。

 他会变得怎样

40年的漫长岁月过去了，他收集的纽扣、别针、小螺钉、破鞋底、橡皮筋等杂物足有几筐，连背也驼了，十分可怜。他失去了友爱，失去了对大自然美景的欣赏，也失去了为别人服务的机会。

 老婆婆报时的秘密

因为这个大葫芦挡住了远处钟楼上的大钟，老婆婆只要稍微推开它一些，就可以看到准确的时间了。

 "反一反"的结果

由吹风机而发明的吸尘器，由一般的镜子而发明的反光镜，由放大尺而发明的缩小尺，以及自行车刮泥板等。

 严重的错误

因为小梅看不到指示棒所指的位置。

 涂鸦的孩子

因为他是在堆成一叠的绘图纸的侧面画的，所以就算很大，也不会引起老师的注意。

 消失的钱

这个人第二天换了条裤子，这条裤子里面恰好留了10元钱。

 探险家渡河

探险家们是走过去的，河流结冰了。

 眼睛的颜色

在读这道题时你的眼睛是什么颜色的，那就是你看到的颜色。

 如何逃跑

走到门前，把门推开。

 每天早上的蛋

王奶奶吃的是鸭蛋，她养了一群鸭。

薄过纸的东西

影子。

 释放犯人

刑满释放的是女犯人，那个男的是她在监狱中生的孩子。

 如何站人

在打开的一扇门下放这张报纸，你站在门这边的报纸上，你的朋友站在门另一边的报纸上，你们就可以不碰到对方了。

 奇怪的问题

1.怀有双胞胎的妇女身体里有三颗心脏。2.每一个人都只有一只右眼，不可能有两只右眼。3.一年中每个月份都有28天。

 没有新闻的新闻

没有意外事件，本身就是最大的意外事件。

 最失败的抢劫

当这群抢匪抵达银行前不久，刚有另一帮抢匪洗劫完这家银行。

 时间的问题

是1点半。

因为钟敲了三次，每次一下，分别是12点半一次、1点一次、1点半又一次。

今天星期几

今天是星期天，当然也就看不成星期六的动画片了。

井底之蛙

8次。不要被题中的枝节所蒙蔽，每次跳上3米滑下2米实际上就是每次跳1米，因此10米花10次就可完全跳出，这样想就错了。因为跳到一定时候，就出了井口，不再下滑。

风铃

因为并没有要求绳子是直的，所以可以用5个风铃花连成一个圈。

预测机

局长说："预测机下一个预测结果会亮红灯。"如果预测机亮红灯表示"不会"，那么预测机就预测错了，因为事实上它已经亮起了红灯。如果它亮绿灯说"会"，这也错了，因为实际上亮的是绿灯，而不是红灯。这样预测机就预测不准确了。

天知地知

"我"的鞋底破了。看了这个答案，你可不要笑，事实上历史上有一个很有名的题目和这个很相似，它的题目如下：

他走进树林抓住了它，于是坐了下来找它，因为没法找到它，只好把它带回了家。

这个它是什么呢？恐怕你想不到，它就是刺进脚板中的一根荆棘。

绑票者是谁

这道题的"题眼"在地址上。既然大地址是真的，小地址是假的，而绑架犯不可能不想得到赎金，那么说明这个绑架犯必然是十分熟悉当地邮寄地址的人，最大的怀疑对象自然就落在了赎金寄达地点邮局的邮差身上，因为除了他以外，没有人能够收到，而且也不会引起怀疑。虽然办理邮包业务的负责人也有可能拿到赎金，但问题是无法确定该董事长在哪一个邮局投寄赎金，所以能够收到的人只有收件当地的邮差。因此，绑架者的真实身份就是当地的邮差。

奇怪的血缘关系

王小姐是在那家店工作的男孩的妈妈。

关帝庙求财

因为这个人是棺材店老板。

图形想象答案

必胜秘诀

第一枚棋子放在棋盘的正中间，也就是围棋盘的天元上。此后无论对方在中心点之外选取哪一点放棋子，你都可以以中心点为对称点，找到它的一个对称点。这样，只要对方能找到放棋子的位置，你同样也能找到相应的放置位置。因此，你必能获胜。

🔑 六阶魔方

28	4	3	31	35	10
36	18	21	24	11	1
7	23	12	17	22	30
8	13	26	19	16	29
5	20	15	14	25	32
27	33	34	6	2	9

🔑 八阶魔方

52	61	4	13	20	29	36	45
14	3	62	51	46	35	30	19
53	60	5	12	21	28	37	44
11	6	59	54	43	38	27	22
55	58	7	10	23	26	39	42
9	8	57	56	41	40	25	24
50	63	2	15	18	31	34	47
16	1	64	49	48	33	32	17

🔑 魔幻蜂巢正六边形

很明显，二阶六边形魔方是不可能存在的，最简单的证据就是28不能被3整除。

魔"数"蜂巢

如下图所示:

 圆圈填数

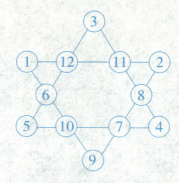

 大圆小圆

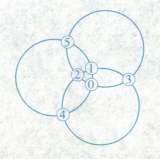

 正方形数局

19。把这个图形水平、垂直分成4部分,形成4个3×3的正方形。在每个正方形中，把外面的4个数字相加，所得的和就是中间的数字。

 移火柴得等式

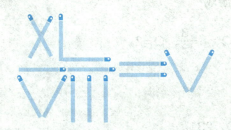

 填数做题（1）

6。无论你是纵向计算还是横向计算，这些数字相加都等于15。

填数做题（2）

30。按纵列进行计算，把上面的数字除以2，就是中间的数字，再把中间的数字乘以3，就是下面的数字。

写给外星人的信

据说，四阶幻方的填法共有880种之多，这里给出的是其中两种填法。

16	3	2	13
5	10	11	8
9	6	7	12
4	15	14	1

16	5	2	11
3	10	13	8
9	4	7	14
6	15	12	1

🔧 **填图游戏**

答案是B。每个数字向顺时针方向移动该数字对应的次数。

🔧 **白色小圆游戏**

6个，★=3，$n=\dfrac{3}{2}$，○=2。

🔧 **数字摆序**

229，230，231。

🔧 **钟表的时间**

D。时针都位于每个钟表的右半边，分针都位于左半边。

🔧 **移形变图**

如下图所示：

🔧 **硬币游戏**

如右图所示：

摆陶块解题

XI+II=XX-VII

 卡片游戏

此题解答的关键是把"6"这张卡片颠倒过来变成"9"，这样就能把这几个数字组成"129"，这个三位数恰好能被43除尽。

 数字幻方

想必不少人都看过《射雕英雄传》，当然记得瑛姑曾给黄蓉出过这样一道题：用1到9这九个数排成三行三列，使每行、每列之和相等。这就是最简单的幻方。

14	10	1	22	18
20	11	7	3	24
21	17	13	9	5
2	23	19	15	6
8	4	25	16	12

 三子不同行

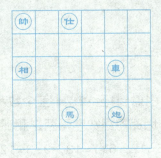

🔑 超级武士数独

🔑 奇妙幻星

🔑 菱形迷宫

由于四个数字相加之和是26，考虑到1至12这十二个数在5个菱形中其大小宜协调、均衡分布，因此每组数字两两之和适宜在12~14之间，如：10+4=14，7+5=12，6+7=13，9+3=12，等等。这样考虑的话，填数就简单得多了。

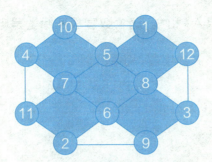

🔑 操场位置

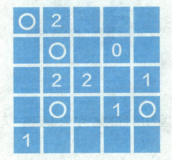

🔑 找出口

如下图所示，将左右两张图合在一起可以看出来出口是 A。

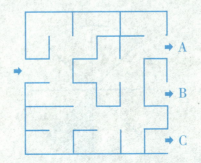

空格内是什么

空格中应填入#和*。这个数字板实际上是电话机上的号码键排列位置。

 变三角形

如下图所示：

 字母逻辑

Z应该是黑色。因为所有的黑色字母都能一笔写完，白色的字母就不能。

 图形推理

从第一圆圈内黑点开始，首先逆时针退1格，再顺时针进3格，如此反复。

🔑 第8个形象

A。规律是：脸部加一画—在脸部加一画和一根头发—加一根头发，如此反复。

🔑 互相牵制的局面

如下图所示：

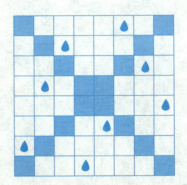

🔑 增加的菱形

如下图所示：

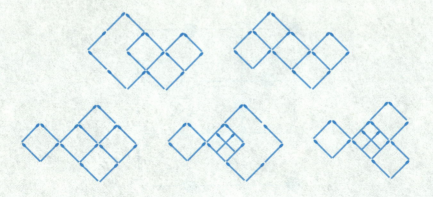

🔑 孤独的星星

　　上中方的星星，因为其他的同色星星都可以分别成为正三角形。

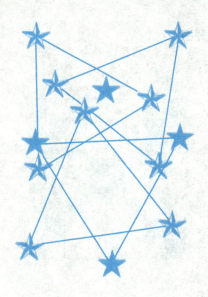

🔑 棋盘上的棋子

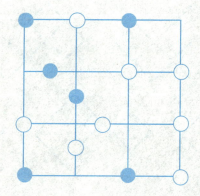

小猴的游戏

如下图所示：

 精美刺绣

如下图所示：

摆牌游戏

按下图摆扑克牌即可达到题目要求。

 人形数字

4。在每个图中，把小人两只手上的数字和脚上的数字都看成是两位数，两数相加，就得到头部的数字。

 招收关门弟子

把最左边的小圆画在极远的右边。如下图：

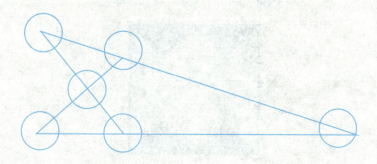

两两不相等

如下图所示：

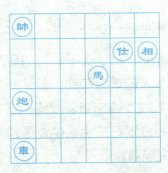

 拼出正方形

如下图所示：

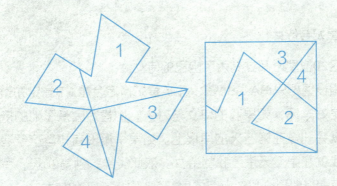

假设想象答案

 疯狂的艺术家

A。这叠纸的厚度将达到3355.4432米，有一座山那么高。

假如卢浮宫失火

最后评出的最优答案是：挂在离窗口最近的那幅。

牺牲哪一位

该报收到了成千上万的应征信，信中都用长篇大论来说明那三个人的丰功伟绩，但评判员都不满意。最后得到头奖的却是一个12岁的小孩。你猜，这个12岁的小孩认为三人中应该牺牲哪一位？把三个人中体重最重的那个人推下去，以解决问题的主要矛盾。

太阳看不到的东西

阳光所造成的阴影。

皇妃与侍女

这20位皇妃都立刻杀了自己的侍女。

假设皇妃只有A、B两个人，A皇妃肯定会想：B肯定知道我的侍女是好是坏，如果我的侍女是好人，她肯定会杀了她的侍女，结果就会刊登在第二天的早报上。如果早报没有刊登这条消息，那么我就在第二天杀了我的侍女。依此类推，到第20天，早报上仍没有刊登消息，那么所有的皇妃就都杀了自己的侍女。

机器猫的问题

地球。在地球上你随便往上空扔一个小石头，它都会弹回来的。

世界末日的时刻

是一个男子。

其他想象答案

 调皮女孩的年龄

是有可能的。如果这个女孩的生日是1月2日。回答这个问题的日子是12月31日，那么，她去年的元旦为19岁，今年为20岁，过了明天就是21岁，后天是她的生日，那时她就是22岁了。

 没有脚印的美女

那个女孩是倒着走路的。

 老警察智辨狗公主

狗儿撒尿的习惯有公母之分，只有公狗才会抬起后腿。小青年说这只小公狗是他家的小母狗"公主"，恰好暴露了自己的小偷身份。

 穿越森林

最多走进森林的一半，因为再往前走就不是"走进"，而是"走出"了。

🔑 被雨淋反而高兴

小王在下雨前不小心掉到河里了，现在正好下雨，见到他的路人还有他的父母都不会知道他曾经掉到河里这件事情了。

🔑 最好的方法

小华只要站在门口大声喊小明的名字就可以了。

🔑 臭名昭著的驾驶员

约翰近20年都没有开过车。

🔑 假钞制造者

因为他是一个色盲。

🔑 结核病死亡率

正因为这里环境优美，卫生条件好，空气好，所以有很多的肺结核病患者来这里养病，病人有重病不治者死亡，增加了这里的死亡率。

🔑 存放的地方

因为215页和216页是在同一张纸上的，是一张纸的两面，中间是不能夹任何东西的。

🔑 高血压的症状

怀特是一只长颈鹿，长颈鹿的平均血压是人类的3倍，因为长颈鹿必须把血液打上长长的脖子。

🔑 出国旅行

小李是个婴儿。

🔑 出国的人

他是一个外国人，来中国留学。

🔑 残酷的战役

他们进行的是国际象棋比赛。

🔑 逃跑的人

水很浅的话，他可以直接蹚过去；如果水很深的话，那他只有昏过去了。

🔑 划拳喝酒

乙不可能赢一次。因为甲会一直出石头，无论乙出什么，都是他输。

🔑 好心人的狠心

赵先生是公交车司机，他不能将自己的位置让给老奶奶。

🔑 咖啡杯里的手机

可能。杯子中的咖啡是固体粉末，所以梅根的手指和手机都没有湿。

🔑 挑选理发师

由于镇上只有两位发型设计师，他们必然是替对方剪发，婉婷挑选的是给对方剪出最好发型的设计师。关于题目对两位设计师的形象叙述，容易混淆人们思考而多做联想，导致判断错误。

🔑 比赛的得分

任何比赛之前都是没有比赛得分的。

🔑 近视眼购物

眼镜框。因为李明是深度近视，一拿掉眼镜几乎看不见，如果不戴隐形眼镜，自己就不能确定购买的镜框是否美观、合适。

🔑 被偷的小偷

时髦小姐。因为如果是另两个人的话，他们应该连那位小姐的钱包一块偷走才对，就算他们不全偷，他们也不知究竟哪个钱包是羽根的。

🔑 悬赏启事讨赏露馅

汤姆是一个智商偏低的人，他没有把伯恩斯坦的住址写进启事中，启事里只有电话号码和汤姆的名字。如果讨赏者只看启事的话，是不可能知道当事人的住址的。讨赏者一定是偷了伯恩斯坦医生的怀表，并一路跟踪找到医生的住址，然后等候悬赏启事的。

 过独木桥

妞妞的爸爸把两个小孩放进两边的箩筐里，转一个身，两个小孩就互相换了位置，各自过桥了。

 令人失望的"海归"

这条狗在哈根贝克是用德语训练的，听不懂夫人的话，是理所当然的。

 破译密码

E=7，W=4，F=6，T=2，Q=0，东路兵力是7240，西路兵力是6760，总兵力是14000。

细心分析，可以发现只能是Q+Q=Q，而不可能是Q+Q=20，故Q=0；

同样，只能是W+F=10，T+E+1=10，E+F+1=10+W。

所以有三个式子：

（1）W+F=10

（2）T+E=9

（3）E+F=9+W

可以推出2W=E+1，所以E是单数。

另外，E+F>9，E>F，所以推算出E=9是错误的，E=7是正确的。

蟑螂的启示

蟑螂不在野外生存，因此，被害人是在室内被杀害并滞留，在此期间蟑螂钻进了尚有体温的尸体。

 珍珠项链

珍珠项链暗示的凶手是和尚。和尚总是戴着珠串，算命的是不戴的。

 竟然没事

别去想他有什么神奇的本事了，他只是做了一件连你也能做到的事，即他是从座椅上跳到了机舱里，当然不用担心安全问题了。

 找快乐数

1，7，10，13，19。

奇怪的经历

他和这些人是在潜水艇里。

邻居的房子

下雨天漏雨，晴天不漏雨。

新潮的时装

她看到的是映在镜子中的自己。

聪明孩子
都在玩的脑筋急转弯

逻辑思维游戏
超级思维

思考力

记忆力　　时间岛图书研发中心◎编著

创新力

想象力

观察判断力

北京时代华文书局

图书在版编目（CIP）数据

逻辑思维游戏 / 时间岛图书研发中心编著 . —— 北京：
北京时代华文书局，2018.10
 ISBN 978-7-5699-2713-9

Ⅰ．①逻… Ⅱ．①时… Ⅲ．①智力游戏—少儿读物
Ⅳ．① G898.2

中国版本图书馆 CIP 数据核字 (2018) 第 239905 号

逻 辑 思 维 游 戏
LUOJI SIWEI YOUXI

编　　著 | 时间岛图书研发中心

出 版 人 | 王训海
选题策划 | 郗亚威
责任编辑 | 周连杰
封面设计 | 汉字风
责任印制 | 刘　银

出版发行 | 北京时代华文书局 http://www.bjsdsj.com.cn
　　　　　北京市东城区安定门外大街 136 号皇城国际大厦 A 座 8 楼
　　　　　邮编：100011　电话：010-64267955　64267677
印　　刷 | 北京兰星球彩色印刷有限公司　电话：0316-5925887
　　　　　（如发现印装质量问题，请与印刷厂联系调换）
开　　本 | 710mm×1000mm　1/16　　印　张 | 50　　字　数 | 450 千字
版　　次 | 2018 年 10 月第 1 版　　印　次 | 2018 年 10 月第 1 次印刷
书　　号 | 978-7-5699-2713-9
定　　价 | 125.00 元

　　思考能力是我们一生中极其珍贵的一项品质。只有通过思考，揭露隐藏于现象背后的规律，我们才能制定出正确的方案，解决自己面临的问题。

　　有人说："未经思考的人生，不值得一过。"是的，一个不会思考的人，必然不能在人生的道路上有所成就。一个思考问题肤浅的人，其在人生历程中所收获到的成果，也必然是低水平的。

　　那么，人们的思考能力有高低之分吗？答案是肯定的。因为人的思考能力的形成不是自然而然的，它的形成与生活、学习环境及主观能动性是紧密相关的。也就是说，要培养思考能力，不但需要营造一个良好的生活与学习环境，还需要发挥自己的主观能动性。

　　对我们个人而言，发挥主观能动性来培养自己的思考能力比营造良好的生活与学习环境要重要得多！那么，如何培养自己的思考能力呢？

　　爱因斯坦常说："兴趣是最好的老师。"这句话说得非常有道理。青春年少的我们对什么最感兴趣呢？绝大部分同学的答案肯定是

"游戏"！也许有的同学会产生这样的疑问："可以在游戏中培养思考能力吗？"当然可以。

在国外，人们很早就把思维游戏列入了教学范围。因为思维游戏是提高思考能力的一种极好的训练方式，可以帮助游戏者在潜移默化中提升思考能力。但是这并不是说所有的游戏都可以，也不是说所有的游戏在培养思考能力方面的效果都是一样的。

那么，哪些游戏在培养思考能力方面最有效呢？带着这个问题，我们对国内外的经典思维游戏做了一个梳理，并组织编写了这本《逻辑思维游戏》。本书分为"数字魔方""图形变换""疑案推理""逻辑谜题""奇思妙想"和"综合训练"六个部分。

我们从提高思考能力的角度出发，对每一部分的游戏都进行了精心的筛选和设计，每个游戏都极具代表性和独创性，内容丰富，难易适度，形式活泼。在游戏的过程中，广大青少年朋友一定会从更多可能的视角提高解决问题的能力，突破固有的思维模式，在做出决策、解决问题和创意思考等方面，有更杰出的表现。

目 录

PART ONE　　数字魔方

PART TWO　　图形变换

PART THREE 疑案推理

PART FOUR　　逻辑谜题

PART FIVE　　奇思妙想

PART SIX　综合训练

PART SEVEN　参考答案

4个小箱子

难度等级 ★★★☆☆

文娱晚会上，主持人拿出一个小箱子。这是一个特殊的小箱子，小箱子内还装有更小的箱子，从里到外一共有4个小箱子。

现在，主持人在最小的箱子内放4块糖，在最大的箱子内放9块糖，剩下的两个箱内各放4块糖。主持人问参加文娱晚会的人，谁能重新分配糖块，使每个箱子内的糖块（包含其所装箱子内的糖块数）都是奇数？

如果谁分配对了，主持人就把这个特殊的小箱子和糖一起送给他做纪念品。

聪明的小师弟

难度等级　★★★☆☆

　　一位老师傅做首饰很有名。一天，他把三个徒弟叫来说："这里有90件首饰，你们去卖，我给你们分好——大徒弟拿50件，二徒弟拿30件，小师弟拿10件。卖得贵贱你们自己拿主意，但三人卖的价格要一样，而且你们三人最后都要交回50元。"

　　东西有多有少，怎么能卖一样多的钱呢？大徒弟、二徒弟发愁了。小师弟却眉开眼笑："别发愁，只要这样卖就行了。"三个徒弟真的各卖了50元回来，老师傅很满意。

　　小师弟的主意是什么呢？

公主的年龄

难度等级　★★★☆☆

　　一位慈爱的国王送给自己喜爱的三位公主共24颗宝石，这些宝石如果按三位公主3年前的岁数来分，可以正好分完。

　　小公主在三位公主中最伶俐，她提出建议："我留下一半，另一半给姐姐们平分。然后二姐也拿出一半让我和大姐平分。最后大姐也拿出一半让我和二姐平分。"两位姐姐稍加思索便同意了，结果三位公主的宝石一样多。

　　三位公主的年龄分别是多少呢？

一共有多少士兵　　　　　　难度等级 ★ ★ ★ ☆ ☆

国王要领兵出征，出发前要进行一次检阅，他命令士兵每10人一排，谁知排到最后缺1人。国王认为这样不吉利，改为每排9人，可最后一排又缺1人，改成8人一排，仍缺1人，7人一排缺1人，6人一排缺1人……直到2人一排还是凑不齐。

国王非常懊恼，以为老天爷故意跟自己过不去，不到3000人的队伍怎么也排不齐，只好收兵作罢。

难道真是老天在作怪吗，还是有人在搞恶作剧？为什么国王手下的士兵数总凑不成整排呢？你能猜出一共有多少士兵吗？

糖果包装的价格　　　　　　难度等级 ★ ★ ☆ ☆ ☆

糖果店考虑到过年时顾客将糖果馈赠亲友的需要，特意为一个比较畅销的糖果品牌设计了漂亮的包装。这种糖果连同包装一共售价25元，顾客还可以买散装的糖果。如果糖果的价钱比包装费贵20元，那么包装的价钱是多少？

牛顿的问题   难度等级 ★★ ☆ ☆ ☆

牛顿出了一道牛在牧场上吃草的题：有一片牧场，如果放牧27头牛，6个星期可以把草吃光；如果放牧23头牛，9个星期可以把草吃光。如果放牧21头牛，几个星期可以把草吃光呢？

尼古拉钓鱼   难度等级 ★★ ☆ ☆ ☆

保加利亚有这样的一个数学推算问题：尼古拉和派塔各自带着一个儿子去钓鱼，尼古拉钓的鱼条数的个位数字是2，他的儿子钓的鱼条数的个位数字是3；派塔钓的鱼条数的个位数字是3，他的儿子钓的鱼条数的个位数字是4。他们所钓鱼的总数是某个自然数的平方。

你知道尼古拉的儿子是谁吗？

恐怖分子

难度等级 ★★★☆☆

　　国际反恐组织得到消息，制造了多起恐怖事件的"黑鹰"组织首领伯德和另外一些核心成员，一年前躲避到A国来了。现在他们频繁接触，似乎在酝酿新的恐怖计划。

　　经过缜密的调查发现，该组织的成员碰面形式很奇怪：第一名头目的助手隔一天去头目那里一次，协助他处理事情，第二名恐怖分子隔两天去一次，第三名恐怖分子隔三天去一次，第四名恐怖分子隔四天去一次……第七名恐怖分子要每隔七天才去一次。

　　为了避免打草惊蛇，并且把恐怖分子们一网打尽，亚伯拉罕决定等到七名恐怖分子都碰面的那天再行动。聪明的读者，这七名恐怖分子什么时候才会一起碰面呢？

狱卒发粥

难度等级 ★★★☆☆

　　一个狱卒负责看守众多的囚犯，吃饭分粥时，他必须安排他们的座位。入座的规则如下：

1.每张桌子上坐的囚犯人数必须是奇数；

2.每张桌子上坐的囚犯人数要相同。

在囚犯入座后，狱卒发现：

每张桌子坐9人，就会多出8人；

每张桌子坐7人，就会多出6人；

每张桌子坐5人，就会多出4人；

每张桌子坐3人，就会多出2人。

但当每张桌子坐11人时，就没有人多出来了。

请问一共有多少个囚犯？

遗书

难度等级 ★★☆☆☆

从前有个农夫，死时留下几头牛，在他的遗书上写道：

"妻子可以分得全部牛的半数再加半头，长子可以分得剩下的牛的半数再加半头，次子可以分得还剩下的牛的半数再加半头，长女可以分得最后剩下的牛的半数再加半头。"

结果是一头牛也没杀，也没有剩，正好全部分完。请问农夫死时留下了几头牛？

蛀虫咬了多长

难度等级 ★★★☆☆

爸爸的书架上摆着很多书，因为很长时间没人翻阅，都落上了灰尘。书架最上面一层摆着一套四卷本的百科全书，按照从第一卷到第四卷的顺序从左向右排列。每一卷内页的总厚度为5厘米，封面和封底的厚度各为0.5厘米。

有一只蛀虫，从第一卷第一页开始咬起，一直咬到第四卷的最后一页。请问：这只蛀虫总共咬了多长？

卡片组数 　　　难度等级 ★★★☆☆

在桌子上并排放有3张数字卡片，组成了三位数216。如果把这3张卡片的方位变换一下，则组成了另一个三位数，这个三位数恰好能被43整除。新的三位数是什么数，怎样变换？

吃馒头协议 　　　难度等级 ★★★☆☆

妈妈上班前蒸了一屉馒头放在桌子上。三兄弟放学回到家里，都感觉饥肠辘辘，看见桌子上的馒头，也没看馒头的数量，商量了一下就吃了起来。3个人吃了同样多的馒头，最后剩下1个馒头，哥哥把它吃了，即哥哥比两个弟弟多吃了1个馒头。可三兄弟却异口同声地说："因为我们事先达成了考虑到每一个人利益的协议，所以这样很公平。"

他们在开始吃馒头之前并没有确定谁吃最后1个，而且过去或未来的事情对他们的分配也没有影响。

三兄弟达成了什么样的协议呢？

轮胎如何换   难度等级 ★★☆☆☆

    有一个做长途运输的司机要出发了。他用作运输的车是三轮车，轮胎的寿命是1万千米，现在他要进行2.5万千米的长途运输，计划用8个轮胎完成运输任务，怎样才能做到呢？

赚了还是亏了   难度等级 ★★☆☆☆

    学校快开学了，妈妈给阿甘两张50元的钞票，让他去商店买文具。他一共买了10块钱的橡皮擦、10块钱的铅笔、3张5块钱一张的纸。付完账，老板找了阿甘65元钱。

    你知道阿甘是多赚了钱呢，还是被坑了钱呢？

奇妙的数字　　　　难度等级　★★☆☆☆

　　数学是科学王国的一颗明珠。有这样一个奇妙的数，将它乘以5后加6，得出的和再乘以4，然后加9，最后再乘以5，得出的结果减去165，遮住最终结果的最后两位数就能回到最初的数。

　　你知道这个数是多少吗？

山羊吃白菜

难度等级　★★☆☆☆

　　农夫每天都要给自家的山羊拿些白菜吃。如果3只山羊在6分钟内吃掉3棵大白菜，那么一只半山羊吃掉一棵半白菜需要多长时间？

换汽水

难度等级　★★★☆☆

1元钱一瓶汽水，喝完后两个空瓶可以换一瓶汽水。如果你有20元钱，最多可以喝到多少瓶汽水？

大小香皂

难度等级　★★★☆☆

周末，奶奶从超市里买来15块大小相同的小香皂。用5块小香皂可以制成1块大香皂，1块大香皂用28天后会变成与未用过的小香皂一般大小，请问这些香皂要用多少天才能全部用完？

壶中酒

难度等级 ★★★☆☆

有首诗这样描绘被称作诗仙、酒仙的李白一次饮酒赏花的情景：

李白无事街上走，提壶去买酒。

遇店加一倍，见花喝一斗。

三遇店与花，喝光壶中酒。

试问壶中原有多少酒？

怎样用一种简便的方法计算出原来壶中有多少酒呢？

环球飞行

难度等级 ★★★☆☆

某航空公司有一个环球飞行计划，但有下列条件：每架飞机只有一个油箱，飞机之间可以相互加油（没有加油机）；一箱油可供一架飞机绕地球飞半圈。为使至少一架飞机绕地球一圈回到起飞时的飞机场，至少需要出动几架次飞机（包括绕地球一周的那架在内）？

注：所有飞机从同一机场起飞，而且必须安全返回机场，不允许中途降落，中间没有飞机场。加油时间忽略不计。

线索套

得佳吉是这座城市最富有的商人。他有很多的钱，他喜欢把钱藏在自己的保险箱里。但他的记忆力很糟糕，这使他总是记不住自己保险箱上的由3个两位数组成的密码。但是，他却可以利用贴在保险箱上的线索套提醒自己：第1个两位数乘以3所得结果中的数字都是1；第2个两位数乘以6所得结果中的数字都是2；第3个两位数乘以9所得结果中的数字都是3。

那么，你能将这3个两位数依次呈现吗？

亲朋好友合影　　　　　难度等级　★★☆☆☆

　　在祖父七十大寿的时候，爸爸把所有的亲戚都叫过来合影。爸爸发现，如果给每个亲戚照4张照片的话，他需要2卷胶卷，因为他所需照的相片数比一卷胶卷多4张，然而，如果给每个亲戚照3张照片的话，只需要1卷胶卷且会剩下12张。

　　那么，爸爸叫了多少个亲戚呢？一卷胶卷可以照出多少张照片呢？

纳塔兄弟　　　　　难度等级　★★★☆☆

　　卡希斯城最著名的纳塔兄弟是双轮脚踏车赛的冠军，他们总是在4个长为 $\frac{1}{3}$ 千米的椭圆形轨道上进行赛前练习。兄弟四人从中午开始每人沿着一个轨道进行骑车练习，他们各自的速度分别为每小时6千米、9千米、12千米、15千米。直到他们第4次在圆圈中央相遇时才停下来。

　　那么，他们需要骑多长时间呢？

PART TWO
图形变换

移动8次

难度等级　★★★☆☆

取出24根火柴，摆成如图所示的九格正方形。请你移动8次，每次都把它变成新的图形。

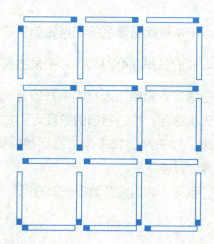

1.移动12根火柴，使移动的火柴形成新的相同图形；

2.去掉4根火柴，使剩下的火柴构成1个大正方形和4个小正方形；

3.去掉4根、6根、8根火柴，使剩下的火柴形成5个相等的正方形；

4.去掉8根火柴，使剩下的火柴形成4个正方形（有两解）；

5.去掉6根火柴，使剩下的火柴形成3个正方形；

6.去掉8根火柴，使剩下的火柴形成2个正方形（有两解）；

7.去掉8根火柴，使剩下的火柴形成3个正方形；

8.去掉6根火柴，使剩下的火柴形成2个正方形和2个不规则六角形。

螺旋变三角形   难度等级 ★★☆☆☆

用35根火柴摆成如图所示的螺旋，你能移动4根火柴使其变成3个正方形吗？

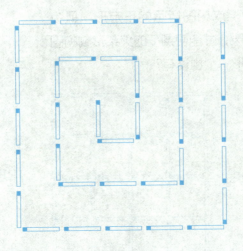

房子变正方形   难度等级 ★★★☆☆

取出11根火柴摆成如图所示的房子，请你重摆2根火柴把它变成11个正方形，或重摆4根火柴把它变成15个正方形。

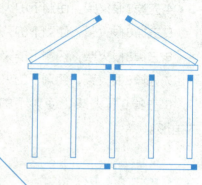

至少拿掉几根   难度等级 ★★★☆☆

取出火柴摆成如图所示的正方形。最少要拿掉几根火柴，才能使剩下的火柴形成的图形，大小正方形一个也没有？

搭桥

难度等级 ★★★☆☆

　　取出16根火柴摆成如图所示的堡垒，堡垒四周围着深沟，它的宽度为一根火柴杆。如果有两块长度等于沟宽度的木板，怎样才能搭桥过沟进入堡垒？

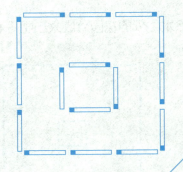

变换的箭

难度等级 ★★★☆☆

　　用16根火柴摆成如图所示的"箭"，请你：

1.重摆8根火柴摆成8个一样的三角形；

2.重摆7根火柴摆成5个一样的四边形。

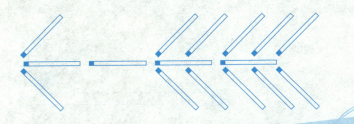

有水井的花园

难度等级 ★★★☆☆

取出20根火柴摆成花园的四周。花园中央有一口水井，用4根火柴摆成，如图所示。请你：

1.再取18根火柴把除水井外的花园分成大小相等和形状相同的六部分；

2.再取20根火柴把除水井外的花园分成大小相等和形状相同的八部分。

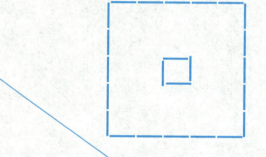

等边三角形

难度等级 ★★★☆☆

用3根火柴可连接成如图所示的等边三角形。你能用9根火柴连接成7个等边三角形吗？

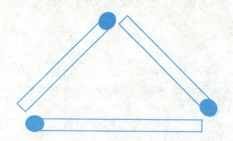

每列3个

难度等级　★★★☆☆

　　取出9个棋子在桌子上摆方阵，要使方阵每边有3个棋子，中心有1个棋子，如图所示。

　　2个或更多棋子位于一条直线上称为列，如右图的AB、CD等。

　　AB和CD直线上有3个棋子，EF直线上只有2个棋子。你说说，图中3个棋子一列的有多少？2个棋子一列的有多少？

　　现在请你去掉3个棋子，再把剩下的6个棋子摆成3列，而且每列要有3个棋子。

8个棋子

难度等级　★★★☆☆

　　画出如图所示的方格，并在对角线上的方格画出影线。之后取出8个棋子，将其中的一个棋子放入白格，如图，放在第一纵行下面的影线格子上面。

　　现在请你把其余7个棋子摆在白格内（但不能摆在有影线的格内），使每一纵行和每一横行不能有两个棋子。

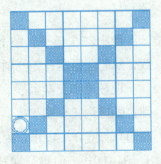

四步围成圆

难度等级 ★★★☆☆

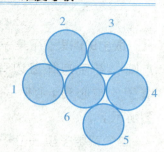

图a

准备6个棋子（或其他圆片），摆成如图a的形式。

现在要求4步（即4次滚动）形成环圈，如图b。

游戏方法：为了不混淆，给棋子贴上纸，并编上号。用手压住5个棋子使它们不动，滚动剩下的一个棋子（如5号）到新的位置。滚动时不能离开其他棋子，而且移到新位置还需至少和两个棋子接触。此游戏看起来简单，实际上比较困难。

按玩游戏的方法，可以有不同滚动顺序围成环圈。请你找出滚动棋子的所有答案。

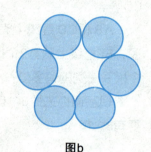

图b

交换棋子的位置

难度等级 ★★★☆☆

取出25个棋子，贴上从1到25的顺序数，然后任意摆在如图所示的方格内。

现在请你交换棋子，使它们按顺序排列，即排列（交换）成：第一横行从左到右为1，2，3，4，5，第二横行为6，7，8，9，10……位置交换是两棋交换，如7和1交换，24和2交换等。

请问，达到游戏的要求至少要交换几次？

7	24	10	19	3
12	20	8	22	23
2	15	25	18	13
11	21	5	9	16
17	4	14	1	6

黑白棋子　　　难度等级 ★★☆☆☆

　　如图，3枚白棋和3枚黑棋相邻摆放，每次移动相邻的两枚棋子，移动几次才能使黑白棋子交错摆放？请动手试一试。

拼成一个圆片　　　难度等级 ★★★☆☆

　　玲玲是初中二年级的学生，非常聪明。她用硬纸剪了两枝如图所示的纸花，这两枝纸花的花瓣、叶、茎都是分开的。

　　你能用这两枝花的各部分拼成一个圆片吗？

按另一种方式栽橡树

难度等级 ★ ★ ★ ☆ ☆

最初打算把27株橡树按右图栽成美丽的图案，例如栽成9行，每行6株。但园林学者认为这种设计是错误的，因为橡树仅上面需要阳光，而侧面应是绿茵，这即是俗话说的"喜欢不戴帽子穿皮袄"。这种设计有3株孤立起来，不符合橡树的生长习性。

你能否按同一条件把右图分成3组，每组没有一株橡树孤立于外？

栽玫瑰花

难度等级 ★ ★ ★ ☆ ☆

新乐小区有一块三角形空地，如图所示。花圃工人在这块三角形空地上栽上16株玫瑰花，而且栽成12行，每行4株，栽好后准备移入小区的中央花坛，按每行4株栽成15行。请你按上面所说的要求，栽这16株玫瑰花，并画成图。

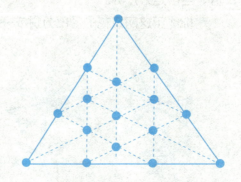

一朵八瓣花

难度等级 ★ ★ ★ ☆ ☆

在一张厚纸上画出如图所示的正八角形，并在此八角形的中心按右图准确画出八角形孔。请你把此八角形剪成8个相等的三角形，并用这8个三角形拼成一朵有8瓣的花，而且花的蕊心也是正八角形。

用棋子摆方阵

难度等级 ★ ★ ★ ☆ ☆

取12个棋子很容易排成每边有4个棋子的方阵，如图所示。

1.现在请你用12个棋子摆成每边有5个棋子的方阵。

2.再用12个棋子摆成水平和垂直线都是三列，而且每列都有4个棋子的方阵。

注：允许棋子叠在一起。

确定木材的直径   难度等级 ★★☆☆☆

下图是制造胶合板的薄木板，它是从圆木料上切下来的，尺寸为150厘米×150厘米。此圆木料的直径约多大？

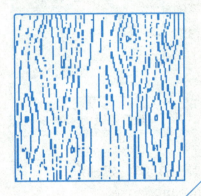

纸虾   难度等级 ★★★☆☆

有一个纸虾，是由17个不同几何形状的部分拼成的，如图所示。你能迅速拼成圆形或方形吗？

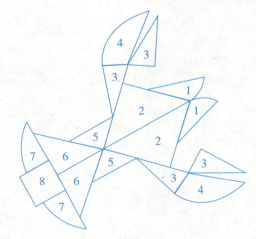

保持面积成比例

难度等级 ★ ★ ★ ☆ ☆

取出20根火柴摆成2个长方形，一个用6根火柴，另一个用14根火柴，如图所示。

图左面的长方形，用虚线分成2个正方形，右面的用虚线分成6个正方形。可以看出后者的面积比前者大2倍。

现在请你把这20根火柴分成7和13两组，然后摆成面积保持3：1的其他图形。

篱笆

难度等级 ★ ★ ★ ☆ ☆

用火柴摆的篱笆如图所示，共用26根火柴。

请你重摆14根火柴使它形成3个正方形。

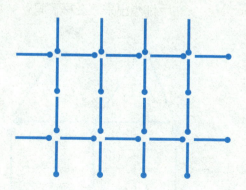

向左转   难度等级 ★★☆☆☆

　　用8根火柴棒能摆出一条向右游动的小鱼，如图所示。

　　现在你能不能只移动其中的3根火柴棒，使得这条鱼向左游呢？

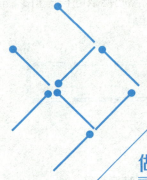

做个小建筑师   难度等级 ★★☆☆☆

　　用11根火柴搭好下图这座房子，然后只移动1根火柴，就能够搭成房子朝向另外一面的样子。

　　你想出来怎么移了吗？

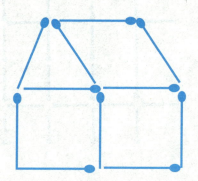

火柴游戏

难度等级 ★ ★ ★ ☆ ☆

图中是用12根火柴摆成的6个等边三角形。移动两根火柴，使它成为5个等边三角形。继续移动，图形会变成4个等边三角形、3个等边三角形、2个等边三角形。三角形的大小可以不一样，但不能重复。你能做到吗？

快乐七巧板

难度等级 ★ ★ ★ ☆ ☆

在通常的七巧板中，一个正方形被割成7块（如图a所示）。你能用这7块拼出这里只给出轮廓的6个图形（如图b所示）吗？

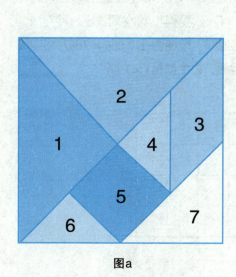

图a

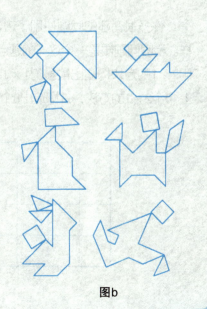

图b

有趣的类比

如果图a阴影部分代表4，那么图b阴影部分代表几？

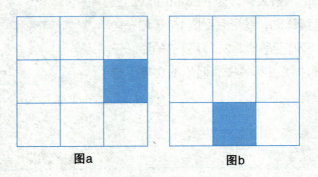

图a   图b

枪眼

许多很有趣的问题使用了边长比为2：1的方块，就像多米诺骨牌一样。枪眼问题便是一个这样的题目。在该问题中，你必须找出一种方法，用2×1的方块构造出最多的1×1的枪眼。你能否在下图4×7的方格中放上10个2×1的方块，并构造出8个枪眼，每个都是1×1的？

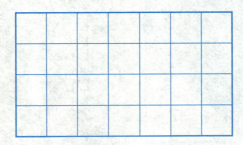

芭芭拉偷点心

难度等级　★★★☆☆

　　如图所示，每间房子里都有一块甜饼。老鼠芭芭拉想一次吃完所有的点心后，从A门出来。请问芭芭拉从1~8中的哪扇门进去，才不走重复路线？（每间房只允许进出各一次，并且不许从同一扇门进出）。请你帮芭芭拉想一想该怎么走？

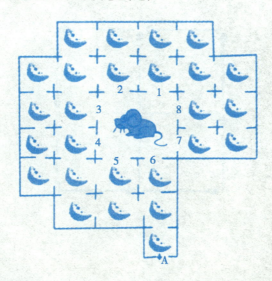

"十"字标记

难度等级　★★★☆☆

　　如图展示的是一块钢质材料，奥德想用它做成一个"十"字形标记，放在铺面的前面。奥德费了很大的劲才弄好。其实，只要沿着一条曲线锯开，就能把它做成"十"字形标记。聪明的你知道怎么锯吗？

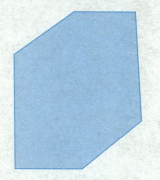

变方块

难度等级　★★★☆☆

　　把火柴棒摆成如下图所示的方块，然后去掉其中的2根，使方块变成2个。

　　你能做到吗？

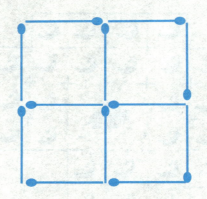

谁在说谎

难度等级 ★★☆☆☆

一个瓜农一直非常精心地侍弄自己的西瓜地。一次，他患了很严重的病，不能到田里去了，可他放心不下地里的西瓜，于是让两个儿子去田里看看西瓜的长势。大儿子回来说："西瓜有碗口大小。"而小儿子却说："西瓜只有碗底那么大。"

过了8天，瓜农的病痊愈了，他到田里一看，发现西瓜果然有碗口那么大。

你知道当时两个儿子谁说了谎话吗？

情报电话

福特在金冠大酒店被歹徒挟持，歹徒逼迫他当着他们的面给家里报平安。福特的电话内容是这样的：

"亲爱的罗莎，您好吗？我是福特，昨晚不舒服，不能陪您去夜总会，现在好多了，多亏金冠大酒店经理上月送的特效药。亲爱的，不要和我这样的'坏人'生气，我们会永远在一起的，请您原谅我的失约。我的病不是很快就好了吗？今晚赶来您家时再向您道歉，可别生我的气呀！好吧，再见！"

可是5分钟后，警察突然出现在他们面前，歹徒不得不举手投降。你知道福特是怎么报案的吗？

凶器是什么

一具女尸在沙漠腹地被人发现。死者随身携带的首饰和钱包被洗劫一空，一只丝袜也被凶手扯下来扔在一边。验尸官报告说受害者是由于头部受到钝器击打而死。警察搜查附近的村落，抓住了嫌疑犯，但是由于找不到嫌疑犯使用的凶器，始终无法定罪。案子被移交给了更高一级的法院。接手此案的是个有丰富经验的法官，他仔细阅读了关于案件的材料，最后找出了嫌疑犯的作案方式和凶器，嫌疑犯只得认罪。凶器究竟是什么呢？

谁杀了双面间谍

难度等级 ★★★☆☆

一名在罗马出生和长大的双重间谍被杀死，临死前，他用自己的血写了一个"X"。据分析，这个"X"指的是杀死他的人，嫌疑犯有代号为12号的法国间谍、代号为6号的俄国间谍和代号为2号的美国间谍。

请问：其中哪一个是凶手？

伪造的相片

难度等级 ★★★☆☆

周五下午2点左右，未来食品会社社长大岛先生的家中进了窃贼，一个价值不菲的古董被盗走了。千本侦探很快就赶到了现场并做了检查。他说："从作案手段来看，很像最近出现的盗贼吉拉所为。"于是，千本很快就找到了吉拉。

千本问他："周五下午2点左右你在干什么？"

吉拉拿出了一张照片，说："那个时候我在赛马俱乐部。这个就是我当时上马时照的相片。是我的朋友给我照的，看后面的那个时间是下午2点吧，所以我根本不在案发现场。"

可是，经验丰富的千本侦探一眼就看出了这张照片是假的，说："你可以骗人，但是照片是不会说谎的。这是上午照的照片！"

那么，千本侦探是根据什么说这个照片是伪造的呢？

离奇命案

难度等级 ★★☆☆☆

　　在海边的沙滩上，发生了一桩离奇的命案。死者是当地的一个富翁。本来像死者这种身份的人身边总是会有侍从的，可是案发当天富翁让身边的侍从回房间取东西，自己一个人躺在沙滩上的躺椅上晒太阳。侍从回来后发现富翁被一把太阳伞的金属伞柄刺入胸膛致死。

　　令人奇怪的是，富翁附近的沙滩上除了侍从留下的脚印外，再没有别人来过的痕迹，而警察也排除了侍从作案的可能。那凶手究竟会是谁呢？他又是怎么做到不留一丝痕迹的呢？

　　百思不得其解的警察请来了著名的侦探福尔摩斯。福尔摩斯来到案发现场进行了一番调查，他沉思了一会儿说："我明白了。"

　　你明白了吗？

别墅惨案

难度等级 ★★☆☆☆

　　警察局接到报警电话，有人说他们的邻居朱丽叶好久没有出门了，而且房子里还传出难闻的味道。于是两个警察被派往朱丽叶的别墅去查看情况。当他们到达别墅前的台阶时，发现台阶上凌乱地放着很多报纸，台阶下面还有一瓶过期的牛奶。所有这些都说明房子的主人已经好久没来取这些东西了。

　　他们推开虚掩的门，发现朱丽叶的尸体在地板上，一把插在她胸口的尖刀夺去了她的生命。由于已经死亡多日，尸体发出难闻的气味。整个房间内的贵重物品也被洗劫一空。

　　两个警察在查看完这一切后，商量了一下，便决定去抓凶手了。

　　那么，凶手会是谁呢？

巧识凶手

难度等级 ★ ★ ★ ☆ ☆

　　牛顿是英国的数学家、物理学家和天文学家。他在剑桥读书时，有一天晚上，马西教授请工友送一张字条给他，上面写着："上个月伦敦西敏寺教堂发生的国王宝石失窃案件，我已经调查出了一些线索，希望你明天早上到我宿舍来，帮助我推理，宿舍是教授大楼第102号房。"马西教授是一位留有大胡子的老先生，英国历史学家，也是西敏寺教堂宝物展览室的顾问。

　　第二天早上，牛顿赶到102房间，却见到床上睡着马西教授年轻的助手。他有一张洁白光滑的脸，好像很爱干净。助手说："我有一个仇人要杀我，听说昨天已经到大学找过我。我把这件事情告诉了马西教授，他提议我们交换房间。我原来住在隔壁的103号房，马西教授现在应该在我的房间里。"

　　牛顿听了就走到103号房，只见门锁已经被扭坏，留着大胡子的马西教授已经死在床上，是被人用手勒死的，喉部还有凶手留下的痕迹。助手见状，很悲伤地说："一定是仇人不知道我们的房间，黑暗中把马西教授当作我，因而害死了他。"牛顿说："别胡说，杀害马西教授的凶手就是你！"

　　你知道牛顿是如何推理的吗？

嫌疑人的短文

难度等级　★★★☆☆

　　星期六晚上，一家乐器商店被盗。盗贼是砸碎了商店一扇门上的玻璃窗后钻进店内的。他撬开了三个钱箱，盗走了1225克朗，又从陈列橱里拿了一只价值14000克朗的喇叭，放在普通喇叭盒里拿走了。警方找出三个嫌疑人A、B、C。三个嫌疑人被带到警官面前，桌子上放着三支笔和一些纸。警官要求他们假设自己是盗贼，设法破门进入商店，偷些什么，采取什么措施来掩盖痕迹写一篇短文。

　　A：星期六早晨，我对乐器店进行了仔细观察，发现后院是最理想的下手地方。到了晚上，我打碎了一扇边门的玻璃窗，爬了进去，我先找钱，然后从橱窗里拿了一只很值钱的喇叭，溜出了商店。

　　B：我先用玻璃刀在橱窗上划开一个大洞，这样别人就不会怀疑我。我也不会撬三个钱箱，因为会有响声。我会去拿喇叭，把它放在盒子里，藏在大衣下面。

　　C：深夜，我在暗处撬开商店的边门，然后戴着手套偷钱和橱窗里的喇叭。我要用这钱买真皮手套，之后再出售喇叭。

　　警官看完后，马上抓到了盗贼。盗贼是谁？警官是依据什么判断的？

杀人浴缸

难度等级 ★★★☆☆

一天，尼克探长要去看望住在海边豪宅的好友布莱克。路上，他给布莱克打了电话，告诉他大约半个小时后到。

半小时后，尼克准时到达，可在客厅里等了5分钟，还不见布莱克出现。这时仆人特里说："老爷进去洗澡已经半个多小时了，会不会……"尼克探长撞开浴室门，发现布莱克死在浴缸里。从初步检查的结果来看，他是溺水死的，死亡时间大概在半小时前。

警察赶到后做了进一步的分析，发现布莱克的肺部有大量海水，而没有淡水残留。同时，整个下午只有仆人特里一个人在家，没有其他人来过。

尼克第一反应就抓住特里，说他是凶手。特里拼命地否认他没有作案时间："尼克探长打电话来的时候主人还在接电话，从那时到现在只有30多分钟，可是从这里到海边却要1个小时。我就是坐飞机也来不及。"但尼克却一口咬定是特里干的。

你认为尼克的理由是什么呢？

金笔指证凶手

难度等级 ★★★☆☆

位于贝当大街布鲁克巷5号的一间旅馆里，除了救护的工作人员、警长莫纳汉和名探哈莱金外，还有一具女尸。那是一位妙龄女郎，被水果刀捅入背部致死。"她是吕倍卡·兰恩，"警长向哈莱金介绍情况，"她上周才与'大卫'号船长西奥多·兰恩完婚。昨天西奥多刚起航前往夏威夷，他们在第三大街有一套小巧的单元房。"

"有嫌疑对象吗？""可能是查理·巴尼特。吕倍卡曾与巴尼特相好，但最后选择了西奥多。""让我独自去拜访一下巴尼特吧。"哈莱金说着，故意将一支绿色金笔扔在了门口。

巴尼特独自住在他的加油站后院。哈莱金进门就问："你知道吕倍卡被人杀了吗？""啊！不，不知道。"巴尼特气喘吁吁地说。

"嗯，不知道就好。"哈莱金说，然后他伸手到上衣口袋中欲摸笔做记录，"噢，糟糕，我的金笔一定是刚才不小心掉在吕倍卡的房间了。我得马上去办另一件案子，顺便告诉警方你与此案无关。你不会拒绝去帮我找回金笔，送到警察局吧？"巴尼特看上去似乎很犹豫，但他终于耸耸肩膀说："好吧。"当巴尼特将金笔送到警察局时，他立即就被逮捕了。

为什么？

占卜师之死

难度等级 ★★★☆☆

因电视节目而声名大噪的蒙面占卜师，在某一天夜里，不知为何被人所害。死因系有人在占卜师喝的咖啡里下了毒。该占卜师的私人生活无人知晓，他长得什么样子，过去是干什么的均是个谜，就连他死时脸上仍戴着面具。经过调查，嫌疑犯有以下3人：

A：与占卜师同居的情妇——洋子。

B：占卜师的弟弟——隆一。

C：来请占卜师占卜的客人——山村。

据调查，情妇洋子得知占卜师在外拈花惹草，每晚吵闹不休，有充分的作案动机。占卜师之弟隆一为其兄向他借了一大笔钱不还而怀恨在心。事实上，杀人现场的金柜也被洗劫过，所以，此人也有重大嫌疑。另外，在占卜师被杀当日来访过的山村也有作案嫌疑。

以上3人在占卜师死亡推定时间内都无不在场的证明。

那么，罪犯是哪一个呢？

名字辨凶

难度等级 ★★★☆☆

一名青年死在了一座26层高的大楼旁边，警方断定死者是从这座楼的楼顶上坠楼而死。警方发现在这名死者的手心里用笔写着一个"森"字，像是在暗示着杀人凶手的名字，却因时间有限而只写了一个字。笔就落在他手边的地上，而且只有他的指纹。看来的确是坠楼的同时掏出笔写在手心上的。

警方根据看电梯人员的举报找到了案发当时也在楼顶上的5名嫌疑犯。他们都与死者认识，但是他们谁都不承认自己是凶手。他们分别叫：张宇、刘森、赵方、张森、杨一舟。这时警方想起了死者手心上的那个字，认定了杀人凶手。

你知道那个杀人凶手是谁吗？为什么是他呢？

伪造的遗书

难度等级 ★★☆☆☆

有位老人十分喜欢小鸟，所以，他在树林深处建了一幢别墅，并在别墅里挂了许多鸟笼，里面养着各种各样的鸟。

一天，他的一位多年未见的朋友前来拜访他时，发现他死在家中，便立即报了警。刑警来到现场，发现一张字迹潦草的遗书，说他是服用了大量的安眠药而自杀的。但是，当刑警环顾四周时发现，室内有很多鸟笼，笼内的小鸟还在欢快地啼叫着。他的朋友向刑警介绍说，死者三年前当了爱鸟协会会长。

听了这话，刑警果断地下了结论："如果是那样的话，则是他杀，遗书是伪造的。"

警察是根据什么说出这番话的？

诬陷哑人案

难度等级 ★★★☆☆

有个姓王的百姓打死了人，却诬陷高某。由于有众人的证词，就成了定案，县官就治了高某的罪。后来，太守复审时，高某只是点头，一句话也不说。小吏问："你是认罪服法了吗？"太守看到他脸上露出痛楚的表情，好像在磕头而不是点头，而且他上身直挺挺地跪着，并不像其他人那样伏在地上，觉得十分可疑。仔细一查看，果然其中有诈。

你知道太守最后查出了什么吗？

小偷老手

难度等级 ★★★☆☆

　　李先生一家从苏杭旅游回来，发现家中被人搜掠一空，抽屉也全被打开了。李先生一边查看抽屉一边想：这个小偷一定是个老手。

　　你知道李先生为什么认为小偷是个老手吗？

追踪逃犯

难度等级 ★★☆☆☆

　　一个秋天的晚上，一名囚犯越狱潜逃，翻墙跳到外面的空地上，朝牧场方向逃跑了。雨后泥泞的空地上清晰地留下了逃犯的脚印。于是，警察选了一条优秀的警犬嗅了墙外空地上囚犯的足迹的气味后，马上径直追向了牧场。可是，不知为什么，警犬中途突然停了下来，左转转，右转转，不再前进。然而，越狱逃犯并没有骑牧场的牛，也没有换掉脚上的鞋子。

　　你知道罪犯是用什么办法摆脱了警犬的追踪吗？

白纸遗嘱

难度等级 ★★★☆☆

作曲家简和音乐家库尔是一对盲友。简病危时曾请库尔来做公证人，立下一份遗嘱把简一生积蓄里的一半财产捐给残疾人福利机构。随即让他的妻子拿来笔和纸，以及个人签章。他在床头摸索着写好遗嘱，装进信封里，并亲手密封好，郑重地交给库尔。库尔接过遗嘱，立即专程送到银行保险箱里保存了起来。

一星期后，简死于癌症。在简的葬礼上，库尔拿出这份遗嘱交给残疾人福利机构的代表手中。但当代表从信封中拿出遗嘱时，发现里面竟然是一张白纸。

库尔根本无法相信，简亲手密封，自己亲手接过并且由银行保管的遗嘱会变成一张白纸！这时来参加葬礼的尼克探长却坚持认定遗嘱有效。众人都疑惑不解地看着尼克探长，期待着他的解释。

你认为探长会怎么解释？

狮子的微笑

难度等级 ★★☆☆☆

马戏团的狮子已经和女驯兽师合作过无数次，每次女驯兽师在演出时把头伸进它的嘴里，它都很配合，从不弄伤女驯兽师。而在这一天，当女驯兽师把头伸入狮子嘴里时，狮子做出了一个仿佛是微笑的表情，随后便一口咬碎了她的头。

在表演前，狮子吃过许多肉，所以不可能是因为饥饿。这只狮子也不可能是在发情期

内，因为马戏团是不会让处于发情期内的猛兽上台表演的。

那么，狮子在咬死女驯兽师前的微笑表情，又是怎么回事呢？

花店老板之死

难度等级　★★★☆☆

渡边警官英俊潇洒，仪表堂堂。一天，他向一家花店走去。他要买一束鲜花送给他的女朋友，今天是他女朋友的生日。

他走到花店附近的时候已经很晚了，有几家店铺已经关门了。他继续往前走，忽然听到前方传来了一声枪响，跑过去一看，见到在花店门口的花店老板后背中了一枪，倒在地上。渡边向四周看了看，看到马路对面有两个人，就大声喊："你们都举起手，慢慢走过来，我是警察！"

他们两个走了过来。其中一个年轻人说："我是一个司机，刚刚下班要回家。我听到枪声回头一看，看到那个老板慢慢倒下了，其他的我就不知道了。"另外的是一个中年男子，他说："我每天下班都要经过这里。刚才经过这里，随意瞥了一眼，看到老板正在锁门，忽然枪响了……"

渡边警官打断他说："别说了，我看你就是犯人！"就掏出手铐，把中年男子带了回去。

你知道渡边警官是根据什么断定是中年男子开的枪吗？

敲错了门

难度等级　★★☆☆☆

夏威夷是个度假胜地，每年都有很多人到这里来度假。麦克探长今年也来这里度假，他住在海边一家四层楼的酒店里，这家酒店的3层和4层全是单间，他住在402号。

这天，麦克玩了一天，有些累了，回到房间想洗个澡，早点儿休息。正在他走进浴室准备放水时，忽然传来了两声敲门声。麦克以为是敲别人的房门，就没有理会。不一会儿，一个小伙子推开房门走了进来，原来麦克忘记了锁门。

小伙子看到麦克后有点儿慌张，但很快反应过来，礼貌地说："对不起，我走错房间了，我住在302。"说着就掏出钥匙让麦克看，以证明他没说谎。麦克笑着说："没什么，这是常有的事。"

小伙子走后，麦克立即通知酒店保安："立即搜查302房间的客人，他可能正在4楼作案。"保安迅速赶到现场，抓住了那个正在行窃的小伙子，并搜出了大量赃物。

保安人员很不理解，问："探长先生，您怎么知道他是一个窃贼呢？"麦克笑着说："我洗完澡后再告诉你。"

那么，你知道这是怎么回事吗？

雨夜报案

难度等级 ★ ★ ★ ☆ ☆

一个风雨交加的夜晚，大地笼罩在漆黑的夜幕中。路上只有几盏昏暗的灯亮着。

忽然，警局的值班电话响了起来。对方是一个男子，他用颤抖的声音说："警局吗？不，不好了，我，我在八目町的河边，发，发现了一具尸体……"值班的高木警官立即带着两个警员一起赶往现场。

在车灯的映照下，远远地可以看见一个人站在河边。高木他们提着手电筒来到小河边。这时候他们看清了那个报案的人。他全身上下都湿透了，脸色苍白，很紧张，高木拍拍他的肩膀让他放松一下，然后开始检查尸体。过了一会儿，报案的人说："刚刚我在河边走，突然脚下一滑就掉进了河里。幸亏我会游泳，我游到对岸的时候发现被什么东西绊了一下。我就掏出火柴划着了一看，原来是一具男尸。他浑身都是血，我害怕极了，就报案了。"

听到这，高木警官厉声说："不用说了，你就是凶手！把他铐上，带回警局！"

为什么高木警官会认为报案人就是凶手呢？

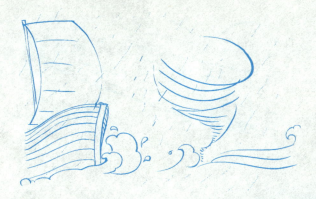

新干线上的抢劫案

难度等级 ★★★☆☆

在从神户开往横滨的新干线列车上，价值5000万日元的旧纸币被洗劫一空。案发时间是凌晨2点左右。负责押运纸币的安全队长安田头部受伤。经验丰富的日暮警官奉命调查此案，在案发的第3节车厢的5号包厢里只发现了两根吸了一半的香烟。

日暮问案发时候的情况，安田说："我从上车开始就没有离开过这个包厢半步。凌晨2点左右，突然有两个人闯了进来。他们一高一矮，都蒙着面，只是露出眼睛。没有等我反应过来，他们就把我打倒在地，用枪指着我的头，然后就用什么东西把我打昏了。我醒来的时候就发现钱不见了，就报了案。"

日暮警官问："地上的烟头是你丢的吗？"

安田回答说："不是，是他们两个丢的。"

日暮警官说："既然是这样，那么我就知道谁是犯人了。"说完就让手下把安田抓了起来。

那么，你知道日暮警官为什么要抓安田吗？

阳台上的凶杀案　　　　　难度等级　★★★☆☆

　　新一届奥运会就要举办了，每个运动员都在抓紧练习。住在体育公寓的运动员也不例外。萨马是国家体操运动员，曾经两次获得世界冠军，所以这次奥运会，大家都对他期望很大。

　　周日，萨马很早就起床了。他住在公寓的5楼，有一个很大的阳台，阳台一角放着运动器械。他来到阳台上，压压腿，做些倒立。对面阳台上，有个小朋友看得直叫好，可是就在这时，只听见砰的一声，萨马就倒在阳台上不动了。

　　马里探长闻讯赶来。他检查了尸体，发现子弹是从背后射入的。有一颗弹头嵌在阳台的地板上，和死者的伤口完全吻合。探长捡起弹头，仔细辨认了一下，发现这是专门用于射击比赛的子弹。

　　经过进一步调查，得知这栋楼的2楼住着一个射击运动员叫山姆，就对他进行了调查。山姆生气地说："你们这是在怀疑我？看看，子弹是从他后背进去，下腹出来的。显然凶手是从上面向下射击，可是我是住在2楼，怎么可能呢？"经过对山姆周围邻居的调查，证实早上山姆确实没有出门，那么凶手会是谁呢？

　　马里探长想了想，心中有了答案。那么，你知道凶手是谁吗？

奇怪的手枪

难度等级 ★★★☆☆

一天，有5个手持左轮手枪的匪徒从岛根的一家银行向西逃窜。银行的警卫队长田中闻讯，立即驱车追赶。保安部的高桥见状也带领几个警卫驾车追赶。

追着追着，一阵激烈的枪声将他们带到了一条小山沟。等赶到时，只见5个匪徒都倒在地上死了，而田中的左臂也受了伤。高桥赶忙从地上捡起被抢的箱子，扶着田中一起回来。当晚，大家为田中举行庆功会，并让他讲讲事情的经过。

田中带着几分醉意走上台，说："我追上的时候，他们正准备分赃。忽然一个放风的匪徒发现了我，向我开了2枪，打中了我的左臂。我看准机会冲过去，抢了他的枪，一枪把他打死，然后躲在石头后面，又连开4枪把其余的匪徒都打死了，这时救援的人就到了。"

话音未落，只听高桥说："别演戏了，你和那些匪徒是一伙的！"

经过审问，田中和那5个匪徒果然是一伙的。

那么，高桥先生是怎么知道的呢？

深夜的恐吓信

难度等级 ★ ★ ★ ☆ ☆

八目町的一栋大楼在凌晨1点突然起火。浓烟是从1012房间冒出来的，消防员从房间里救出了中村，可是他的老师荒木却被烧死了。

经过法医鉴定，荒木是中毒身亡的，时间大概是12点。这就说明有人先杀害了荒木先生，然后又纵火制造了假现场。警方经过调查得知，荒木因为和妻子洋子闹离婚，半个月前搬到了中村的家暂住。可是，他们夫妻二人因为财产问题一直没有达成协议。清里警官觉得这个洋子很可疑，就带人来到了洋子的住所。

此时已经是凌晨3点了，画家洋子还在进行创作。清里说明来意后，洋子说："我就知道你们会怀疑我。不过我也是受害者，我收到了一封恐吓信。"说着就从抽屉里拿出了一封从邮局寄来的信，只见上面写着："我知道你是杀害荒木后又纵火的凶手，如果不想我报案，就于明天中午在市役所附近的地铁站出口见面，记得带上300万日元。还有，如果报警，你就死定了！"

清里看完后问道："起火时你在哪里？"

洋子回答说："我一直在这里绘画。"

清里厉声说道："不，你就是那个凶手！"说着就让手下将洋子带回警局。那么，清里警官是根据什么来判断洋子就是杀人凶手的呢？

大脚男人

难度等级 ★★☆☆☆

陈先生因为女友莉莉骗了他的钱财，决心报复并杀害她。一个初春的周末，他将莉莉杀害后，为了混淆脚印，特意穿着莉莉的小高跟鞋逃离了现场。

陈先生身材十分高大，更以大脚见称，他要穿46号的鞋。莉莉则恰恰相反，她个子矮小，只能穿35号的小高跟鞋，所以陈先生的大脚，绝不可能塞得进那双细小的高跟鞋。

你知道他是怎样穿着莉莉的鞋逃走的吗？

到底中了几枪

难度等级 ★★★☆☆

一天夜晚，住在某个旅馆里的一位空姐被人枪杀。

凶手是从30米外的对面的屋顶用无声手枪射中她的。窗户是关着的，窗子上有一个弹洞。从这一迹象来看，凶手只开了一枪。但奇怪的是，被害者的胸部和腿部都中弹了——大腿被子弹射穿，胸部也留有子弹。这样看来，凶手好像开了两枪。如果凶手开了两枪，那么另外一颗子弹是从哪里射入被害人的房间的呢？这颗子弹又在哪里呢？

大家无法回答，于是去请教大胡子探长。大胡子探长肯定地回答说："只中了一枪。"

那么，大胡子探长根据什么这么说呢？

PART FOUR

FOUR

逻辑谜题

真的假不了

难度等级 ★★★☆☆

一天，安德和好朋友芙拉、比盖在学校的教室里一起做作业，很晚的时候，他们三人在走廊上拾到了一张银行卡。三人都不约而同地想到办公室去交给老师。老师问他们，银行卡是谁拾到的。三个淘气的小家伙都笑着不作声，说是要考考老师。

安德说："这卡不是我拾到的，也不是芙拉。"

芙拉说："不是我，也不是比盖。"

比盖说："不是我，我也不知道是谁拾到的。"

三个人还告诉老师，他们每人说的话中，一半真，一半假。于是，老师很快就判断出银行卡是谁拾到的了。

你知道银行卡是谁拾到的吗？

花心肠子吉米

难度等级 ★★★☆☆

下面是花心肠子吉米对漂亮小姐弗里西所说的话："去年圣诞节前一天的早上，我和海军上尉海尔丁一同赶往海军在北极的气象观测站。突然，海尔丁摔倒了，大腿骨折。10分钟之后，我们脚下的冰层也开始松动了。我们开始向大海漂去。我意识到如不马上生个火，我们都会被冻死的，但是火柴用光了。于是，我取出一个放大镜，又撕了几张纸片，放在一个铁盒子上，用放大镜将太阳光聚焦后点燃了纸片。感谢上帝，火拯救了我们的生命。更幸运的是，24小时后我们被一艘经过的快艇救了起来。人人都说我临危不惧，采取了自救措施，是个英雄。"

弗里西小姐听后，说花心肠子吉米骗人。

你知道弗里西小姐是怎么知道的吗？

杰克的成绩

难度等级 ★★★☆☆

杰克的成绩向来都是全班最差的，但在最近一次模拟考中，他居然考了第一名。导师威尔逊非常怀疑地查问了可能帮杰克作弊的三个好朋友——贾先、乔治、迈克。

以下是他们所说的话：

贾先："如果杰克作弊的话，那一定是抄袭乔治的答案。"

乔治："如果杰克作弊的话，那一定不是抄袭我的答案。"

迈克："如果杰克没有作弊的话，那一定是他自己努力的结果。"

威尔逊听了之后想："如果三个学生中只有不到两个人说谎的话，那杰克便是自己努力的结果！"

请问，杰克考第一名的原因到底为何？

网球比赛

难度等级 ★ ★ ★ ☆ ☆

　　体育馆里正在进行一场精彩的室内网球双打赛。王自强、安卫国、钟华夏、赵兴邦这4位大家熟悉的运动员正准备上场，观众相互议论：

　　1.王自强比安卫国年轻；

　　2.钟华夏比他的两个对手年龄都大；

　　3.王自强比他的搭档年龄大；

　　4.安卫国和王自强的年龄差距要比钟华夏和赵兴邦的差距更大一些。

　　请问：4位运动员的年龄顺序是怎样的？谁和谁搭档？

考试日期

难度等级 ★ ★ ★ ☆ ☆

　　逻辑学教授在星期一对全体学生宣布："在周日之前要进行一次考试。"

　　有位学生向教授建议："为了让考试具有突然性，如果同学们在当天早上知道要进行考试，当天的考试就不能进行。"教授接受了这个建议。

　　结果，当教授在星期三宣布考试的时候，提建议的学生声称考试应该取消，因为这周的任意一天都不可以考试。

　　请问：学生使用什么方法来对付教授的？如果你是教授，该如何应付这个情况呢？

是谁闯的祸

难度等级 ★★☆☆☆

　　有甲、乙、丙、丁四个小朋友在踢足球。其中一个孩子不小心把足球踢到楼上，打碎了李阿姨家的玻璃。李阿姨非常生气地走下楼来，问是谁干的。甲说是乙干的，乙说是丁干的，丙说他没干，丁说乙在撒谎。他们四个当中，有三个说了假话。

　　你知道是谁打碎了李阿姨家的玻璃吗？

麻烦的任务

难度等级 ★★★☆☆

　　有一个五人小组，要派遣若干人去完成某项任务，但须同时符合以下条件：

　　1.丁和戊至少要去一人；

　　2.乙和丙只能去一人；

　　3.假如戊去，甲和丁就都去；

　　4.丙和丁要么两人都去，要么两人都不去；

　　5.如果甲去，那么乙也去。

　　请问：应该让谁去完成任务呢？

爱因斯坦的问题

难度等级 ★★★☆☆

许多著名的科学家常常喜欢出一些有趣的题目，伟大的物理学家爱因斯坦就出过这样一道题：《土耳其商人和帽子的故事》，就想考一考别人的机敏和逻辑推理能力。

题的内容是这样：有一个土耳其商人，想找一个助手协助他经商。但是，他要的这个助手必须十分聪明才行。消息传出的三天后，有甲、乙两人前来联系。

商人为了试一试甲、乙两个人中哪一个聪明一些，就把他们带进一间伸手不见五指的漆黑的房子里。商人打开电灯说："这张桌子上有五顶帽子，两顶是红色的，三顶是黑色的。现在，我把灯关掉，并把帽子摆的位置搞乱，然后，我们三人每人摸一顶帽子戴在头上。当我把灯打开时，请你们尽快地说出自己头上戴的帽子是什么颜色的。"说完之后，他们就这样做了。

待这一切做完之后，商人把电灯重新打开。这时候，那两个人看到商人头上戴的是一顶红色的帽子。

过了一会儿，甲喊道："我戴的是黑帽子。"甲是如何推理的？

会说话的指示牌

难度等级 ★★★☆☆

籍球场、健身房和足球场是从教室通往宿舍的三个路过地点。一天，新生琪琪来到篮球场。看到一个指示牌，上面写着："到健身房400米，到足球场700米"。她很受鼓舞，继续往前走。但当她走到健身房时，发现这里的指示牌上写着："到篮球场200米，到足球场300米"。聪明的她知道肯定哪里出了问题，因为两个指示牌有矛盾的地方。她继续朝前走，不久到达足球场。这里的路标上写着："到健身房400米，到篮球场700米"。琪琪感到困惑不解，她顺便询问一个过路的老师。

老师告诉她，沿途的这三个指示牌，其中一个写的都是假话，一个写的都是真话，剩下的那一个写的一半是假话，一半是真话。

你能指出哪个指示牌写的都是真话，哪个指示牌写的都是假话，哪个指示牌写的一半是真话一半是假话吗？

五个学生

难度等级　★★★☆☆

有五个学生，她们所在的班不同。每个学生喜欢的课程和体育运动都不同，她们喜欢的课程分别为代数、化学、生物、历史、地理，体育运动为跑步、游泳、网球、壁球、篮球。

1.露丝在3班，贝蒂喜欢跑步。

2.有个女孩儿喜欢打壁球，她不在5班。

3.4班的那个女孩儿喜欢游泳。

4.伊丽莎白喜欢化学。

5.喜欢跑步的那个女孩儿在2班。

6.克拉拉喜欢历史但不喜欢打网球。

7.喜欢化学的那个女孩儿同样也喜欢打篮球。

8.艾米丽在6班，喜欢打壁球，但不喜欢地理。

9.喜欢生物的那个女孩儿同样也喜欢跑步。

推算出每个女孩儿所在的班、喜欢的课程和体育运动。

谁是说谎者

难度等级　★★★☆☆

在逻辑岛上生活着两个民族，分别是Truth族和Lie族。Truth族人总说真话，Lie族人总说谎话。

一次，有旅行者路过此岛，遇到两个结伴而行的人。他问其中一个路人甲："你是Truth族人吗？"

旅行者没听清甲的回答，于是又问另一个路人乙："他说什么？"

乙说："他说'我是'。不过你不要相信他，他是在说谎。"

请问：甲、乙两个人分别是什么族的？

英明的总督

难度等级　★★☆☆☆

有一位英明的总督，他的辖区内有一座桥通往外国。为了不让罪犯偷越国境，总督给所有过桥的人订立了一条法律，所有过桥的人必须说明自己的去向，说实话的人可以过桥，说谎的人要立刻在桥边被绞死。

有个人来到桥边，守桥的士兵照例问他："你往何处去？"

那人说："我是到桥边来被绞死的。"

士兵不知该如何是好，只能请示总督。

如果你是那位总督，你该怎么办呢？

约翰教授的奖章

难度等级　★★☆☆☆

约翰教授在A学院开设"思维学"课程，在每次课程结束时，他总要把一枚奖章奖给最优秀的学生。然而，有一年，琼斯、凯瑟琳、汤姆三个学生并列成为最优秀的学生。约翰教授打算用一次测验打破这个均势。

有一天，约翰教授请这三个学生到自己的家里，对他们说："我准备在你们每个人头上戴一顶红帽子或蓝帽子。在我叫你们把眼睛睁开以前，都不许把眼睛睁开来。"约翰教授在他们的头上各戴了一顶红帽子。约翰说："现在请你们把眼睛都睁开来，假如看到有人戴的是红帽子就举手，谁第一个推断出自己所戴帽子的颜色，就给谁奖章。"三个人睁开眼睛后都举了手。一分钟后，琼斯喊道："约翰教授，我知道我戴的帽子是红色的。"

琼斯是怎样推论的？

真话还是假话

难度等级　★★☆☆☆

赵某自从当选民意代表后，便疏于走访基层，以致渐渐忘了各地选民的特性以及他们的居住地。

转眼间，又快要选举了。想连任的赵某不得不再度走访基层。

这天，他又要到诚实村去。但途中无从判断哪一边才是正确方向的岔路，他只能确定路的一边是通往村民都会说实话的诚实村，另一边则是通往村民都会说谎话的谎话村。

还好，正巧有人出现在岔路口附近，只是这次有两个人。已知其中一个是诚实村的人，另一个是谎话村的人，但是无法确定哪个人是哪一村的。

请问，赵某要如何只问其中一个人一个问题，就可以知道前往诚实村的路？

美人鱼的钻戒

难度等级　★★★☆☆

　　人间来了4位天使。她们4个人的手上都戴着1枚以上的钻戒，4个人的钻戒总数是10枚。她们4个人说的话刚好被魔鬼听见了。其中，有2枚钻戒的人的话是假话，其他人的话是真话。另外，有2枚钻戒的人可能存在两人以上。

丽丽："艾艾和拉拉的钻戒总数为5。"

艾艾："拉拉和米米的钻戒总数为5。"

拉拉："米米和丽丽的钻戒总数为5。"

米米："丽丽和艾艾的钻戒总数为4。"

请问：她们每个人的手上各戴有多少枚钻戒？

小魔女们的小狗

难度等级　★★★☆☆

　　小林子、小欢子、小安子、小丹子4个小魔女每人都养了小狗，但数量各不相同，并且她们眼睛的颜色和她们中意的魔女服装的颜色都各不相同。小狗的数量分别是：1只、2只、3只、4只。眼睛的颜色分别是：灰色、绿色、蓝色、红色。服装的颜色分别是：黑色、红色、紫色、茶色。

　　请根据如下条件判断她们每个人眼睛的颜色、魔女服装的颜色、饲养小狗的数量。

1.灰色眼睛的魔女、黑色服装的魔女和小欢子3人共有8只小狗。

2.绿色眼睛的魔女、红色服装的魔女和小安子3人共有9只小狗。

3.红色眼睛的魔女、茶色服装的魔女和小丹子3人共有7只小狗。

4.紫色服装的魔女的眼睛不是灰色的。

5.小安子的眼睛不是蓝色的。

6.小欢子的眼睛是红色的。

4对亲兄弟

难度等级 ★★★☆☆

有一个楼里住着4户人家，每家各有两个男孩儿。这四对亲兄弟中，哥哥分别是甲、乙、丙、丁，弟弟分别是A，B，C，D。

一次，有个人问："你们究竟谁和谁是亲兄弟呀？"乙说："丙的弟弟是D。"丙说："丁的弟弟不是C。"甲说："乙的弟弟不是A。"丁说："他们三个人中，只有D的哥哥说了实话。"

丁的话是可信的，那人想了好半天也没有把他们区分出来。你能区分出来吗？

身后的彩旗

难度等级 ★★★☆☆

甲、乙、丙、丁四人坐在一张方桌的4面，每人身后放着一面彩旗，红色或黄色的，他们都能看到别人身后的彩旗，但看不到自己身后的彩旗，丁问："你们每人看到了什么颜色的彩旗？"甲说："我看到了3面黄色的彩旗。"乙说："我看到了一面红色的彩旗和两面黄色的彩旗。"丙说："我看到了3面红色的彩旗。"

这三个人的回答中，身后放黄色彩旗的人说了假话，而身后放红色彩旗的人说了真话。试问，谁的身后是红色的彩旗？

编辑值班表

难度等级 ★★★☆☆

某报社编辑部共有四个编辑，分别负责新闻、经济、文化、体育版。他们的值班时间安排是：

新闻：周一上午，周二、周四全天。

经济：周三上午，周四下午，周五全天。

文化：周一全天，周二下午，周三上午。

体育：周一下午，周二上午，周三全天。

请问：

1.假如经济编辑只有在其他编辑累计都至少值班了一个整天后才值班，那么他最早要在哪一天才开始值班？

2.编辑部规定：必须要有一个编辑单独值班一整天，以便检查工作。那么在每个编辑都不能改变自己的值班时间安排的情况下，哪一个编辑可以承担这项工作？

左邻右舍

难度等级 ★★☆☆☆

有一户人家，左边邻居是一家木匠铺，右边邻居是一家铁匠铺。这两家邻居一天到晚叮叮当当，吵得这一户人家不能很好地休息。

于是有一天，这户人家的主人与两位邻居商量："只要二位愿意搬家，我情愿现在就宴请二位。"这两位邻居听后欣然允诺。宴请完毕，这两位邻居说好当晚就连夜搬家。

第二天一早，这户人家又被叮叮当当地敲打声吵醒了。

这两位邻居失言了吗？

关于帽子的赌博
难度等级 ★★☆☆☆

6个人在剧院寄存处寄放了他们的帽子，但服务员把他们的顺序搞混了。如果现在有人和你打赌，说至少有一个人能拿到他自己的帽子他就给你钱，这个赌你打吗？

剩下的1元钱呢
难度等级 ★★☆☆☆

3个人去宾馆住宿，服务台的工作人员告诉他们3个人一共要30元。

3个人各掏了10元，把钱交给服务员。这时，大厅经理走过来，说今天宾馆的房间特价，3个人只要25元就可以了，并叫服务员将多收的5元钱还给他们。

服务员想自己占有2元钱，于是就把剩下的3元钱还给他们。3个人每人拿回1元，也就是说，他们每个人只出了9元住宿费。

可是，9×3元+服务生的2元=29元，剩下的1元钱跑到哪儿去了？

国王的两个女儿
难度等级 ★★☆☆☆

国王有两个女儿——总是说真话的阿米丽雅和总是说假话的蕾拉。其中有一个已经结婚了，另一个还没有。但国王一直没有公开这门婚事，就连是哪个女儿结婚了也保密。

为了给另一个女儿也找到合适的驸马，国王举行了一场比武会，胜者可以说出他希望娶的公主的名字。如果公主是单身，那第二天他们就能成婚。国王说他可以向某一个公主问一个问题，但问题不能超过五个字，而且人们也并不知道哪个公主叫什么名字。

他该问什么问题？

PART FIVE
奇思妙想

分辨真花和假花

难度等级 ★★☆☆☆

　　一个小村庄里，有一对靠养蜂为生的兄妹，兄妹感情非常好。一天，妹妹拿来两朵一模一样的花到房间里给哥哥看，她让哥哥分辨哪朵是真花、哪朵是假花。要求哥哥只能远远地看，不能用手去摸，更不能闻。

　　如果是你，你会怎么办？

聪明的马克·吐温

难度等级 ★★☆☆☆

　　美国著名作家马克·吐温非常喜欢开玩笑。有一次，马克·吐温路过一座教堂，牧师正在讲坛上布教。他非常反感牧师的陈词滥调，于是想捉弄一下牧师。牧师仍在那里津津乐道，马克·吐温一本正经地说："牧师先生，你讲得实在太妙了，只不过你所说的每一个字，我都曾经在一本书上看过。"

　　牧师不悦地说："这不可能，我的讲演是独一无二的，我可以以上帝的名义发誓！"

　　"但是，你说的每一个字我确实在那本书上看过啊。"马克·吐温半真半假地说。

　　牧师感到有点无可奈何，说："那么，请你有时间把那本书借给我看一看。"

　　过了几天，这位牧师果然收到了马克·吐温寄给他的"书"。牧师看了之后，哭笑不得。

　　不过，马克·吐温和牧师都没说假话。马克·吐温到底寄了一本什么书给牧师呢？

烟的方向

难度等级 ★★☆☆☆

　　在长江上，一艘轮船正以时速10千米的速度前进，它冒出来的烟是笔直的。你认为会出现这种现象吗？

奇怪的来信

难度等级 ★★☆☆☆

一天，老王打开信箱，取出一封信。老王撕开信封看了看，吓了一跳。信上的邮戳日期是两天以前的，信里面却是一则今天早上的新闻。信封之前并没有被打开过的痕迹，老王怎么也想不通。你能帮老王想想这到底是怎么回事吗？

荒谬的法令

难度等级 ★★★☆☆

古时候，一个国王非常赞成一夫多妻制，就颁布了这样一条法令：女人只要第一胎生的是男婴，就不能再生第二胎。按照这条法令，有些家庭就会有几个女孩儿和一个男孩儿，但是任何家庭都不会有一个以上的男孩。国王认为，如果坚决执行这条法令，用不了多久女性人口比例就会大大超过男性人口。

你认为这条法令可以实现他的初衷吗？

拿鸡蛋回家 难度等级 ★★☆☆☆

可可和朋友们打完篮球，抱着篮球回家。路上，他突然想起妈妈嘱咐他回家时买些鸡蛋，于是他就转到菜市场买了十几个鸡蛋。

这个菜市场提倡环保理念，因此不给顾客提供塑料袋。可可既没有篮子，也找不到其他的工具，他应该怎么把这些鸡蛋带回家呢？

一句话定生死 难度等级 ★★☆☆☆

有个国王想处死一个囚犯，他决定让囚犯自己选择是砍头还是绞刑。选择的方法是：囚犯可以任意说出一句话来，如果是真话就处绞刑，如果是假话就砍头。

该囚犯来到国王面前问："如果我说出了一句话，你们既不能绞死我，也不能砍我的头，怎么办？"

"如果真是那样的话，我就释放你。"国王说。

那个囚犯说了句话，果然十分巧妙。国王听了左右为难，但又不能言而无信，只好把这位聪明的囚犯释放了。

你知道聪明的囚犯说了什么话吗？

叔父的遗产

难度等级 ★★☆☆☆

　　有一位在国际上享有盛名的画家，将不久于人世。他在这个世界上只有一个亲人，就是他一直视为己出的侄子。他希望在自己死后给侄子留下一笔遗产，于是找来一位律师朋友，委托他在自己死后将一个信封交给侄子。

　　过了一个月，画家去世了。律师遵照画家的嘱托将信封交给画家的侄子，说里面是叔父留给他的遗产。

　　侄子打开信封一看，发现里面除了一张以花草为背景的信纸外什么也没有，信纸上面写着："你手上的东西就是我留给你的价值连城的财产。"最后是叔父的签名和落款日期。侄子望着律师，不明白叔父的意思。

　　聪明的读者，你知道画家给侄子留下的价值连城的遗产是什么吗？

水会不会溢出来

难度等级 ★★☆☆☆

姨父家养了许多条小金鱼，林林趁姨父不在，向一个盛满水的鱼缸里放了一些小木块、小石块、橡皮等，这时水从鱼缸里溢了出来。请你想一想，如果林林放的是一条与上述物品同样体积的小金鱼，水会不会溢出来呢？

鸡蛋落下的方向　　难度等级 ★★☆☆☆

清晨，明媚的阳光照到了鸡圈里。一只母鸡心情十分愉快，它先朝着太阳的方向飞奔了一阵子，又调头回到草堆处转悠，接着向右边跑了一会儿，又向左边的同伴跑去，最后忽然在草堆上下了一个蛋。

母鸡下的鸡蛋应该是朝什么方向落下呢？

爱动脑的小家伙

难度等级 ★★☆☆☆

莱西是一个非常爱动脑筋的小孩。一天，爸爸在一个袋子里先装了一些小米，用绳子扎紧袋子后，又装进了一些大米。在没有任何容器，也不能将它们倒在地上或其他地方的情况下，莱西能先把小米倒入另一个袋子中，你能做到吗？

闹钟停了

难度等级 ★★★☆☆

小青家住在农村，只有一台闹钟。今天因电池用完停了。小青换好电池后急急忙忙去有钟的熟人家，看完时间后没有滞留就回到自己家，马上拨钟。拨钟时小青才发现不知道自己在路上走了多长时间，但最后小青还是把闹钟的指针拨到准确时间的位置上。

你猜小青是怎样拨的？

罗马古币   难度等级 ★★☆☆☆

　　穆尔和摩西都是考古学家。不久前，穆尔挖掘出一枚罗马古币，上面标明的铸造年代是公元前44年，并印有恺撒大帝的肖像。但摩西断定这枚古币是赝品。经过鉴定，这枚古币确实是赝品。

　　摩西是怎么知道的？

花瓣游戏   难度等级 ★★★☆☆

　　有两个女孩儿摘了一朵有着13片花瓣的圆形的花，两人可以轮流摘掉一片花瓣或相邻的两片花瓣。谁摘掉最后的花瓣谁就是赢家，并以此来预测未来的婚姻是否幸福。实际上只要掌握一定的技巧，就能让自己永远都是赢家。

　　你知道怎样才能在这场游戏中取胜吗？先摘还是后摘？应采取怎样的技巧呢？

哪个学生聪明

难度等级　★★★☆☆

有一位教书匠年纪大了，想选一个徒弟继承自己的事业。他左思右想，觉得这两个徒弟不分伯仲，因此很是为难。

过了几天，他终于想出了区分两个徒弟高下的好点子。他叫来两个徒弟，递给他们两本同样厚的书和两支笔，然后让两个徒弟分别在书的每一页上点上一个点，不能漏页。最后谁先点完就将自己的事业传给谁。

你知道怎么才能取胜吗？

老人的遗嘱

难度等级　★★☆☆☆

一个老人立下遗嘱，让他的两个继承人赛马，输的人得到全部遗产。赛马在约定的时间开始了，可两人都想方设法不让马过终点。为了打破僵局裁判对规则做了一个小小的改动。根据裁判的主意，两人又开始比赛，先到达的得到了遗产。

如果所有人都在按规则做，那么这到底是怎么回事？

绝妙办法

难度等级 ★★☆☆☆

孙膑到了齐国以后，齐威王拜他为军师。

有一天，齐威王想找机会考一考孙膑，就率领大臣来到一座小山脚下。齐威王坐在石头上对众人说："你们谁有办法让我自己走到这座小山顶上去？"大家都说出自己的办法。田忌说："现在正逢叶落草黄，在您的周围点一把大火，大王就得往山顶上走。"齐威王笑道："用火攻，这办法太笨了。"另一位大臣说："用水淹。"齐威王摇了摇头。还有的说："找外国军队来抓您。"大家说了一大堆办法，齐威王都一笑了之。

齐威王回头问孙膑有没有办法。孙膑说出了自己的办法，齐威王果然自己走了上去。这是什么办法呢？

洞中捉鸟

难度等级　★★☆☆☆

　　强强在捕鸟时，发现一只小鸟飞进洞里躲起来。这个洞非常狭窄，手根本伸不进去。但若用树枝戳的话，又会伤害到小鸟。

　　请想一个简单的方法，让小鸟能自动出来。

过河

难度等级　★★☆☆☆

　　明明牵着一条狗和两只小羊回家，路上遇到一条河，没有桥。只有一条小船，并且船很小，他每次只能带一条狗或一只小羊过河。

　　你能帮他想想办法，把狗和小羊都带过河去，又不让狗吃到小羊吗？

怎样逃生

难度等级 ★★★☆☆

　　去年夏天我们去格鲁吉亚旅游。有一天我们参观了一座孤单的古塔后坐在塔旁休息。我们的导游是格鲁吉亚大学历史系的大学生,她给我们讲了在这个古塔里发生的一个故事。

　　三百年前此地有一个凶狠的侯爵,他有一个独生女儿,侯爵要把她嫁给邻居富翁的独生子为妻,可他的女儿却偏偏爱上了一个以打铁为生的小伙子。侯爵不准他们俩相爱,于是他们偷偷跑入山中,想过自由、幸福的生活。

　　侯爵火冒三丈,派人把他俩抓了回来,并决定第二天将他俩处死。他命令侍卫这晚把他们关在这座既高又昏暗、荒凉、无法爬上爬下的古塔。同他们一起被关进的还有一位只有14岁的侍候侯爵女儿的小姑娘。

　　小伙子想逃走,他沿着塔内阶梯登上古塔的最上层,在窗口察看地形。突然,在最上层的一个窗口发现了一根绳子,这根绳子还套在滑轮上。再往下面看,绳子的两端还各拴着一个空篮子。这是建筑工人忘记而留下的。

　　小伙子知道,当一个篮子装入东西超过另一个篮子载重约5到6千克时,重的篮子会均匀平稳下降到地面,另一个篮子会均匀平稳地上升到窗口。他估计侯爵的女儿约重50千克,小姑娘不会超过40千克,他还在塔内找到破旧铁链约重30千克。小伙子约重90千克。篮子可装一个人和铁链,或者装两个人。小伙子想到用这些东西坐篮子逃跑,但他们三个人总想不出办法。

　　请你利用这些物品,帮他们想出一个逃走的办法。

客车怎样通过小站

难度等级 ★★★☆☆

某单轨铁路的一个小站上，停着一列由火车头、五节车厢组成的列车。这个小站只有一条短的尽头支线，必要时可容纳一个火车头和两节车厢。

现在正有一列客车渐渐驶进这个小站，请你指挥这列客车通过这一小站。

故事接龙

难度等级 ★★☆☆☆

经过几轮严格筛选，选美大赛已接近尾声，只剩下4位佳丽过关斩将。最后一轮是组委会准备的一项智力比赛，考一考4位佳丽的现场反应。

主持人神采奕奕，手持话筒饱含激情地说："下面有请4位佳丽做一个故事接龙游戏。首句是'今晚的月光很好……'"

A小姐接过话筒，吐字清晰地说："演出结束后，我独自一人走在回家的路上，忽然身后传来一声枪响……"

话筒传到B小姐手上，她几乎不假思索地说："我慌忙回头一看，看到警察在追捕一个持枪的歹徒……"

C小姐更是胸有成竹："经过几番搏斗，警察终于制伏了歹徒。"

观众和评委都觉得C小姐给D小姐出了一个难题，故事讲到这儿，似乎可以结束了。这时话筒已经传给了D小姐。D小姐灵机一动，想到了一个新颖而巧妙的结局，最后她获得了本次选美大赛的冠军。

你知道她是怎样接下去的吗？

隧道里的火车　　难度等级 ★★☆☆☆

两条火车隧道除了隧道内的一段外都是盘旋铺设的。由于隧道的宽度不足以铺设双轨，因此在隧道内只能铺设单轨。

一天下午，一列火车从某一方向驶入隧道，另一列火车从相反的方向驶入隧道。两列火车都以最高速度行驶，但它们并未相撞，这是为什么？

寻找戒指　　难度等级 ★★☆☆☆

当你把9个外形完全相同、重量完全相等的包裹都封好口后，发现你的一只戒指掉在其中一个包裹里了。而你不想把所有的包裹都打开。

只称两次，你能确定戒指在哪个包裹里吗？

紧急避免的车祸

难度等级　★★☆☆☆

有一辆没有开任何照明灯的卡车在漆黑的公路上飞快地行驶，天空还下着雨，没有闪电，没有月光也没有路灯。就在这时，一位穿着一身黑衣的盲人横穿公路！在这千钧一发之际，卡车司机紧急地刹车了，避免了一次恶性事故的发生。卡车司机是怎么发现盲人的呢？

渎职的警察

难度等级　★★★☆☆

在美国城市街道的交叉路口上，明文规定着：有步行者横过公路时，车辆就应停在人行道前等待。可是偏偏有个汽车司机，当交叉路口上还有很多人在横过马路时，他却突然撞进人群中，全速向前跑。这时旁边有个警察看了也无所谓，并没有责怪他。你知道是为什么吗？

奇特的经历　　难度等级　★★☆☆☆

　　某人有过这样一次经历：他乘坐的船驶到海上后就慢慢地沉下去了，但是，船上的所有乘客都很镇静，既没有人去穿救生衣，也没有人跳海出逃，却眼睁睁地看着这条船全部沉没。

　　这是为什么？

小狗多多
难度等级　★★☆☆☆

　　小狗多多被一根10米长的绳子拴在一棵树上。它想到它的狗食盆那儿去，盆子离它15米远。于是多多跑去并开始吃起来。没有诡计，绳子没有断，树也没有弯。

　　那么多多是怎么做到的呢？

分蛋糕的卡比

难度等级 ★★★☆☆

一天，蛋糕房里的伙计卡比收到了一份奇怪的订货单：定做9块蛋糕，装在4个盒子里，每个盒子里至少要装3块蛋糕。这可难倒了卡比，但最终他还是给了顾客满意的答复。

你知道他是怎么做的吗？

筷子妙用

难度等级 ★★★☆☆

三根竹筷三个碗，每两个碗之间的距离都大于筷子的长度，三个碗之间怎样才能用筷子连起来？

谁是冠军

难度等级 ★★★☆☆

在学校一年一度的运动会上，芳芳不负众望，经过一番激烈的较量，终于杀入决赛。到了决赛的时候，全班同学都给芳芳加油鼓劲。芳芳很有信心，一听到枪响，第一个就冲出了起跑线，而且一路上都没有被其他任何选手超过。

但是最后，第一个冲到终点线的人却不是芳芳。芳芳也没有在半途弃权。

这到底是怎么回事呢？

哈林捡球

难度等级 ★★☆☆☆

哈林是一名网球爱好者。一天，她在打网球的时候，不小心把球掉进球场的一个小洞里。这是一个老鼠洞，这个洞太深了，她够不到，而且由于洞到了中间就拐弯了，所以即便用木棍也无法把球拿出来。但是她并没有气馁，她很快就想出来一个好办法，并在2分钟之内把球拿了出来。

那么，她是如何没有把球场挖开就拿到球的呢？

摘苹果

难度等级 ★★★☆☆

从前，有一个没有双眼的人在赶路。走了很久，饥渴难耐，突然他看见路边有一棵苹果树，上面还结着几个苹果。于是他就走过去摘下来几个，而又给树的主人留下了几个。

请问，他是怎么做到的呢？

PART SIX
综合训练

不用计算的数字

难度等级　★★★☆☆

　　我们可以用推理解决这样和那样的问题，特别是在能建立正确推理链的时候，有时比用数学计算还快。用数学思想学会分析和思考，就可以不用公式计算回答问题。下面所说的就是这样的问题：

　　我走进房内想从衣橱中拿出我的皮鞋和袜子，可是房内电灯坏了，漆黑一片。我只知道我的3双皮鞋和12双袜子放在衣橱内，也知道3双鞋子样子的差别，并且知道12双袜子是黑色和褐色的。

　　鞋和袜子都在原来放的地方摸到了。但6只鞋子混乱地堆成一堆，24只袜子混乱地放在一起。

　　你说，我应在漆黑的房中至少拿出多少只鞋和多少只袜子，才能保证我穿的是一个样式的鞋和同一种颜色的袜子？

请病假　　　　　　　　　　难度等级　★★☆☆☆

　　有一天，凯凯不想上学，就让同学帮他带一张请假单给老师。为了表示自己病得很严重，凯凯用圆珠笔写了满满一张纸来描述病情，并强调自己因为虚弱无法起身，不得不躺在病床上仰写。但老师看过之后，立刻就知道凯凯是想装病逃课。

　　究竟老师是如何看出来的呢？

分苹果　　　　　　　　　　难度等级　★★☆☆☆

　　有张三、王四、李五3家，商定9天之内每家各打扫3天楼梯。由于李五家有事，没能打扫成，而由张三家打扫了5天，王四家打扫了4天。李五家买了9斤苹果以表谢意。

　　按张三、王四家所付出的劳动，应该怎样分配这9斤苹果呢？

何时送出鱼翅宴

难度等级 ★★☆☆☆

　　元旦，企业的10个同事一起到海鲜楼聚餐。在雅间里，有的人希望按年龄大小就座，有的建议按资历就座，还有的人要求按个头儿就座，大家争论不休。

　　大堂经理说："大家先任意坐下吧。我有个好办法。"

　　10个同事听了大堂经理的话，不再吵吵嚷嚷，随意坐了下来。大堂经理继续说："大家记下这次座位的次序。等第二次来这里进餐时，再按别的次序就座，第三次再按新的次序就座，以后每次来都按新的次序，直到每个人把所有的位子都坐过为止。如果有一次正好每个人又坐在现在所安排的位子上，我将用本店最昂贵的鱼翅宴免费招待你们。"大家听了，都觉得这是一个好办法。

　　你认为这个办法怎么样？大堂经理隔多久会送出鱼翅宴呢？

白猫的噩梦

难度等级 ★★☆☆☆

　　一只白猫在主人家生活得非常惬意，每天不用去捉老鼠，就有鲜美的鱼入口。可是，有一天，它却做了这样一个梦：它被13只老鼠（12只黑老鼠、1只白老鼠）层层围住，13只老鼠一起朝它吼叫："大笨猫，凭你的本事可以吃掉我们吗？"白猫不服地说："虽然我久未捕鼠，对付你们几个还是不成问题的！"领头的大老鼠说："有本事你就顺一个方向每数到第13只就把这只老鼠吃掉，而最后被吃掉的老鼠一定要是那只白色的老鼠。"听到这么离奇的要求，白猫一下子从梦中醒了过来。

　　如果白猫想吃到这顿"大餐"，应该从哪一只老鼠数起呢？

硬币的问题　　　　　　　难度等级 ★★★☆☆

　　假设你有3个硬币，1个一面正面一面反面，1个两面都是正面，1个两面都是反面。它们都放在1个口袋里。如果你从中取出1个放到桌子上，不去看它，那么它两面相同的概率是多少？

足球中的毒品　　　　　　　难度等级 ★★★☆☆

　　1992年7月18日，大毒枭兰地连闯四国，马上就要将价值100万美元的毒品带进毒品价格最高的美国了。他把毒品藏在一只新足球内，足球上有好几个世界著名足球明星的签名，看到这样的足球，谁还会贸然剖开足球检查呢？然而他在纽约机场遇到了反毒专家——警官康纳利，康纳利甚至没有掂一下足球的分量，仅是看了看网兜里的足球，就说："先生，请你到毒品检查站来一趟，你的足球有问题。"兰地气疯了，大声说："球星签名的足球有什么问题啊？"
　　你知道康纳利是怎么说的吗？

泄密年龄的公式

难度等级　★★☆☆☆

一位神奇的魔术师声称他拥有一个带魔力的公式，只要女士把自己的出生日期和年龄代入这个公式的相应位置，魔术师就能知道这个人的年纪，这对于想要保密年龄的大龄女士来说是一个坏消息。

这个公式是：[（出生月日）×10+20]×10+165+（你的年龄）=？

不信，你来试一试，在不让魔术师看到的情况下，把你的出生日期和年龄对号入座，然后将最后的数字告诉魔术师，魔术师就能说出你的年龄。

你能想到其中的秘诀是什么吗？

选择哪只钟

难度等级　★★★☆☆

爷爷总是敝帚自珍，你看，他有两只钟，一只钟每天只准一次，另一只钟一天慢一分钟。爷爷想把其中一只钟送给朋友。如果是你，你会选择要哪一只钟？

谁是贫困生

难度等级 ★★★☆☆

　　Jane，Kate和Lily是同一所大学的学生。她们中有两位非常聪慧，有两位非常有气质，有两位是才女，有两位家境富裕。每个人至多只有三个令人注目的特点：

　　对于Jane来说，如果她非常聪慧，那么她家境富裕。

　　对于Kate和Lily来说，如果她们非常有气质，那么她们也是才女。

　　对于Jane和Lily来说，如果她们是家境富裕的，那么她们也是才女。

　　学校需要推选出一名贫困生给予助学金。你知道她们三人中谁是贫困生吗？

同颜色的糖块

难度等级 ★★☆☆☆

爸爸出差回来，送给小敏一盒糖作为礼物。这盒糖非常漂亮，有红、黄、蓝3种颜色。小敏觉得很开心，她蒙上眼睛，伸手去糖盒里抓糖。请问：至少要抓多少块，才能确保小敏抓到的糖中至少有两块是同样颜色的？

硬币的概率

难度等级 ★★☆☆☆

李梅写完作业，就随手拿了一枚硬币向上抛着玩。她抛了15次，每次都是正面朝上。如果她再抛一次，正面朝上的概率是多少？

互相矛盾

难度等级　★ ★ ★ ☆ ☆

何先生从超市里选完东西后，到柜台付钱。收银员问他："刚刚好吗？"何先生干脆地说："刚刚好！"然后他从钱包里掏出300元付账，收银员还找给他7元。

何先生与收银员的对话和实际动作相矛盾，这是怎么回事呢？

电话骗局

难度等级　★ ★ ★ ☆ ☆

崔经理到某地要账，可是对方一见是他的手机号就根本不接听。没办法，崔经理只有到公用电话亭打电话。谁料对方的电话中传出"本机已暂停使用"的信息，他无奈地挂掉电话。但不久他就发现这是一个骗局。

信息确实是电信局语音机播放的，电话也没有呼叫转移，为什么崔经理会发现是骗局呢？

自动售货机

难度等级　★★☆☆☆

　　老王从来没有用过自动售货机。一次，他非常想吃罐头，又懒得跑到远处的超市，就向楼下的自动售货机中投入10元硬币，试试这个新鲜事物。他按下按钮，可果汁罐头并没有出来。之后，老李走过来买东西，他在同一个自动售货机的同一个地方投入10元硬币，然后按下和老王相同的按钮，这次果汁罐头出来了。

　　自动售货机并没有坏，这是怎么回事呢？

七环金链

难度等级　★★☆☆☆

　　瑞芳在一家珠宝公司工作，由于她工作积极，所以公司决定奖励她一条金链。这条金链由7个环组成，但是公司规定，每周只能领一个环，而且切割费用由自己负责。

　　这让瑞芳感到为难，因为每切一个金环，就需要付一次昂贵的费用，焊接回去还要再付一次费用，想想真不划算。聪明的瑞芳想了一会儿之后，发现了一个不错的方法，她不必将金链分开成7个了，只需要从中取出一个金环，就可以每周都领一个金环了。

　　她是怎么做到的呢？

加薪方案

难度等级 ★★★☆☆

在年终总结大会上，公司公布了两个加薪方案：第一个方案是12个月后，在20000元年薪的基础上每年提高500元；第二个方案是6个月后，在20000元年薪的基础上，每半年提高125元。不管选哪一个方案，公司都是每半年发一次工资。员工对这两个方案议论纷纷，支持哪一个的都有。

如果你是工会代表，那么你应该向职工推荐哪一个方案呢？

砝码的变化

难度等级 ★★☆☆☆

一个滑轮上吊着一根绳子，摩擦力忽略不计。绳子的右端挂着一只砝码，重500克，一只小松鼠攀在绳子的左端，恰好能与砝码保持平衡。

如果此时松鼠开始顺着绳子向上爬，绳子右端的砝码会如何变化呢？

垂吊在水面上的绳梯

难度等级 ★★☆☆☆

在一艘轮船上，向水面垂吊着一个绳梯。现在，水面正好在绳梯上数第9磴处。假如海水以每小时40厘米的高度不断上涨，那么2小时后水面该在绳梯的第几磴处？（绳梯磴与磴间的距离是30厘米）

怎样做才公平

难度等级 ★★★☆☆

3名学生参加了学校组织的野外训练营。第一天中午吃饭时，李梅拿出5个面包，王强拿出3个面包。张伟没有带面包，想与李梅和王强一起分吃面包，并表示愿意按照面包的价格付钱，这得到了李梅、王强的同意。于是3人平分了所有的面包。

吃完后，张伟一共给李梅、王强8角钱。王强给李梅5角钱，但李梅认为她应该得到7角钱，王强只该得1角钱才公平。

你认为李梅的观点对吗？

破案秘诀

难度等级 ★★★☆☆

某国两名男子因涉嫌盗窃罪被逮捕，之后在不同的房间内接受审讯。两个人都知道这个国家的法律是只要犯罪嫌疑人招供就能减轻刑罚，但是无论刑警如何审问，两人都一直保持沉默。

不过，在刑警分别对两人耳语了一件事情之后，两人立刻转变了态度，招出了事情的真相。你知道刑警到底说了什么吗？

世界之窗

难度等级 ★★★☆☆

"塞门，今天是这个工程的最后一天，而这个组就剩下我们两个人了。为了完成这个'世界之窗'的雕塑，我们已经花了好几个月的时间，要知道这个月数跟我们组的人数相同！"

"是啊，路易斯，如果我们组再多6个伙伴的话，那么我们就可以在1个月内把这个雕塑完成！"

你能否根据上面的对话所给出的信息判断出雕塑组原来一共有多少人吗？

活宝吹牛

难度等级 ★★☆☆☆

南希和琳娜是班上的两大活宝，特别受欢迎。她俩有一个共同的特点，就是爱吹牛。自习课上，她俩又开展了一场吹牛比赛，比赛谁吃得多。南希说："我能把江里的水一口喝了，我能把南极洲当蛋糕吃了，我还能把地球当成丸子一口吃了。"琳娜说了一句话，南希输了。

你知道琳娜说的是什么话吗？

专业的刑警

难度等级 ★★☆☆☆

霍米先生是一名经过专业训练的刑警。基于他出色的表现，上司让他去欧洲免费度假。一天，他在海滩上享受完日光浴后，回到了宾馆。正在这时，从走廊传来女人的呼救声。他循声找去，在213房间门前站着一个年轻妇女在哭喊着。从开着的门看到房间里一个男人倒在安乐椅上。对尸体做了简单检查后，确认此人刚死，子弹穿入心脏。

当地警署也派人来了。那个年轻妇女边哭边说："几分钟前，听到有人敲门。我打开门时，门外一个戴面具的人，朝我丈夫开了枪，把枪扔进房间就跑了。"地毯上有一支装着消声器的手枪，左侧两个弹壳相距不远，在死者身后的墙上有一个弹洞。

霍米告诉警署人员："把这位太太带回去讯问。"

霍米为什么对死者的妻子产生了怀疑呢？

去农场的路

难度等级 ★★☆☆☆

斯特去农场时，要经过一条没有桥的河，而且河水很深。可斯特却能够迅速地从河的一侧跑到另一侧，并且他的身上是干的，没有一滴水。

你知道这是为什么吗？

侦探行动

难度等级 ★★★☆☆

约瑟安是一名侦探。最近他查到了一伙抢劫犯。这伙抢劫犯现在锁定了一个目标——火车，现在他必须解救正在乘车的旅客。他想发信号使刚刚从隧道中出来的火车停下，但是距离太远。正好，有列火车从隧道另一端的入口进入，这列火车正以75千米／小时的速度往前行驶，这条隧道长为0.5千米，而火车需要6秒钟才能完全进入隧道。如果约瑟安以最快的速度跑，他到达隧道的出口需要27秒的时间。

那么，要使火车司机在看到信号后停车，他是否能做到呢？

PART SEVEN
参考答案

数字魔方答案

 ### 4个小箱子

从最大箱子中取出一块糖放在中央小箱内,为4 + 1=5块糖。这5块糖又在从外数第三个箱内,所以,第三个箱内应有5 + 4=9块糖。这9块糖还在从外数第二个箱内,故第二个箱内应有9 + 4=13块糖。显然大箱内的糖为9 + 4 + 8=21块糖(此游戏有多解)。

 ### 聪明的小师弟

每人的首饰中都有一些精品,先选出来,大徒弟选出1件,二徒弟选出2件,小师弟选出3件,余下的按7件5元成套卖出。大徒弟的7套卖35元,二徒弟的4套卖20元,小师弟的1套卖5元。精品按15元一件卖出,大徒弟得15元,二徒弟得30元,小师弟得45元。这样三人卖得价格一样,而且每人都卖够了50元。

🔑 公主的年龄

既然三位公主的宝石一样多，那最后每位公主都有8颗宝石，显然这是大公主为自己留下的数目，那大公主分宝石前是16颗宝石，而当时二公主和小公主手中应各有4颗宝石，由此推出二公主分宝石前有8颗宝石，而小公主的4颗宝石有2颗是二公主分给的，另2颗是她第一次分配所余，则小公主最初的宝石数就是4颗。二公主得到小公主的1颗宝石成为8颗，二公主最初的宝石数是7颗，大公主最初的宝石数自然是13颗。

这是三位公主三年前的年龄，再给每人加3岁，于是可以知道小公主7岁，二公主10岁，大公主16岁。

🔑 一共有多少士兵

国王有2519个士兵。

要想每排人站齐，人数必须是每排人数的倍数，或是10的倍数或是9的倍数……如果是10，9，8，7……2的公倍数，那无论怎样排都是没有问题的。10，9……2的最小公倍数是2520。现在国王的兵数是2520-1，也就是2519，自然是怎么排也缺少1人了。公倍数有许多，因兵数在3000以下，所以我们取最小公倍数正适合。

🔑 糖果包装的价格

包装的价钱是2.5元。一般人会脱口说包装是5元钱。可是如果是这样的答案，那么糖果就只比包装贵15元了，而题目要求糖果比包装贵20元。所以答案应该是包装值2.5元，糖果本身值22.5元，这样糖果才恰好比包装贵20元。

🔑 牛顿的问题

放牧21头牛，12个星期可以把草吃完。

解答这类问题要想到，牛不仅要吃掉牧场上原有的草，还要吃掉牧场上新长出的草。因此，解答这类问题的关键是要知道牧场上原有的牧草量和每星期牧草的生长量。解答时，我们先假定牧场上每星期草的生长量是一定的，而每头牛每星期的吃草量是相同的。

设：每头牛每星期的吃草量为1。

27头牛6个星期的吃草量为27×6=162。这既包括牧场上原有的草量，也包括6个星期长出来的新草量。

23头牛9个星期的吃草量为23×9=207，这既包括牧场上原有的草量，也包括9个星期长出来的新草量。

因为牧场上原有的草量是一定的，所以上面两式的差：207−162=45，正好是9个星期生长的新草量与6个星期生长的新草量的差。这样就可以求出每星期新草的生长量是45÷（9−6）=45÷3=15。

牧场上原有的草量是162−15×6=72或者207−15×9=72。前面已经假定每头牛每星期的吃草量为1，而每星期新长的草量是15；15÷1=15，因此新长出来的草就可以供给15头牛吃。现在要放21头牛，还余下21−15=6（头），这6头牛就要吃牧场上原来有的草，这牧场上原有的草量够6头牛吃几个星期，就是21头牛吃完牧场上草的时间：72÷6=12（个）。

解题过程：

①27×6=162

②23×9=207

③207−162=45

④9−6=3

⑤45÷3=15

⑥$\begin{cases}15×6=90 \\ 162−90=72\end{cases}$ 或 $\begin{cases}15×9=135 \\ 207−135=72\end{cases}$

⑦21－15＝6

⑧72÷6＝12

答：如果放牧21头牛，12个星期可以把草吃光。

尼古拉钓鱼

这4个数字的个位数字的和为2+3+3+4=12，即钓鱼总数的个位数字是2，奇怪的是没有一个自然数的平方的个位数字是2，所以一定不可能有4个人，只有3个人。其中有一个人既是父亲，又是儿子。这个人是谁? 就是钓的鱼条数的个位数字相同的派塔。所以，尼古拉的儿子是派塔。

恐怖分子

先从第一个助手开始去的那个晚上计算。如果7个恐怖分子头目能同时碰面，他们之间间隔的天数一定能够被2，3，4，5，6，7整除，现在我们可以很方便地得出这个数字是420。

因此，在他们开始会面的第421天，7人将首次同时出现。而由于他们已经在A国住了一年，所以离这一天的到来已经不会太远了。

狱卒发粥

共有2519个囚犯。

这个数增加1就是9，7，5，3的公倍数。9，7，5，3的最小公倍数是$9 \times 7 \times 5=315$，这个数还是11的倍数，即$315n-1$是11的倍数。因为$315=11 \times 28+7$，所以$315n-1=28 \times 11n+（7n-1）$，则$7n-1$也是11的倍数，$n$最小是8。所以这个数是$315 \times 8-1=2519$。

遗书

农夫死时留下15头牛。

解这道题最好是倒过来想，倒过来算。长女：既然得到的是最后剩下的牛的半数再加半头，结果一头都没杀，也没有剩，那么她必然得到的是1头牛。次子：长女得到的牛是次子的一半，那么次子得到的牛就是长女的2倍，即2头。同理，长子得到的牛是次子的2倍，即4头；妻子得到的牛是长子的2倍，即8头。可见，农夫死时留下的牛的头数：1+2+4+8=15。

 ### 蛀虫咬了多长

13厘米。

找4本书，按照题目要求摆放。仔细观察，就可以知道第一卷的封面紧靠第二卷的封底，第二卷的封面紧靠第三卷的封底，第三卷的封面紧靠第四卷的封底。从整套书来看，蛀虫实际上只咬了第一卷、第二卷、第三卷的封面和第四卷的封底，一共13厘米。

要注意，绝大部分书都是从左向右翻的。如果你看的书是从右向左翻的，得到的答案应该是23厘米。

卡片组数

恰好能被43整除的三位数有129，172，215…你要心中有数，与"216"比较怎样变动可以满足要求。可将"216"中"21"左右交换为"12"，再把"6"的那张卡片上下倒置变为"9"即可变为"129"，恰好能被43整除。说到变换3张卡片的位置，多数人只想到卡片的左右位置交换，没有想到把卡片倒置。上下交换是一种新思路。这种新的思路并不只限于解决这一问题，和你有关的空间位置问题都可用新的思路去解决。

吃馒头协议

吃了同样数量的馒头之后，如果最后剩下1个，就给大哥吃；如果剩下两个，就给二哥和小弟吃。这样一来，任何人能吃到剩下馒头的概率都是一样的。

 轮胎如何换

如果给8个轮胎分别编为1~8号，每2500千米换一次轮胎，配用的轮胎可以用下面的组合：123（第一次可行驶5000千米），124，134，234，456，567，568，578，678。

 赚了还是亏了

整整多赚了50元。因为阿甘只买了35元的东西，没理由拿两个50元让老板找。既然他给了老板50元，却找回65元，可见他多赚了老板50元钱。

 奇妙的数字

任何数。用这个奇妙的组合算式计算出来的结果遮住后面的"00"，得到的永远都是最初的数。

 山羊吃白菜

9分钟。一只山羊吃掉一棵白菜需要6分钟，所以，吃掉一棵半的白菜需要9分钟。另外，半只山羊是不会吃东西的。

 换汽水

最多40瓶。

20个空瓶子换10瓶，10瓶换5瓶，5个空瓶中拿4个换2瓶，然后就有了3个空瓶子，其中，2个空瓶换1瓶，最后，只有2个瓶子的时候，换取最后1瓶。还剩1个空瓶子，把这1个空瓶换1瓶汽水，这样还欠商家1个空瓶子，等喝完换来的那瓶汽水再把瓶子还给人家即可。所以，最多可以喝到的汽水瓶数为：20+10+5+2+1+1+1=40。

🔑 大小香皂

105天。4块小香皂能使用28天，那么1块小香皂能使用7天，15块能使用105天。

🔑 壶中酒

用反向倒推的方法。壶中原有 $\frac{7}{8}$ 斗酒。

🔑 环球飞行

假设3架飞机分别为A，B，C。

3架（A，B，C）同时起飞，飞行至 $\frac{1}{8}$ 处，其中一架（A）分油后，安全返航；剩余两架（B，C）飞行到 $\frac{1}{4}$ 处时，其中一架（B）分油后，安全返航；A降落后加完油，在B返回后马上起飞，逆向接应C；同样B降落后加完油，也立即逆向起飞，接应A，C；两架（A，C）在逆向 $\frac{1}{4}$ 处相遇，分油后，同飞行；3架（A，B，C）飞机在逆向 $\frac{1}{8}$ 处相遇，分油后继续飞行。这样就可以完成任务了。

所以，3架飞机飞5次就可以完成任务。

线索套

37–37–37。

这几个数计算如下：

$37 \times 3 = 111$；$37 \times 6 = 222$；$37 \times 9 = 333$。

亲朋好友合影

爸爸一共邀请了16个亲戚朋友，一卷胶卷可以照出60张照片。设一共有x个亲戚，则一卷胶卷可以照的照片数可表示为$4x-4$或$3x+12$，由$4x-4=3x+12$可得$x=16$，$4x-4=60$或$3x+12=60$，即一共有16个亲戚，一卷胶卷可以照出60张照片。

纳塔兄弟

四兄弟骑车行走1千米所用的时间分别是$\frac{1}{6}$小时、$\frac{1}{9}$小时、$\frac{1}{12}$小时和$\frac{1}{15}$小时。所以，他们行走一圈所用的时间就分别是$\frac{1}{18}$小时、$\frac{1}{27}$小时、$\frac{1}{36}$小时和$\frac{1}{45}$小时。这样，他们会在$\frac{1}{9}$小时之后第一次相遇（即$6\frac{2}{3}$分钟）。4乘以$6\frac{2}{3}$分钟得出$26\frac{2}{3}$分钟，即他们第四次相遇所需要的时间。

图形变换答案

移动8次

1.在大正方形内取出12根火柴，将它们摆成新的相同正方形，如下图。

2.见下图。

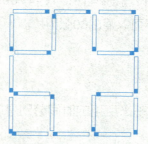

3.见下图a，b和c。去掉4根火柴如图a，去掉6根火柴如图b，去掉8根火柴如图c。

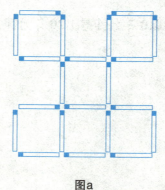

图a

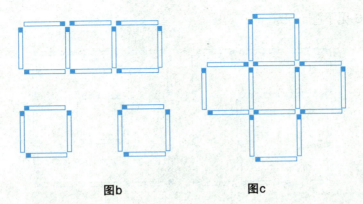

图b   图c

4.见下图a、b。

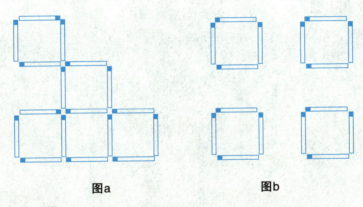

图a   图b

5.见下图。

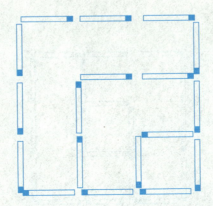

6.见下图a、b。

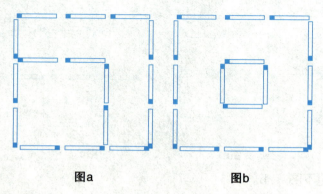

图a   图b

7.见下图。

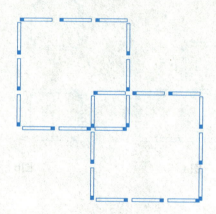

8.见下图。

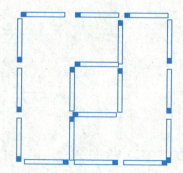

螺旋变三角形

详见下图。

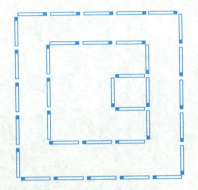

 房子变正方形

见下图。重摆2根如图a，重摆4根如图b。

图a

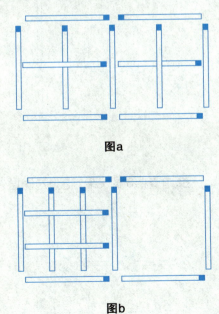

图b

至少拿掉几根

见下图，至少取出9根火柴。

 搭桥

详见下图。

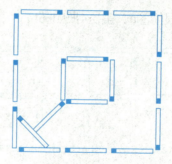

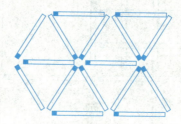 **变换的箭**

详见图a、图b，图a为重摆8根火柴，图b为重摆7根火柴。

图a

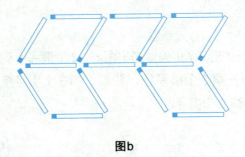

图b

🔑 有水井的花园

详见图a、图b。

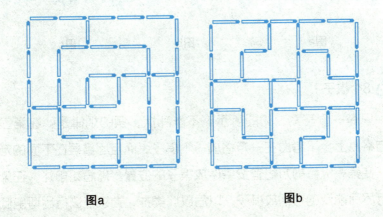

图a   图b

 等边三角形

详见下图，可连接成7个等边三角形，若仅限于平面，则无解。

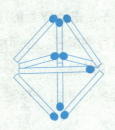

🔑 每列3个

3个棋子一列的共有8列，详见图a；2个棋子一列的共有12列，详见图b；如果去掉3个棋子后，把剩下的6个棋子摆成三角形，详见图c，则每列有3个棋子。

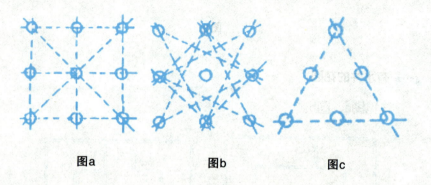

图a   图b   图c

🔑 8个棋子

只有一个答案，如图所示。不能乱摆，摆的规律是：在第二纵行方格从上至下考虑在一方格放一个棋子，而且尽量摆在下面的方格内，使第一纵行的方格有按条件放棋子的位置。然后如前述，在第三纵行尽可能低的方格放棋子，以后以此类推，力求在该行尽可能低的方格放棋子，目的是使后一纵行有按条件放棋子的位置。

当在纵行出现没有按条件放棋子的位置时，应按游戏规定的条件以最少的格数升高前一纵行所摆棋子的位置。如果没有方格升高，就应去掉所有8个棋子，重新按上述升高位置摆第一纵行的棋子，并按前述摆其余各纵行的棋子。必须指出，只有右边没有按条件摆棋子的位置时，才能这样做。

这种摆棋子的方法，虽然时间长，但系统一定能达到游戏的要求。

🔑 **四步围成圆**

共有24个答案。现用数字表示：

1.1—2，3；2—6，5；6—1，3；1—6，2

2.1—2，3；4—1，3；3—6，5；5—3，4

3.1—4，5；3—4，1；4—2，6；2—3，4

4.1—4，5；5—2，6；6—4，1；1—6，5

5.2—3，4；3—1，6，5；6—2，4；2—1，6

6.2—3，4；5—2，3；3—1，6；1—3，5

7.2—4，5；5—1，3，6；6—2，4；2—1，6

8.2—4，5；3—2，5；5—1，6；1—5，3

9.3—1，2；5—3，2；2—2，6；4—5，2

10.3—1，2；4—3，1；1—6，5；5—1，4

11.3—1，2；1—2，6，4；6—2，3；3—6，5

12.3—1，2；2—1，6，5；6—3，1；3—6，4

13.3—4，5；2—3，5；5—1，6；1—2，5

14.3—4，5；1—3，4；4—2，6；2—1，4

15.3—4，5；4—1，6，5；6—5，3；3—2，6

16.3—4，5；5—2，6，4；6—3，4；3—1，6

17.4—3，2；3—1，6，5；6—2，4；4—5，6

18.4—3，2；1—4，3；3—5，6；5—3，1

19.4—1，2；1—3，6，5；6—2，4；4—6，5

20.4—1，2；3—1，4；1—6，5；5—1，3

21.5—3，4；4—1，6；6—3，5；5—6，4

22.5—3，4；2—3，5；3—1，6；1—2，3

23.5—1，2；3—2，5；2—6，4；4—3，2

24.5—1，2；1—4，6；6—2，5；5—1，6

🔑 交换棋子的位置

最少的交换次数是19次。

最简便的交换法是链式（位置）交换。例如，棋子1和7交换后，7和第7方格内占据的那个棋子交换，即和棋子20交换。之后棋子20和第20方格内占据的那个棋子16交换。之后，棋子16和占据在第16方格内的棋子11交换。以此类推，直到链终为止。所谓链终，就是两个应交换的棋子按顺序占据在自己的位置上。

链终了时，进行新的交换链，直到链终。

这个游戏必需交换的棋子是5个链：

1.1和7；7和20；20和16；16和11；11和2；2和24。

2.3和10；10和23；23和14；14和18；18和5。

3.4和19；19和9；9和22。

4.6和12；12和15；15和13；13和25。

5.17和21。

如果按所有棋子最初位置依次写成一排，并在它的下面写出顺序数，则能事先确定它们的交换方式：

7	24	10	19	3	12	20	……	6
1	2	3	4	5	6	7	……	25

删去第一对1和7，确定为第一次的交换数。然后在下面的一排数中找出7上面的数20，删去20和7这一对数，确定为第二次交换。然后在下面的这一排数找到20，它上面的数是16，删去20和16，确定为第三次交换。以此类推。

当链终时，从未删去数最左边开始，进行新的链交换。

在最坏的时候只有一个链，这时要交换的棋子至少要进行25 – 1=24次交换。最后一次交换，两个棋子占据在它自己的位置上。

我们的情况是5条链，但有一个棋子（8号棋子）开始就占据在它自己的位置上，所以必须而且最少交换次数应是25 – 5 – 1=19。

🔑 黑白棋子

因为开始棋子的摆放是：白白白黑黑黑，先把中间的白和黑交换，即白白黑白黑黑；再把刚移动过来的黑棋子和左边的白棋子交换，即白黑白白黑黑；最后把后面的四个棋子中相邻的白棋子和黑棋子交换，即白黑白黑白黑。所以移动3次才能使黑白棋子交错摆放。

🔑 拼成一个圆片

答案详见下图。

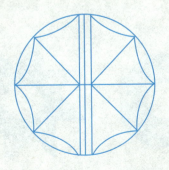

按另一种方式栽橡树

详见下图。

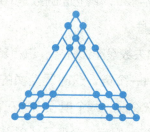

 栽玫瑰花

详见下图。

 一朵八瓣花

详见下图。

🔑 用棋子摆方阵

1.详见图a，在4顶角各放2个棋子。

2.详见图b，用9个棋子摆成方阵，获得了3条垂直线和3条水平线，剩余的3个棋子摆在方阵一对角线上。

图a   图b

🔑 确定木材的直径

直接测量树节切处从胶合板的一边到另一边的距离，它约为整张胶合板的 $\frac{2}{3}$。

胶合板的宽度为150厘米，由此可知两切处的距离，或木料这一层的周边为100厘米，故厚木料的直径约32厘米。

🔑 纸虾

详见图a、图b。

 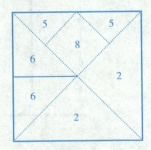

图a   图b

保持面积成比例

详见下图。

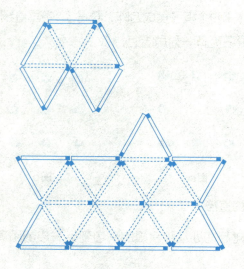

篱笆

详见下图。

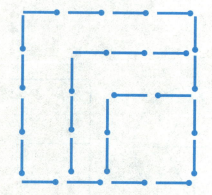

向左转

详见下图。

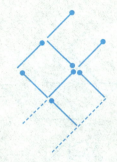

 做个小建筑师

详见下图。

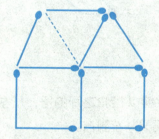

 火柴游戏

详见下图。

快乐七巧板

详见下图。

 有趣的类比

8。图中的方格被编以1到9之间的号，从左上角开始，先从左到右，再从右到左，最后又从左到右。

 枪眼

一块板上能构造出的枪眼的最大数目不可能超过多米诺骨牌的数量。实际上，如果板的一边长可以被3整除，那么枪眼的最大数目就是两边长的乘积再除以3。该题的答案见下图。

芭芭拉偷点心

芭芭拉从第8扇门进去，这样能一次吃完所有点心且路线不重复。其路线如图所示。

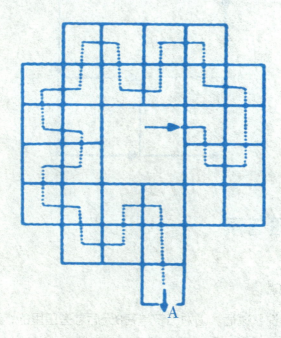

"十"字标记

详见下图。

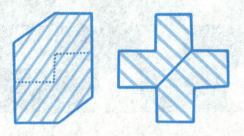

 变方块

详见下图。

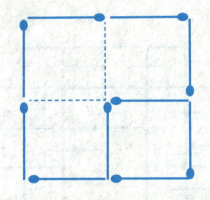

疑案推理答案

 谁在说谎

大儿子说了谎话。因为瓜农是在8天后才去田里的，这时的西瓜不过碗口大小，就说明在8天前西瓜肯定没有这么大。

情报电话

福特在打电话时做了点儿手脚。在通话时，他一讲到无关紧要的话，就用手掌心捂紧话筒，不让对方听到。而讲到关键的话时，就松开手。

这样，家人就收到了这么一段"间歇式"的情报电话："我是福特……现在……金冠大酒店……和坏人……在一起……请您……快……赶来……"

凶器是什么

凶器就是死者的丝袜。把长长的丝袜装满沙子，就变成了一件能置人于死地的凶器。

谁杀了双面间谍

法国间谍。死者是罗马人，在死的时候自然地用自己的母语书写杀死他的间谍的代号。罗马的12写作XII，他写完X后就死了。

伪造的相片

按照骑术的要求，从右侧上马是不对的。吉拉为了把上午10点改成下午2点，就故意将底片翻过来洗，但是却忽略了马的位置。

离奇命案

凶手是风。是海边的大风吹起了太阳伞，太阳伞落下时，坚硬的伞柄像匕首一样插入了富翁的身体。

🗝 别墅惨案

凶手是送牛奶的人。因为只有知道朱丽叶被害，他才会不再到这里送牛奶。送报纸的人显然不知道这一点，所以每天仍准时把报纸送来。

🗝 巧识凶手

马西教授送一张字条给牛顿，叫他明天到102号房来，说明教授在牛顿来之前是不会换房间的。还有，教授是被勒死的，教授有大胡子，杀手是不可能把助手和教授给弄混的，而且103号房的门被弄坏了，助手在一个自己将要被杀的时间，是不可能安心睡觉的，所以不可能不会听到动静。而且也不会等到牛顿来了才醒。综上所述，助手就是凶手。

🗝 嫌疑人的短文

盗贼是B。因为警官根本没有说过乐器店丢失了什么东西，而B则很清楚地写到了他不会去撬三个钱箱，而他是怎么知道乐器店里有三个钱箱的呢？

🗝 杀人浴缸

思维定式是侦探最大的敌人。在海水中溺死是一条重要的线索，同时它也在暗示警察案发地点是在海边。而特里拥有不可能作案的时间证据。

实际上，如果仔细思索一下，并不是被海水溺死就一定发生在海边。如果有足够多的海水的话，在浴缸里同样也能作案，之后放掉海水，装满淡水。这只需要10分钟就足够了。

🔑 金笔指证凶手

虽然巴尼特声称他不知道吕倍卡·兰恩被谋杀之事，但他却知道杀人现场。如果他是无辜的，他就应该到第三大街吕倍卡的新居寻找金笔。

🔑 占卜师之死

罪犯是山村。嫌疑犯中知道占卜师长相的是其情妇洋子及弟弟隆一。也就是说，对于这两个人，占卜师没有必要蒙着脸，而实际上占卜师是蒙着面与来人喝咖啡时被毒死的。这就是说，占卜师接待的是不好让对方看到自己脸的人。如此说来，凶手只能是来求卜的山村。

🔑 名字辨凶

凶手是张森。从推理的角度来看，先把五个人的名字都看一遍"张宇、刘森、赵方、张森、杨一舟"，你会发现，如果凶手是赵方和杨一舟，那么被害人只写他们名字中的一个字就可以代表凶手了，因为没有其他人名中有相同的字，比如赵方的"方"或杨一舟的"舟"字，而"张宇、刘森、张森"这三个人的名字中有相同的字，如果凶手是张宇，被害人只写"宇"就可以了，所以不是他。同样，如果是刘森的话只写个"刘"就可以了，所以凶手就是张森。

🔑 伪造的遗书

刑警看到小鸟还在笼子里便断定是他杀的，因为既然死者是爱鸟协会的会长，在自杀之前应该会将小鸟放飞，给它们自由。爱鸟的人对小鸟的爱要超出常人一倍，而把它们关在笼子里自杀是不可想象的。

诬陷哑人案

真正的罪犯王某事先用一根木棒绑在高某的腰际，以致他身体膝盖以上部分不能弯曲。因为高某是哑巴，只能磕头申冤，而这样磕头申冤，就好像是在点头认罪。众人都受了罪犯的贿赂而不敢说出真相。

 小偷老手

因为抽屉全被打开了，小偷肯定是由下向上逐一拉开的。如果按照由上向下的顺序拉开，上面的抽屉必定会妨碍搜掠下面的抽屉，因而必须把上面的抽屉先关上。所以小偷一定是老手，才懂得由下往上开抽屉。

 追踪逃犯

越狱犯逃进牧场时，地面上有很多牛粪，他的两脚不断地踩着牛粪，牛粪的气味就掩盖了逃犯原有的脚的气味。

白纸遗嘱

其实，简的妻子为了保住遗产，故意把没有墨水的钢笔递给简。由于库尔和简都是盲人，自然也就没有发现，没有字的白纸最终被当成遗书保存下来。

可是，虽然没有字迹，但钢笔画过白纸留下的笔迹仍然存在。如果仔细鉴定是可以分辨出来的。所以遗嘱仍然有效。

狮子的微笑

这是一宗巧妙地利用狮子杀人的案件。狮子的微笑实际上是它想打喷嚏的表情。凶手事先暗中把一种刺激性很强的药物喷在女驯兽师的头发上，当女驯兽师在台上把头伸入狮子口中时，狮子因药物的刺激而打了个喷嚏。由于狮子的力气太大，嘴一张一合，无意间便咬碎了女驯兽师的头颅。

🔑 花店老板之死

老板脸朝门站着，别人不会知道他是开门还是锁门，只有一直盯着他的人，才会知道老板是从里面出来，在锁门。所以中年男子就是凶手。

🔑 敲错了门

小伙子是因为敲门露了馅。3、4层都是单间，任何人进入自己房间的时候都不会敲门的。

🔑 雨夜报案

报案人从河里游泳过后，衣服都湿透了，火柴肯定不能划着，这说明他在说谎。是他自己杀了人，还想假装报案蒙混过关。

🔑 新干线上的抢劫案

既然两个劫匪都蒙着面，他们怎么抽烟呢？显然是安田在说谎。

🔑 阳台上的凶杀案

凶手就是山姆。他是趁萨马练习倒立的时候从2楼阳台射击的。

🔑 奇怪的手枪

匪徒用的是左轮手枪，左轮手枪只有6发子弹。田中说匪徒向他开了2枪，他自己又开了5枪，一共是7枪，这怎么可能呢？所以田中在说谎。

深夜的恐吓信

案发刚刚2个小时，洋子不可能在深夜收到这封从邮局寄来的信。显然是她早就准备好了的。

大脚男人

陈先生是用手套着莉莉的35号高跟鞋倒立着离开现场的。即使是个脚很大的男人只要用手，仍然可以套进小高跟鞋。

到底中了几枪

凶手开枪时，被害人正背对着窗子弯腰，子弹射穿了她的大腿后进入了她的胸部。所以表面看来是中了两枪。

逻辑谜题答案

真的假不了

银行卡是芙拉捡的，因为比盖说银行卡不是他拾的，也不知道是谁拾到的,由此就可以判定：他的第二句话是假的，第一句话是真的。由此可以判断芙拉说的第一句话是假的，所以银行卡就是芙拉拾的。

花心肠子吉米

在圣诞节前一天，花心肠子吉米是无法利用太阳光在北极圈内生火的。因为从当年10月到大约第二年3月期间，北极圈里是没有阳光的。

🔑 杰克的成绩

1.贾先和乔治两人的说词相矛盾，所以必定是一真一假。亦即，三个人不可能都说谎，最多只有两个人说谎（要么两个人说谎，要么一个人说谎）。

2.从有没有作弊的角度来看，杰克考第一名的可能原因，要么有作弊，要么没作弊。据此，先假设贾先、乔治和迈克三人说的都是谎话，则其谎言背后隐含的真实状况为：

贾先：

（1）杰克作弊，而且不是抄袭乔治的。

（2）杰克没有作弊，而是幸运或努力的结果（排除作弊之后，当然就只剩下这两种可能状况了）。

乔治：

（1）杰克作弊，而且一定是抄袭乔治的。

（2）杰克没有作弊，而是幸运或努力的结果。

迈克：

（1）杰克没有作弊。

（2）杰克没有作弊，完全是幸运使然。

3.根据（1）及（2），假设其中任两人说谎，则会得出如下的结果：

贾先和乔治：杰克作弊，而且既抄袭乔治的答案又没抄袭乔治的答案。（结论自相矛盾）

贾先和迈克：杰克没有作弊，而是幸运使然（因为迈克否定了努力的可能性）。但又可能是努力的结果。（结论互不相容）

乔治和迈克：杰克没有作弊，而是幸运使然（因为迈克否定了努力的可能性），但又可能是努力的结果。（结论互不相容）

可见，不可能同时有两人说谎。

由此可见，三个人之中，既不可能三个人都说谎，也不可能同时有两个人在说谎。所以，根据威尔逊的说法，杰克这次会考第一名，真的是自己努力的结果。

网球比赛

1.由提示1及提示3，可知：

A.王自强和安卫国不是搭档的关系；

B.王自强的搭档或是钟华夏或是赵兴邦；

C.王自强的搭档年龄比安卫国小。

2.由B，假设王自强的搭档是钟华夏，则根据提示2。

可知：

钟华夏的年龄比安卫国大。但这和C相矛盾，所以这个假设不成立。因此：

D.王自强的搭档是赵兴邦；

E.安卫国的搭档是钟华夏。

3.既然知道了搭档关系，便可以进一步推知他们的年龄大小：

F.由D及提示3，可知王自强的年龄比赵兴邦大；

G.由提示1，可知安卫国的年龄比王自强大；

H.由提示2，D及E，可知钟华夏的年龄比王自强和赵兴邦都大。

I.由提示4，F及H，可知4位运动员的年龄顺序为安卫国>钟华夏>王自强>赵兴邦。

 考试日期

学生的推理是这样的：考试不能安排在周日，因为周日是最后一天，同学们这天早上知道一定会考试；如果周日不考试，那么周六也不行，因为大家在这天早上也会知道要考试；以此类推，这周的每一天都不可以考试。这个推理会引申出这样的判断："如果必然有一次考试，那么它不能在任何一天进行。"很明显这是违反直觉的，被称为预言悖论。

围绕这种悖论有各种各样的争论和解决方案，但是有一种最简单：既然学生们在周三早上认为不会考试，那么他们显然不知道这天一定会考试，所以考试就可以进行了。只要考试不安排在周日，那么学生的推论都站不住脚。因为在周日早上，同学们不会认为"今天一定会考试"，而是认为"今天一定不会考试"，因为考试已经结束了。于是下面的推论也就无法进行了。也就是说，在进行逆向归纳的时候，学生遗漏了一个重要的条件：如果周日之前没有任何考试，那么考试不能安排在周日。

🔑 是谁闯的祸

是丙干的。乙和丁中一定有一个小孩在说谎。假设乙没有说谎，那么这件事就是丁做的，而丙说的话也同样正确。因为只有一个孩子说了实话，所以乙在说谎。也就是说，这4个孩子中，只有丁说了实话。因此可以断定，是丙打碎了李阿姨家的玻璃。

🔑 麻烦的任务

如果派遣甲去，根据5乙也去；派遣乙，根据2丙不去；不派遣丙，根据4丁不去，而戊必须去；派遣戊，根据3丁必须去。这样就推出了矛盾的结果，所以不能派遣甲。

如果派遣乙去，根据2丙不去；不派遣丙，根据4丁不去；不派遣丁，根据1戊必须去；派遣戊，根据3丁必须去。这样也推出了矛盾的结果，所以不能派遣乙。

如果派遣戊去，根据3甲和丁必须去；派遣甲，根据5乙也去；派遣乙，根据2丙不去；不派遣丙，根据4丁不去。同样推出矛盾的结果，所以不能派遣戊。

这样，在甲、乙、丙、丁、戊五个人中，只能让丙、丁两人去完成任务，才不会产生矛盾。

🔑 爱因斯坦的问题

甲是这样推理的。如果我戴的也是红帽子，那么，乙就马上可以猜到自己是戴黑帽子（因为红帽子只有两顶）；而现在乙并没有立刻猜到，可见，我戴的不是红帽子。

 会说话的指示牌

足球场的指示牌上都是真话，健身房的指示牌上都是假话，篮球场的指示牌上一句是真话，一句是假话。

 五个学生

名字	班级	课程	体育运动
艾米丽	6	代数	壁球
贝蒂	2	生物	跑步
克拉拉	4	历史	游泳
露丝	3	地理	网球
伊丽莎白	5	化学	篮球

 谁是说谎者

对于"你是Truth族人吗"这个问题，如果甲是Truth族，那么他会如实回答"是"；如果甲是Lie族，那么他会说谎，还是回答"是"。所以不管甲属于什么族，他对旅行者的提问总要回答"是"。乙肯定了这一点，所以乙是Truth族的。这样乙的后半句话也一定是真的。那么甲肯定是Lie族的。

 英明的总督

按照法律的逻辑推理，如果绞死那个人，就说明他说的是实话，应该让他过桥。而如果让他过桥的话，那么他说的就是谎话，应该被绞死。这样就陷入逻辑的悖论。所以守桥的士兵不知如何是好。

但是，这个推理也不是完美无缺的。通过对条件的合理限制，就可以破解悖论，做出没有矛盾的选择。我们可以看到，这条法律只适用于所有过桥的人，而那个人是来过桥的吗？不是，看起来他更像是来捣乱的，因此可以不使用这条关于过桥人的法律。这样，悖论也就不存在了。既然他是自愿来被绞死的，那就可以成全他。不过作为一名英明的总督，对于这样的聪明人，还是赦免他的死罪，让他在有用的地方去发挥聪明才智吧。

🔑 约翰教授的奖章

琼斯是这样推论的：

凯瑟琳举手了，这说明我和汤姆两人中，至少有一个人是戴红帽子的；同样，汤姆举手了，这说明我和凯瑟琳两人中，至少有一个人是戴红帽子的。

如果我头上不是戴红帽子，那么，凯瑟琳会怎么想？她一定会想："汤姆举了手，说明琼斯和我至少有一个人头上戴红帽子，现在，我明明看到琼斯不戴红帽子。所以，我一定戴红帽子。"在这种情况下，凯瑟琳一定会知道并说出自己戴红帽子。可是，她并没有说自己戴红帽子。

可见，我头上戴的是红帽子。

如果我不是戴红帽子，汤姆会怎么想？他的想法和凯瑟琳是一样的："凯瑟琳举了手，这说明琼斯和我两人中至少有一个人头上戴红帽子。现在，我明明看到琼斯头上戴的不是红帽子。所以，我一定戴红帽子。"在这种情况下，汤姆一定会知道自己戴红帽子，可是，汤姆并没有这样说。所以，我头上戴的是红帽子。琼斯的推论是完全合乎逻辑的。

本章题记所举的例题也可用类似的思路来分析。该题以同样的问题先后问了A，B，C。A，B均说自己猜不出。据此，聪明的C猜到自己头上戴的是红帽子。C的推论如下：

"A猜不出，说明B和我两人中至少有一个人戴红帽子；B猜不出，说明A和我两人中至少有一个人戴红帽子。如果我戴蓝帽子，A和B肯定能判断自己戴红帽子，他们都猜不出，可见我戴的是红帽子。"

🔑 真话还是假话

1.指着任一边的岔路，问其中一人"如果我问，这条路是不是通往诚实村的路，你旁边那个人会怎么回答？"如此一来，将有以下4种情况：

A.路是通往说谎村，被问者是说谎村的村民：

如果被问的是说谎村的村民，则他旁边的人便是诚实村的村民，而会回答不是。而由于被问的人会说谎话，因此他将会回答赵某：是。

B.路是通往说谎村，被问的是诚实村的村民：

如果被问的是诚实村的村民，则他旁边的人便是说谎村的村民。而会回答是，由于被问者会说实话，因此他将会回答赵某：是。

C.路是通往诚实村，被问者是说谎村的村民：

如果被问的是说谎村的村民，则他旁边的就是诚实村的村民，而会回答是。由于被问的人会说谎话，所以会歪曲诚实村村民的答案，因此他将会回答赵某：不是。

D.路是通往诚实村的，被问者是诚实村的村民：

如果被问的是诚实村的村民，则他旁边的人便是说谎村的村民，而会回答不是。而由于被问者会说实话，所以会把说谎村的村民的答案据实告知，因此他将会回答赵某：不是。

2.可见，如果赵某得到的答案是：是，便可以确定他所指的那条路是通往说谎村。而如果他得到的答案是：不是，则可以确定他所指的那条路是通往诚实村。

🔑 美人鱼的钻戒

4个人共有10枚钻戒：

艾艾+拉拉=5的话，米米+丽丽=5；

艾艾+拉拉≠5的话，米米+丽丽≠5。

所以，丽丽和拉拉都说了实话，或是都撒了谎。

假设她们都说了实话，丽丽≠2，拉拉≠2。由于拉拉的发言是真实的，米米≠3。

假设艾艾的话是真的（艾艾≠2），由于拉拉+米米=5，可得艾艾+丽丽=5，米米的话是假的，所以米米=2。因此，拉拉=3。丽丽的话就变成假的了。

假设艾艾的话是假的（艾艾=2），由于丽丽的话是真的，所以拉拉=3。那么，拉拉+米米≠5，可得米米≠2，则米米说的话是真的，那么丽丽=2，就变成丽丽的话是假的了。这是自相矛盾的。

由此推知，前面的假设是不成立的。

她们都撒了谎，即丽丽=2、拉拉=2。由拉拉的发言（假的）可知，米米≠3。

所以，艾艾的发言是假的，艾艾=2，剩下的米米就是4个。

她们各自手上戴的钻戒数具体如下：

丽丽：2个；

艾艾：2个；

拉拉：2个；

米米：4个。

 小魔女们的小狗

根据（1）、（6），灰色眼睛的魔女、黑色服装的魔女、小欢子（红色眼睛），3人饲养的小狗是1只、3只、4只（顺序不确定）……Ⅰ；

根据（2），绿色眼睛的魔女、红色服装的魔女、小安子3人饲养的小狗分别是2只、3只、4只（顺序不确定）……Ⅱ；

根据（3）、（6），红色眼睛的魔女、茶色服装的魔女、小丹子3人饲养的小狗分别是1只、2只、4只（顺序不确定）……Ⅲ；

小安子的眼睛不是红色的（6），也不是蓝色的（5），也不是绿色的（2），所以是灰色的。

灰色眼睛是小安子，所以不是红色服装（2），也不是紫色服装（4），也不是黑色服装（1），应该是茶色服装。

灰色眼睛的魔女在Ⅰ、Ⅱ、Ⅲ里面都出现过了，所以养了4只狗。还有1个人，在Ⅰ、Ⅲ里都出现过的红色眼睛的魔女（小欢子）

养了1只狗。所以，黑色服装的魔女和小丹子不是同一个人。

根据Ⅰ，黑色服装的魔女有3只小狗，在Ⅰ、Ⅱ里面出现过的黑色服装的魔女和绿色眼睛的魔女是同一个人，黑衣魔女（绿色眼睛，3只）和小丹子不是同一个人，所以是小林子。

根据Ⅱ，红色衣服的魔女是小丹子。

所以，小林子的眼睛是绿色的，穿了黑色的服装，养了3只小狗；小欢子的眼睛是红色的，穿了紫色的服装，养了1只小狗；小安子的眼睛是灰色的，穿了茶色的服装，养了4只小狗；小丹子的眼睛是蓝色的，穿了红色的服装，养了2只小狗。

🔑 4对亲兄弟

甲的弟弟是D，乙的弟弟是B，丙的弟弟是A，丁的弟弟是C。

在甲、乙、丙3个人中只有一个人说了实话，而且这个人是D的哥哥。因此乙说的是假话。乙不可能是D的哥哥。由乙说的话得知，丙也不可能是D的哥哥。所以丙说的也是假话。由此可得，丁的弟弟是C。由于乙、丙两人都说了谎，而丁又不是D的哥哥，因此甲一定是D的哥哥，甲说的是实话。即：乙的弟弟是B，丙的弟弟是A。

🔑 身后的彩旗

乙和丁的身后是红色的彩旗。

若丙的话真，则甲、乙应说真话，但他们的话矛盾。所以丙说了假话。若甲的话真，其他三人说了假话，但乙看到一红二黄也应是真的，矛盾。所以甲说的是假话。若乙说假话，那甲、乙、丙身后都是黄色的彩旗，如果丁身后是黄色的彩旗，那甲说的是真话了，这不可能，如果丁身后是红色的彩旗，那么乙就没有说假话。所以乙、丁身后是红色的彩旗。

 **编辑值班表**

尽管在本题中，四人之间仍然有一定的时间上的联系，但是在解析本题时，采用线条法就显然不适合了。因为在本题中所求的内容比那种单纯求关系更为复杂，并不能机械地套用线条法。图表法则是可选择的又一种方法。它可以按照新的问题场景和实际解析需要，将问题内容制作一个图表，在图表中，将问题情景中所涉及的事物一一列出，其交叉部分即为事物之间的关系，从而达到快捷地梳理头绪、疏通脉络的目的。

题干条件：

新闻：周一上午，周二、周四全天。

经济：周三上午，周四下午，周五全天。

文化：周一全天，周二下午，周三上午。

体育：周一下午，周二上午，周三全天。

按条件试做表如下，并将所有信息填入相关表格：

周一		周二		周三		周四		周五	
上午	下午	上午	下午	上午	下午	上午	下午	上午	下午
新闻		新闻	新闻			新闻	新闻		
				经济			经济	经济	经济
文化	文化		文化	文化					
	体育	体育		体育	体育				

1.周二下午后，除经济编辑外，其他三人的累计值班天数都已经满了一整天，所以经济编辑开始值班的日子是周三上午。

2.从图表上看，显然只有经济编辑在周五可以承担这项工作。

通过解析本题，我们可以体会到，如果只将所得信息放在大脑中思索，这只是调动了大脑的一半能力。要想尽快地解决这类问题，只有将左、右半脑进行联合，综合运用右半脑组织全部外形轮廓的能力和左半脑负责局部细节的能力。这就是图表法综合信息、感性直观的特点。

同时，在运用图表法的过程中，我们也可以不用强记各种信息、线索，只需要观察，即可顺利解决问题。这是左、右半脑综合运用之后的效应。在这种方法下，思维既注意到了全部外形的结构，同时也没有忽略局部的有关信息。这就是通过运用图表法培养大脑两半球综合能力的作用与意义。

所以，问题1的答案是：周三上午。

问题2的答案是：经济编辑可在周五承担这项工作。

🔑 左邻右舍

没有失言。只是木匠铺与铁匠铺相互搬了一下家。

结果出乎意外，但细分析之下，仍在情理之中。原因在于这两户邻居同时利用了"搬家"这个概念的歧义性。

"搬家"既可以指这两户人家同时搬到别处去，也可以指他们相互搬到对方的位置。

本训练中的"搬家"就是一个还需要进一步精确的概念。由于木匠铺与铁匠铺所具有的邻居关系，会被"搬家"带来一定的模糊性，而他们也正是巧妙地利用了这种由于"搬家"概念的歧义性所造成的模糊性，使要求"搬家"者也无可奈何。除非他在下一次请求中，将"搬家"概念进一步明确所指。不过，那就需要再宴请一次了。

🔑 关于帽子的赌博

应该打。

通过计算我们可以知道，至少有一个人拿到他自己的帽子的概率大约是0.632，大于0.5。所以这个赌是可以打的。

🔑 剩下的1元钱呢

3个人开始拿出30元钱，服务生还给他们3元，3个人实际出了27元。老板得到25元，服务生得到2元。可以用下面的等式表示：25元（老板得到）+2（服务生得到）+3元（找回）=30元。

🔑 国王的两个女儿

答案很简单，只要问："你结婚了吗？"

无论是谁回答问题，他知道答案"是"意味着阿米丽雅结婚了而蕾拉没有结婚，而"不是"则意味着蕾拉结婚了而阿米丽雅没有结婚。总是说真话的阿米丽雅会告诉他实话——"是"表示她结婚了，而"不是"表示她没有结婚，而总是说假话的蕾拉会用"不是"表示她结婚了，而"是"表示她没有结婚——就是说阿米丽雅结婚了。

奇思妙想答案

🔑 分辨真花和假花

打开窗户，让蜜蜂飞到房间里来，蜜蜂只采真花的花蜜。

🔑 聪明的马克·吐温

马克·吐温寄的是一本字典。牧师讲的每一个字，字典里都有。

🔑 烟的方向

可能。如果当时的风向和风速与这艘船的方向、速度相同，那么对船而言，就相当于处于无风状态，这时烟会直直地往上冒。

奇怪的来信

寄信人先用铅笔在收信人地址处写上自己的地址，然后随便在信封里装一张纸把信寄出去。等第二天信寄回自己家后，他用橡皮擦掉自己家的地址，再用钢笔写上老王家的地址，第二天再把当天早上的报纸装到信封里，封好直接丢到老王家的信箱里就能引起老王的误解了。

荒谬的法令

不可能实现国王的初衷。

假设所有的女人生头胎的比例为男女各占一半。如果母亲生了男婴就不能再生孩子，生女婴的母亲仍然可以生第二胎，比例是男女各占一半，这一轮生男婴的母亲不能再生第三胎，剩下来的母亲仍然可以生第三胎。

在每一轮的比例中，男女的比例都是各占一半的。因此，将各轮生育的结果相加，男女比例始终相等。当女孩儿们成为新的母亲时，上面的结论同样适用。

拿鸡蛋回家

可可可以把篮球里的气放掉，把球的一面压瘪，使球呈碗形，然后把鸡蛋放在里面拿回家。

一句话定生死

囚犯说的话是："你一定砍死我。"国王听了左右为难，因为如果真的砍了他的头，那么他说的就成了真话，而说真话的应该被绞死。但是如果要绞死他的话，他说的话又成了假话了，而说假话的人是应该砍头的。

叔父的遗产

遗产就是那张以花草为背景的信纸，因为画家在国际上颇负盛名，而这张以花草为背景的信纸是他的最后一幅画，不久的将来会变得非常值钱。

 水会不会溢出来

把小金鱼放进去，水同样会溢出来。可不是类似"金鱼会把水喝到肚子里去"这样的答案。

 鸡蛋落下的方向

鸡蛋当然是朝下落。

 爱动脑的小家伙

先把空袋子的里面翻到外面，接着将袋子上半部分的大米倒入空袋子，解开原先袋子的绳子，并将它扎在已倒入大米的袋子上，然后把这个袋子翻过来，再把小米倒入袋子。这时候，把已倒空的袋子接在装有大米和小米的袋子下面。把手伸入小米里解开绳子，这样大米就会倒入这只空袋子，另一个袋子里就是小米。

 闹钟停了

原来，小青离开家的时候已换了电池，闹钟也开始走了。他出去的时候看了钟，回来的时候也看了钟。根据这台闹钟就可确定他不在家的时间。到了熟人家和离开熟人家，小青也看了他家的钟，因而可以确定在熟人家停留的时间。

把不在家的时间减去在熟人家停留的时间，即是小青在来回路上花掉的时间。在熟人家挂钟上看到的时间加上来回路上小青花掉的时间的一半，即是他把闹钟拨到正确位置的时间。

罗马古币

考古学家意识到，公元纪年始于耶稣诞生之后。在那之前的古币制造者是不可能预见到会有这种纪元方法的。公元前铸造的钱币，上面绝对不会这样来标记年份的。

 花瓣游戏

后摘者只要保证花瓣剩下数量相等的两组（两组之间）以被摘除花瓣的空缺隔开，就一定能赢得这个游戏。

比如，先摘者摘1片花瓣，则后摘者摘取另一边的2片花瓣，留下各有5片的两组花瓣。如果先摘者摘取2片花瓣，则后摘者摘取1片花瓣。同样形成那种格局。之后，前者摘除几片，后者就在另一组中摘除同样多的花瓣。

通过这种办法，到最后那一步，她肯定能赢得最终胜利。

 哪个学生聪明

用笔在书的侧面画一条直线就可以了。这样，也就相当于在书的每一页上留下一个点了。

 老人的遗嘱

两人交换他们的马。

 绝妙办法

孙膑说："大王，我没有办法让你自己从山脚下走到山顶上去。可是，让你从山顶上走到山脚下来，我倒有绝好的办法。"齐威王不信，就与大臣一起走到山顶。这时，孙膑才说："大王，请恕我冒昧，我已经让您自己走到山顶上来了。"这时，人们才恍然大悟。

🔑 **洞中捉鸟**

可用沙子慢慢将洞灌满，小鸟便会因为沙子的增多而往洞口移动。

🔑 **过河**

先把狗带到对岸，然后返回，把一只小羊带过去，顺便把狗带回原岸，把另一只小羊带到对岸。然后再返回，把狗带过去。

🔑 **怎样逃生**

把30千克的铁链装在篮内，并将它下降到地面，这时空篮升起，坐上小姑娘（40千克），于是坐着小姑娘的篮子下降，而装有铁链的篮子上升。小伙子取出铁链让侯爵女儿（50千克）坐进篮内，这时侯爵女儿坐的篮子下降，坐小姑娘的篮子上升。侯爵女儿走出篮子，而小姑娘从上升的篮子走入塔内。

现在小伙子重新在上升的篮子内装入铁链，第二次使它下降到地面，再让侯爵的女儿坐入装有铁链的篮内（50千克＋30千克=80千克），小伙子自己则坐在上升的篮内（90千克）。小伙子坐的篮子下降，并从篮子内走出来。侯爵女儿坐的篮子上升，并从篮子进入塔内。这时铁链仍在上升的篮内。

第三次使装铁链的篮子下降到地面，上升的空篮子又坐小姑娘（40千克），并下降到地面，同时装铁链的篮子上升。塔内侯爵的女儿（50千克）取出铁链，坐入篮内，这时篮子下降，坐小姑娘的篮子上升。下降后侯爵的女儿走出篮子到地面，小姑娘从篮子走入塔内。小姑娘又把铁链放进篮内，并使它重新下降到地面，她自己又重新坐入空篮。小姑娘坐的篮子又下降到地面，她便走出篮子到地面。

这样，三个人都下降到地面逃走了。

🔑 **客车怎样通过小站**

把停在站上的客车的最后三节车厢开进尽头支线，并脱钩，然后把客车的其余部分慢慢向前开，驶来的列车也跟着客车向前开到尽头支线，再在它的尾部挂上客车脱钩的三节车厢，然后一起倒开。同时，客车剩下的部分（火车头和两节车厢）开到尽头支线，这时开来的客车与三节车厢脱钩，便可顺利地开出小站了。

 故事接龙

她接道："写到这里，年轻的作家一把撕去稿纸。他不由地自言自语，'如此俗套无聊的老故事，怎会出自我的手笔呢！'"

 隧道里的火车

两列火车在不同的时间里驶入隧道。

按惯性思维，列车从相反方向以最高速度驶入单行隧道，它们是不可能不相撞的。但是，我们利用一下创新思维，注意一下命题中所给的时间限制是"一天下午"，一个下午的概念是六个小时，从中我们可以得到答案：两列火车到达隧道时的时间是不同的。

 寻找戒指

先把包裹分成3个一组，取其中两组称。如果秤上有一组比较重，那么戒指在这3个包裹的一个里面；如果秤上两组一样重，那么戒指在另外3个包裹的一个里面。然后在3个包裹里取两个摆到秤上称，如果有一个比较重，那么戒指就在这个包裹里；如果两个一样重，那么戒指在不在秤上的那个包裹里。

 紧急避免的车祸

漆黑的公路是公路的颜色，当时是白天。

当看到这道题中"漆黑"两个字的时候，人们理所当然地就把它认为是用来形容黑夜的，但是出题者就是在这里给我们的惯性思维打出了一颗闪亮的信号灯。

🔑 渎职的警察

你一定想，车开进了人群，会出人命的，警察怎么这么不负责。可是题中并没有说汽车司机开着车呀！在日常生活中，提到汽车司机，人们的头脑中就会出现司机驾驶汽车的形象，所以好多误解是我们没有认真看题的结果。汽车司机步行也是可以的，如果他步行着走进人群，全速向前跑，警察当然不会管了。

🔑 奇特的经历

他们坐在潜水艇里。

乍一看，这是一件不可思议的事情，但是在不可能中寻找可能，万事总有原因，万事总有特例，而潜水艇就是普通船只中的特例。

🔑 小狗多多

因为小狗多多被拴在一棵树上，所以它可以到达以树为中心，半径10米之内的任何一个地方。它的食盆在距离树5米的地方，在多多出发地的相反方向上。

🔑 分蛋糕的卡比

如果运用常规思维我们也许真的无法解决这一难题，但是聪明的卡比运用了非常有创意性的思维。他先将9块蛋糕分装在3个盒子里，每个盒子放有3块蛋糕，再把这3个盒子一起放在1个大盒子里，再用包装带扎好。

🔑 筷子妙用

试一试，让三根筷子互相利用，跷起来就搭成一座桥把三个碗连起来了。a筷在c筷下，压着b筷；b筷在a筷下，压着c筷；c筷在b筷下，压着a筷。

谁是冠军

因为芳芳跑的是接力赛的第一棒。她率先冲出起跑线，半途也没有被人超越。但是，即使她们队拿到冠军，芳芳也不可能第一个冲过终点线。

 哈林捡球

哈林让俱乐部的场地管理员通过附近的水管把洞里灌满水，这样网球就浮出了水面。

 摘苹果

虽然没有双眼，可是他有一只眼睛。

综合训练答案

 不用计算的数字

至少拿出4只鞋和3只袜子。从衣橱内拿出4只鞋，必定有2只是同一样式的。从衣橱内拿出3只袜子，必定有2只是同种颜色的。

如果仅拿出2只或3只鞋，由于3双鞋的样式都不同，就可能出现2只或3只样式不同。

如果仅拿出2只袜子，则可能出现2只袜子的颜色不相同。

 请病假

圆珠笔如果倒着朝上写字，墨水会因逆流而很快写不出字。

分苹果

张三家得6斤，王四家得3斤。

似乎应将9斤苹果按张三、王四家所劳动的比例5：4来分配，于是张三家得5斤苹果，王四家得4斤苹果。但这种分配是缺乏分析力的想当然的分配。

之所以会有这种想当然，是因为本题中的"张三、王四、李五"等文字带有数字，无形中起了一种干扰的作用，使得思维只想紧紧抓住"5天、4天、9斤"的关键数字以力排干扰，于是很容易将这些数字之间的合比例关系作为"第一感觉"，将解决问题的思路定为"按现有合比例分配"。其实，这种简单的"现有数字合比例"是一种隐藏了正确比例关系的假象。我们不妨重新整理、组合一下题干中所出现的各种关系。

首先，不妨先将"张三、王四、李五"改变为A，B，C；其次，再整理A，B，C三家对打扫楼梯的关系以及他们相互之间的关系。

A，B，C三家对打扫楼梯的关系是每家各打扫3天。在此基础上，A与C的关系是帮助2天与被帮助2天的关系；B与C是帮助1天与被帮助1天的关系。在这里，不能将A，B两家对打扫楼梯的关系混同于A、B两家对C家的关系。所以，A，B两家自己所应打扫的3天不能重复计算在内。这样，C对A，B的酬谢就只能按2：1的比例划分，而不应当按5：4的比例划分了。

所以，A所代表的张三家应得苹果6斤，B所代表的王四家应得苹果3斤。

何时送出鱼翅宴

实际上是不可能的。因为要再聚$10 \times 9 \times 8 \times 7 \times 6 \times 5 \times 4 \times 3 \times 2 = 3628800$（次）餐才会正好每个人又坐在现在所安排的位子上。

白猫的噩梦

　　从白老鼠起（白老鼠不数进）顺时针方向数到第6只。必须从这一只老鼠开始，朝一个方向（顺时针方向）绕着圈数。如果要预先确定从哪只老鼠数起，只要按圆画12个点和1个十字叉，再从十字叉开始数。按圆圈朝一个方向数，把每次数到的第13个点划去（如果第13个轮到十字叉，那就把十字叉划去），一直数到剩下最后1点为止。现在可以把最后这1点作为白老鼠，而十字叉位置就是应该开始数起的那只黑老鼠。

 硬币的问题

　　两面相同的概率是 $\frac{2}{3}$ 。如果你见到的是正面，就有3种而不是2种情况：1.你看见的是有正面和反面的硬币的正面。2.你看见的是两个正面硬币的一面。3.你看见的是两个正面的硬币的另一面。在其中两种情况下，两面相同。

 足球中的毒品

　　康纳利平静地说："球星中有英国人、德国人、意大利人、巴西人，怎么都用英文签名呢？"兰地只懂英文。

 泄密年龄的公式

　　这是一个通用的式子。把最后的数字扣掉365，前四位数就是你的出生月日，剩下的十位与个位数就是你的年龄。

 选择哪只钟

　　你可能会想："唉，既然都这么不准，如果非要不可的话，还是选择一天只慢一分钟的钟吧！"我们来想想：那只钟一天慢一分，那么两年内要走慢12个小时（即720分钟），之后才能重新走得准，因此它在两年内只准确一次。现在你会不会改变主意呢？

 谁是贫困生

Lily并非家境富裕，她是贫困生。

 同颜色的糖块

如果小敏抓3块糖，可能是红、黄、蓝3种颜色的糖各一种；只要抓4块，就一定能保证有两块同样颜色的糖。

硬币的概率

$\frac{1}{2}$。无论谁来抛，也无论抛多少次，这个概率是不会变的。千万不要被题中的叙述迷惑。

互相矛盾

因为他们之间的对话，说的是商品的尺寸是否刚刚好，没有说付款的金额。

电话骗局

崔经理挂断电话后，硬币并没有退回来。这表明电话与对方接通了，而对方却使用答录机来骗人。欠债的人在答录机的留言记录上录下电信局播放"本机已暂停使用"的信息，以躲开崔经理。

 自动售货机

自动售货机里果汁罐头每罐卖20元。因为老王投的10元硬币还在，所以老李再投入10元后，果汁罐头就会出来。

七环金链

1.将第三环切开，这样就得到环数为1、2、4的三段；

2.第一天领环数为1的那段；第二天领环数为2的那段，将1环的那段交回；第三天再领回环数为1的那段；第四天领环数为4的那段，将环数为1和2的两段交回；第五天再领环数为1的那段；第六天领环数为2的那段，交回环数为1的那段；第七天再领1环的那段。

加薪方案

第一个方案（每年提高500元）：
第一年，10000+10000=20000（元）；
第二年，10250+10250=20500（元）；
第三年，10500+10500=21000（元）；
第四年，10750+10750=21500（元）。
第二个方案（每半年提高125元）：
第一年，10000+10125=20125（元）；
第二年，10250+10375=20625（元）：
第三年，10500+10625=21125（元）；
第四年，10750+10875=21625（元）。
通过比较，应该向员工推荐第二个方案。

砝码的变化

不管松鼠爬的速度、方式如何，松鼠与砝码总是处在面对面的位置。松鼠不可能高于砝码，也不可能低于砝码。

垂吊在水面上的绳梯

水面与最初一样，仍在绳梯上数第9磴处。因为船浮在水上，所以无论涨潮水面升高还是退潮水面降低，绳梯都会与船一起升降。"水涨船高"这个大家谁都明白，但人们常常会忽略这种简单的常识，理论与现实的脱节是生活中随处可见的情形。

 怎样做才公平

正确。虽然李梅与王强的面包数之比为5：3，但是他们分给张伟的面包数的比例为：8个面包3个人分，每个人得到了 $\frac{8}{3}$ 个面包，也就是说，李梅贡献了 $\frac{7}{3}$ 个，王强只贡献了 $\frac{1}{3}$ 个，所以王强应该拿1角钱，而李梅则应该分到7角钱。

 破案秘诀

刑警说："那家伙开始招认了。"两人的确是共同犯罪，如果两人都拒不承认，犯罪事实就有可能被掩盖，但如果其中一人为了减轻自己的罪行，声称自己只是共犯而认罪，另一人的罪就会比共犯重。刑警正是利用犯罪嫌疑人的这种心理，成功引诱两人招供。

 世界之窗

这个雕塑组一共有3个人。如果3个人用3个月将"世界之窗"刻完，那么，1个人要用9个月才能完成，而9个人则用1个月就可以完成。

 活宝吹牛

琳娜说："我能把你吃了。"

 专业的刑警

如果真像她所讲的那样，歹徒是在门外朝她丈夫开枪，弹壳就不会落在房间里，也不会落在左侧。因为从自动手枪里飞出的弹壳应该落在射手的右后方几米处。

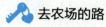

🔑 去农场的路

河结冰了，斯特是在冰上走的，所以，身上没有水。

🔑 侦探行动

以75千米／小时的速度，火车穿过0.5千米的隧道需要24秒（1小时为3600秒，除以75千米／小时，得出火车行驶1千米需要48秒的时间。这样，穿过0.5千米的隧道就需要24秒）。这就是说，当约瑟安到达隧道出口时，火车头已经从隧道口出来并行驶了3秒，因此时间太晚，他无法引起司机的注意。但是，由于火车完全进入隧道需要6秒的时间，所以等最后的车厢从隧道出来也需要6秒的时间。从约瑟安开始向隧道出口跑，整个火车需要30秒才能驶出隧道。而约瑟安跑到隧道出口需要27秒，这足够能吸引刹车手的注意了，从而拯救乘车的旅客。